ケアリング・ワールド
―福祉世界への挑戦―

Organisation for Economic Co-operation and Development 編
牛津信忠・星野政明・増田樹郎監訳

OECD

黎明書房

経済協力開発機構（OECD)は、1960年12月14日にパリで調印され61年9月30日に発効した協定の第1条に基づき、次のような政策を促進する。
・加盟国が財政的安定を維持し、世界経済の発展に寄与しながら、最大限に持続可能な経済成長、雇用、および生活水準の上昇を達成できるようにするための政策。
・加盟国、および経済開発の途上にある非加盟国の健全な経済拡大に寄与する政策。
・国際的義務に基づき、多角的かつ無差別な世界貿易の拡大に寄与する政策。
OECD加盟国は、オーストリア・ベルギー・カナダ・デンマーク・フランス・ドイツ・ギリシャ・アイスランド・アイルランド・イタリア・ルクセンブルク・オランダ・ノルウェー・ポルトガル・スペイン・スウェーデン・スイス・トルコ・イギリス・アメリカである。以下の諸国はその後加盟した。日本（1964年4月28日）・フィンランド（1969年1月28日）・オーストラリア（1971年6月7日）・ニュージーランド（1973年5月29日）・メキシコ（1994年5月18日）・チェコ共和国（1995年12月21日）・ハンガリー（1996年5月7日）・ポーランド（1996年11月22日）・韓国（1996年12月12日）・スロバキア（2000年12月14日）。欧州委員会もOECDの活動に参加している（OECD協定第13条）。

A CARING WORLD
The New Social Policy Agenda

by Organisation for Economic Co-operation and Development
©. Organisation for Economic Co-operation and Development, Paris, 1999.
©. 2001, Japanese language edition, Reimei Shobo.

Originally published in English and in French under the titles: *A Caring World: the New Social Policy Agenda / Pour un monde solidaire: Le nouvel agenda social.*
The OECD is not responsible for the quality of the Japanese translation and its coherence with the original text.

REIMEI SHOBO

監訳者まえがき

　この "A Caring World : The New Social Policy Agenda"（OECD, 1999）は，グローバルな経済社会状況の比較・分析に基づき新たな社会政策（social policy）の課題を提示しようとする意欲的な当該機構の公式報告書である。巻末には関連する同機構社会労働委員会（1998年6月）の討議結果のまとめを伴っている。

　翻訳書における題名は，カタカナ表記で「ケアリング・ワールド──福祉世界への挑戦──」としている。このような原語のカタカナ表記を用いたのは，本書のケアという用語の意味がかなりの広がりを持っており，現在の日本における単なる「介護」の意味ではカバーしきれない「広義のケア」とでも表現すべき内容を持っているためである。それは，人間の生活形成に関する広範な配慮および社会的対応を意味しており，本文中「社会的保障（social protection）」と訳した対応内容を網羅しているといえる。また付け加えておくと，われわれは，題名の「ワールド」は，「福祉世界」への道筋にある世界を意味すると理解している。本書にいう「ケアリング・ワールド」は「福祉世界」への歩みの途上を描き出しており，今後この現状を越えてさらに進む道がある。このような位置づけのもとに本書を読み込んでいくならば，多くのかつ細やかな今後の世界についての課題と展望を見出していくことができるであろう。

　ところで，本書は経済社会の激変の中における新たな政策課題を求めつつ，豊富な統計資料を駆使して議論が進められている。この多岐にわたる内容を次に概説する。本文理解の助力となることを期待したい。

【第1章のポイント】最初の章は，加盟国の経済と社会のコンテキストに関する記述に始まり，社会政策全般の展望を開こうとする。要点を以下に列挙する。
① 長寿により従属関係人口比率が上昇してきた。
② 独居高齢者増加による介護サービス需要の増大傾向。
③ 単親家族に属する児童数の増大が顕著に見られる。
④ 女性労働力増大による共稼ぎ世帯の増大。
⑤ 上記の事柄に伴い保育と育児休暇政策の重要性。
⑥ 特殊合計出生率の下落，反面，女性の高雇用率保持国では出生比率を保持（広範な労働市場開発が強く家族形成に影響を与えるため）。
⑦ 未熟練労働者は高失業率ないし家族を養うには不十分な低賃金。
⑧ 人口統計学的変容が保健医療サービス需要の増加を導く。
⑨ 障害を避ける生活努力等さらなる補足的な行動の必須。
⑩ これまでの命に関わる病気が，慢性状態という形のそれに変化，長期介護の必要等々。

　以上のような変動状況をふまえつつ，第2章以降，加盟各国の「財政支出動向」や「所得

分配の状況」の分析，続いて「人の全生涯における政策課題」へと議論が展開していく。

【第2章のポイント】ほとんどのOECD加盟国が財政赤字を低く抑える努力をしているものの，税増収の見込みがない。増税は雇用状況の悪化に直結し，特に未熟練労働者には大きな打撃をもたらしかねない。

さらに今後OECD諸国で公的年金支出，保健医療支出等の社会的支出に増大が予想される。

【第3章のポイント】この章では，課税と所得移転が所得分配にどのように影響したかを取り扱っている。特に直接税と公的所得移転が市場による所得形成の不平等を是正した。こうした対応の成果は高齢者の状況に集中的に現れている。反面，若者が筆頭者である世帯の状況は悪化し，さらに子どものいる世帯の生活状況は以前より著しく悪化している。加盟各国において高齢者の状況が改善されてきているのとは対照的である。

【第4章のポイント】ここでは社会政策（social policy）が人の全生涯の中でどのように人的資本育成に貢献するかを究明している。特に政策的介入に重要性が見出される。考察は次のような内容を結論として導いている。教育は人の生涯にわたるべきである。早期の教育プログラムはその後の生活上の不利を確実に減少させる。学校生活から職業生活への移行教育が国によっては欠如している。このような教育は労働市場に堅固な足掛りを創るために重要である。さらに社会政策は人生設計の自由度を広げるように生活に介入すべきである。

【第5章のポイント】雇用志向の政策課題が検討される。失業者への支援や労働者への支援的対応が焦点となる。失業給付の制限傾向の中で，失業者に対する妥当な世帯収入の確保が課題視される。しかし，失業者より低賃金労働者に公的資金を投下する方向が関心を集めている。また労働市場刺激策よりも，対人援助による給付受給からの離脱政策に力点を置く。社会的援助を効果的とするには，現金給付，社会サービス，労働市場サービスが重要である等々。

【第6章のポイント】保健およびケアサービスが課題とされる。ヘルスケアについては，加盟各国において経費抑制がなされてきた。しかし近年問題点が指摘されるようになり，統合的アプローチに基づく政策決定が主張されるようになった。そこでは政策立案の方向として，より統合的なアプローチの必要性と四つのゴール；**確実な公平性：一層のエンパワメント：効率性の増大：有効性の拡大**が提示される。これに従い具体的目標の設定が期待される。またクライエントの満足度の改善，改善結果の測定方法の開発，ケアの質の改善等についても分析のメスが入れられている。

ところで，上述のような政策的方向の中でも，労働に対する支援，人口特性に応じたヘルスケア，保健（医療）と長期ケアとの間のバランス向上といった諸事については広範な同意（どのように目標を達成するかは国によって異なる）の存在が統一見解として表明されている。

【第7章（結論）のポイント】次に報告書の現状況対応策部分に議論を進めると，まず公平と効率という目的の間にある緊張関係の是認のもとに，**公平性と効率の取捨選択**が課題視される。さらに**政策相互作用について充分考慮する**。すなわち社会政策の「波及効果」の認識と活用が強調される。例示として，好ましい雇用率や所得および適切な住宅供給は，より良い国民の健康に関する成果をもたらす：より良い生活水準，特に人生形成期の栄養と住宅供給は，より健全な長寿に貢献し，潜在的労働力の展望を改善する：高齢者の長期ケアは，若年者の住宅供給に影響を与える等々について言及がなされている。

次に議論はより構造的な分野に及ぶ。少数党政府の国で，政策変更のため意見一致のメカ

監訳者まえがき

ニズムを形成できる等の状況に応じ，**社会契約を再開**する。続いて**民間かつ非営利の，ボランタリー部門の潜在的可能性を利用する**ことが提唱される。政府による非政府組織や各種社会的ネットワークの一層効率的な使用がなされるようになっており，政府によっては，**公的部門の諸活動を民間かつ非営利の部門に任せる**ようになる。より**建設的な公的部門の改革**とともに**委託および分権化**を進めることが課題視される。

市民が多様で洗練されたサービスを求めるようになり，一方公的部門の収支アンバランスが政府の行動余地を制限するという現実に応じるためには，一つの選択肢として民間かつ非営利で自発的な部門の役割拡大を求めざるを得ないということであろう。

さらに数ヵ国の政府は子どもたちの養育上の困難を危惧しながらも，さらなる女性の労働力参加を推奨しており，男女共同参画型社会の家族のあり方が模索される。総じて広義の新**しい家族変容状況への対応努力**が求められている。

また，グローバリゼーションの社会的保障（social protection）システムへの影響が議論され，時としてそれは何らかの保護・保障のためのニーズを増大させるとされる。それに対応する**グローバリゼーションへの現実主義的対応**が要請される。最後に上述施策の方向ないし保障的対応が決して経済にマイナスをもたらすものでなく，**社会的保障は有力な経済機能を有する**ことが強調されている。

D. J. ジョンソン（OECD事務総長，1999年）も「序」で言及しているように「経済成長，社会的安定，適切な管理運営という政策のトライアングルのバランス」を保ち，「経済社会の変容を包括する効果的な社会政策は単に加盟諸国の健全な社会開発を促進するのみならず，その経済開発をも下支えする」。ジョンソン氏によるこの書物に関する総括的見解（「序」による）といえる内容を次に記しておく。「OECDは，1997年に加盟国労働担当閣僚による会合で雇用重視の社会政策を打ち出した。この成果が試される状況は今後も続く。さらに，人口高齢化の中で，老齢年金の改革もさる事ながら，OECDでは能動的に生きる高齢化へのアプローチ，すなわち全生涯を通じての学習，労働，ケア，余暇の援助政策のあり方を議論している。また保健（医療）政策においては，新しいパラダイムが必要とされ，GDP比保健（医療）支出の安定を求める改革から，必要とされる代価を伴いつつ持続的な国民の保健（医療）水準の向上へ進もうとする。しかしこれについての理解はいまだ十分でない。また，政府への要求は多いが，近年の社会経済環境では，成果を上げ得る応答は期待できない。この状況に対し，多くの加盟国で個人の権利，義務，機会の新しいバランスの形成および社会的保障のさまざまな機構の設置が見られるようになってきた。この動向の中で，労働福祉事業，患者憲章，より応答的な公的部門，民間部門やNPOの包含等の展開が見られる。このことは，社会および保健（医療）政策の新たな方向を示唆するものであり，新しい社会政策は，いかにしてこの動き（特に個人や家庭の自助）を活用して社会的連帯を達成するかに依拠している。」これはまさに新たな各種支援ないし助力的応答システムの構築という意味を持つ"A Caring World"の形成により可能になるといえよう。

このように本報告書は，読者に広範な社会的保障システムの現状把握と展望を提供してくれる。しかし，保障システムとはいっても，各国の保障システムの趨勢を把握し，次なるその整合性のための糸口を開くといった意味を持つにしか過ぎない。その意味ではきわめて現実的な努力目標を示唆するとともに，各国において今後の社会的保障の政策を設定していくために効果的な役割を果たし得る報告書であるといえる。OECDの報告書という性格を考慮

すると，現在の世界情勢の中で客観的に示し得る境界領域まで言及していると思われる。

　こうした評価とともに，われわれはこの報告書の開示し得る次の段階を最後に少しく付記しておくことにする。

　この報告書の示唆する内容をふまえつつも，もし次の段階があるとすれば，それは，一方では，各国の現状（経済，政治，社会等）に即した保障システムの「あり方」に関するより一層の解明であり，他方では，近似した経済社会状況の国々に対する実情にも即した一層整合化された社会的保障システムの設定であろう。こうした努力は「福祉世界」とでもいえるグローバルな思想形成の「熟成」を伴いつつ，さらに深く広く，緊密性を持った当該システムの構築を可能とすることになる。このようなプロセスでは，本報告書の基調とする社会的保障策としてのケア（広義）の経済的意味ないし経済効果を重視しながらもそれを越えた価値基準が要請され，またそのような価値基準ゆえに上述の「熟成」も可能となるといえるのである。これは「何のための経済か」を問う視点に基づき開発されるという性格づけを与えられるであろう。

　この最後に付記した事項に関連しては，後述される岡田藤太郎教授の「追論」においてさらに広がりを持って究明されている。

　　2000年11月

　　　　　　　　　　　　　　　　　　　　　　　　　　　　　　　　　　　牛津信忠

序
ドナルド J. ジョンソン（OECD事務総長）

　1996年に事務総長に着任して以来私は，経済成長，社会的安定および適切な管理運営という三つの重要な要素——OECDはその一つ一つを正式に認めている——からなる，OECDの「三角形の政策パラダイム」と私が呼んでいるものを進めてきた。将来，ますます知識重視になっていく経済が発展し続けるかどうかは，経済成長の推進力の一つである人的資本と並んで，このパラダイムをわれわれがバランスよく維持できるかどうかということに密接に関係している。したがって，加速する変化に素早く対処できるような人々の順応性と能力がきわめて重要になってくる。1998年6月，社会および保健政策（Social and Health Policy）の担当閣僚がパリに集まってこの報告書で取り上げた問題——変化に抗するよりも変化を進んで受け入れようとする自信に満ち，健康で十分に教育を受けた人々を育成するための，有効な社会および保健政策が重要であること——を議論した。効果的な社会政策（social policy）は単にOECD諸国の健全な社会開発を促進するのみならず，その経済開発をも下支えするものである。

　社会的保障（social protection）制度の改革は，世論に先行する政府を選挙民がいつでもチェックしていくことができるという意味で，政治家にとっては危険な仕事になることがある。それにもかかわらず，OECD諸国を見わたすと，私には一連の魅力的な政策の実験的試みが目につく。たとえば，政府は家族に十分な所得を保障しながら，その一方で，とりわけ未熟練労働者や長期失業者のために，雇用と雇用能力の促進を試みている。1997年にOECDで「雇用指向の社会政策」のテーマで討論した際に，労働担当閣僚らは，いくつかのプログラムは人々を仕事に復帰させるのに効果があると証明された，他の多くの国々がそれらのプログラムを発展させ実行に移している段階にある，という結論を出している。1999年以降2，3年のうちに，雇用指向の社会政策は，実際にすべてがますます効率重視でありながらも，また需要重視でもあるそのような経済に貢献し，彼らに利益を保障するための（生涯学習の戦略と並ぶ）カギになるかどうかが明らかになるであろう。

　人口の高齢化がつきつける挑戦に立ち向かうためには勇気が必要である。老齢年金制度の改革は必要ではあるが，社会的保障の制度がスタートした当時の人口学的構造とは著しく異なる将来の社会に備えるためには十分ではない。われわれはOECDにおいて，「能動的に生きる高齢化」のための方法——その政策の中においては，人々が特定の年齢に達したその時だけでなく，生涯を通じて，学習，労働，ケアおよび余暇を支援する——を検討してきた。

　保健政策においても新しいパラダイムが必要である。多くのOECD諸国が過去10年以上にわたって取り組んできた改革は，保健支出の対GDP（国内総生産）比を安定させるという点で比較的成功している。しかしまだ，人々の保健状態を引き続き余裕を持って増進するために必要な政策については十分な理解がなされていない。私にはこれがすべてのOECD諸国の直面している大きな難問のように思われる。

人々は政府にもっと多くのものを求めている。そのことは理解できる。なぜならあまり成功や健康に恵まれていない人々にとって，現在の経済・社会環境は，社会的保障の制度が導入された時に比べて，多くの点で一層厳しく看過できない状況にあると認識されているからである。これに応えていずれのOECD諸国においても，個人の権利と義務の機会の新しいバランスが出現し，社会的保障に包含されたさまざまな制度のすべて──「労働福祉事業（workfare）」，「患者憲章（Patient Charter）」，「より応答的な公的部門」，そして「民間部門や非営利組織による社会政策の遂行過程への一層の参入」等──に見られるようになると確信している。これは従来見られなかった社会・保健政策の方向である。**新しい社会政策の課題**は，個人と家族を自立させながらいかに社会的連帯を達成するか，ということにかかっている。

謝辞

　この報告書は社会，人口，財政および労働市場の諸潮流から生起する社会的保障制度への挑戦のいくつかについて述べ，これらを解決するためにはどのような諸政策を展開すべきなのかということについて諸方途を概説的に示している。報告書は，Willem Adema, Tetsuya Aman, Libbie Buchele, Stéphane Jacobzone, Melissa Jee, David Kalisch, およびMarco Mira d'Ercoleの諸氏の寄稿に基づいているが，報告書の作成にあたってはMark Pearson氏が全体の調整を行った。

　出版に際してはオーストラリア，日本およびアメリカ合衆国政府から特別の予算上の援助を受けたが，報告書はOECDの事務総長の責任において出版されたものである。

目　次

監訳者まえがき　1
序　5
謝辞　7

第1部　社会政策の背景理解

第1章　経済・社会的背景 …………………………………………………………… 14
　1　序および主要動向　14
　2　人口統計学および社会的傾向　14
　3　労働市場の挑戦：失業，不活性および低賃金　20
　4　住民の健康状態　26

第2章　支出傾向 ……………………………………………………………………… 38
　1　序および主要動向　38
　2　財政上の制約　39
　3　公的総社会支出の傾向　42
　4　社会政策諸分野の支出傾向　54

第3章　所得の分配 …………………………………………………………………… 65
　1　序および主要動向　65
　2　所得分配と貧困の一般動向　66
　3　市場所得レベルの不公平および税金と移転制度の効果　67
　4　社会の中で選ばれたグループの地位　70
　5　世帯員の報酬と仕事への愛着　75
　6　退職後の資源　78
　7　社会政策の反応　78

第2部　社会政策の再定義

第4章　新しい人生コースへの政策的挑戦 ………………………………………… 84
　1　序および主要動向　84
　2　人生コースへのアプローチ　84
　3　生涯学習　85
　4　幼少期における介入の重要性　86
　5　若者の労働市場への参入　87

6　報酬労働と無報酬労働の調和　89
第5章　雇用指向の社会政策実現への課題 …………………………………92
　　1　序および主要動向　92
　　2　労働報酬の創出　93
　　3　排除に対抗する政策　101
第6章　保健とケアサービスの改善における政策課題 ………………………106
　　1　序および主要動向　106
　　2　ヘルスケア・システムにおける効率性の測定　107
　　3　有効性：結果指向の政策決定動向　113
　　4　公衆の「内在能力の発揮・向上（empowerment）」　115
　　5　ヘルスケアにおける公平性　116
　　6　虚弱高齢者へのケア供給　121
第7章　結論：達成された諸目標と残された課題 ……………………………126
　　1　公平性と効率とのバランス調整　126
　　2　政策間の相互関係性の重視　127
　　3　社会契約の再導入　129
　　4　民間部門，非営利部門，およびボランタリー部門の活用　129
　　5　建設的な公的部門：権限委譲と分権化　130
　　6　家族変容への対応　136
　　7　社会的保障に関するグローバリゼーションの現状　138
　　8　社会的保障の持つ経済機能の強調　139
　　9　改革は行われるか？　140

OECD追記　社会政策閣僚の報道発表（1998年6月23〜24日）　143
参考文献　150
追論　「福祉世界」をめざして　岡田藤太郎　158
監訳者あとがき　166
索引　168

ボックス一覧

2.1.　民間による社会的供給　53
2.2.　障害給付と失業給付の趨勢　61
6.1.　病院の資金供給システム　109
6.2.　改革の影響を評価すること——予算内で質の高いケアを供給している国の政策例——　112
6.3.　OECD諸国における住民ベース（population-based）の施策　121
7.1.　スウェーデンのFINSAM実験　128

表一覧

1.1.　従属関係比率（1960〜2030年）　15

1.2. 第一子出産時の女性の年齢　16
1.3. 単親家族数の最近の傾向　19
1.4. 65歳と80歳における平均余命　28
1.5. 児童死亡率の傾向（1970年および1995年）　29
1.6. 疾病別喪失潜在寿命年数（1970〜1993年）　31
1.7. 65歳における障害を伴わない平均余命　33
1.8. 重度障害の拡大　34
2.1. OECD諸国における予算上の目標　39
2.2. 税収の対GDP比　40
2.3. GDPに占める保健医療費（1960〜1996年）　49
2.4. 保健医療費に占める主な項目（1970〜1995年）　50
2.5. 総保健医療費に占める公的支出率（1960〜1996年）　51
2.6. 純公的社会支出　51
2.7. 純民間社会支出　52
2.8. 老齢現金給付を受けた55〜64歳男性の人口に対する割合（1975〜1995年）　56
2.9. 主な社会保障事業受給者（障害，疾病，失業，社会扶助）の人口に対する割合（1975〜1995年）　58
3.1. 不平等の指数の動向（1980年代半ば〜1990年代半ば）　67
3.2. 貧困の動向（1980年代半ば〜1990年代半ば）　70
3.3. 十分位数間の所得構成要素の分配　72
3.4. 世帯筆頭者の年齢による相対的可処分所得と人口比率　73
3.5. 世帯のタイプによる相対的可処分所得と人口比率　74
3.6. 世帯の仕事への愛着の程度による相対的可処分所得と人口比率　76
4.1. 常勤および非常勤の既婚および単親の母親　90
5.1. 1990年代の失業給付システムにおける変化　94
5.2. 雇用条件に応じた税控除および給付システムの主要な特徴　97
5.3. 低賃金層への援助における雇用者の社会保障拠出の構造化された縮小　99
6.1. OECD諸国における委託システム　110
6.2. 家族の健康状態の評価尺度　114
6.3. OECD諸国におけるヘルスケア適応の人口比率（1960年および1995年）　117
6.4. ケアシステムの比較　122
7.1. OECD諸国の分野別の権限委譲の状況　131

図一覧

1.1. 出産能力と女性の労働力参加の関係　18
1.2. 独居高齢者比率（1970〜1996年）　21
1.3. 教育到達水準別失業率および非雇用率（1994年）　23
1.4. 教育到達水準別失業者の傾向　24
1.5. 労働年齢世帯の非雇用率　25
1.6. 低賃金雇用の発生状況　26

1.7. 保健医療の貢献度指標　27
1.8. 喪失潜在寿命年数（1970年および1993年）　30
1.9. エイズ罹病率（1981〜1995年）　36
2.1. 労働賃金課税の限界　41
2.2. 社会サービスにおける公的給付金と支出　43
3.1. 五分位数による可処分所得，利益，損失　68
3.2. 課税と所得移転の前後における所得の不平等　71
3.3. 低い給与と貧困の発生　77
3.4. すべての組み合わせと所得の分配による置き換え率　79
4.1. 15〜19歳で学業や労働に従事していない者の割合　88
4.2. 20〜24歳で学業や労働に従事していない者の割合　88
5.1. OECD諸国における支払給与税の構造（1995年）　100

1．本書は，"**A Caring World** : The New Social Policy Agenda"（OECD, 1999）の全訳である。
2．「監訳者まえがき」，「追論『「福祉世界」をめざして』」は，本書の位置づけを明確にし，理解を深めるために添付したものである。
3．原書において難解で専門的な用語については，脚注を付している。
4．原書のイタリック体の箇所は，本書ではゴチック体で示している。
5．原書の" "は，本書では「　」で示している。また，（　）は，訳者が原語を示すために用いた場合を除いて，原書のものである。
6．本書において用意した索引は，五十音順に重要語句を配列しており，参考までに訳語のあとに原語を入れている。その場合，原書において複数形の場合も単数形で示している。

第1部
社会政策の背景理解

第1章　経済・社会的背景

1　序および主要動向

　社会的保障のシステムは，ほとんど例外なく，考え方の上では40～50年前と変わりがない。それは，いまだ労働市場からの一時的離脱者への金銭的援助や高齢者が適切な生活水準を享受できるように保障することを中心に実施されている。収入が高くなるにつれて多くを負担し，職を失うと見返りにより多くを受け取るという拠出のあり方がほとんどの国で存在している。しかし，このシステムが採用された後，多くのことがらが変化してきた。この章では長期的な傾向の概要を提示するが，その傾向ゆえに，社会政策と保健医療政策への新しいアプローチが求められている。主旨は以下の通りである。

- 人々がより長寿となり，従属関係比率（dependency ratio）が上昇するであろう。
- 独居高齢者の増加は介護サービスに対する需要を増加させる。
- 単親家族の児童の割合が増大している。
- 女性の労働力参加の増大により共稼ぎ世帯が増加し，家族福祉のために児童養護や育児休暇（parental leave）政策が一層重要となる。
- 特殊合計出生率（fertility rate）*が落ちてきている。しかし女性の雇用率が最高位にある国々において，より高い特殊合計出生率が見られる。労働市場開発が家族形成に強い影響を与えるように思われる。
- 未熟練労働者は，高失業率や他の非雇用形態，あるいは家族を扶養し得ない低賃金といった生活危険に陥りやすい。
- 人々は障害を避けるため，より健康な生活の維持に努めている。にもかかわらず，もしも救済的な行為がとられないなら，人口統計学的な変容が保健医療サービスに対する需要の増加を導く。
- 以前は命に関わる病気であったものが，慢性状態のそれに変わってきている。このことは長期介護の必要性を意味している。

2　人口統計学および社会的傾向

①　従属関係比率

　特殊出生率の下落，出生時の平均余命（life expectancy）の上昇，および下降する死亡率

---

*　女性一人あたりの生涯平均産児数。

(mortality rate) が人口の高齢化をもたらした。「ベビーブーム」世代が労働年齢に達するにつれ従属関係比率（労働年齢人口に対する65歳以上と15歳未満の年齢人口の総和の割合）が多くの国で下落した（表1.1）。ドイツと日本において，この比率は45％ないしそれ以下に低下している。人口の高齢化状況について見ると，OECD諸国が，全人口中の15～64歳人口のシェアが着実に増加する時期の終期に位置している。ほとんどの国で，従属関係比率は，1999年以降の30年全般にわたり上昇するであろう。若干の国においては，2010年を過ぎると特に急激な上昇を示す。それと対照的に，比較的若い国（たとえばメキシコ）では従属関係比率は現在もなお高いが，やがて下降すると予測される。

　従属関係比率のこの新たな上昇は，主に高齢者の平均余命の上昇によりもたらされている（下表参照）。こうした変化はOECD諸国の一般的な経済・社会変動の積極的な成果の賜物である。そしてそれは，全体的に見て，生活の質およびより良きヘルスケアの進展という改善された福祉水準を反映している。にもかかわらず，4世代家族（子どもたち，親，祖父母と曾祖父母）の出現が，20世紀後半の3世代モデルに代わり社会的ニーズを変えていく。介護を必要とする高いリスクを保持する高齢者グループの人口の割合は上昇するであろう。最終的に，15～65歳人口比率の低下は，公的，私的な干渉の有無にかかわらず，社会的ニーズの充足に要する支出への財政対応を余儀なくすることになる。

表1.1. 従属関係比率（1960～2030年）[1]
（単位：％）

	1960	1990	2000	2010	2020	2030
オーストラリア	62.8	49.4	48.9	48.4	54.7	61.8
オーストリア	51.9	47.9	46.0	44.5	49.0	62.1
ベルギー	55.0	49.7	51.0	49.5	56.8	68.0
カナダ	69.6	47.0	46.8	45.1	54.8	67.6
チェコ共和国	53.3	51.4	43.3	41.0	48.6	50.9
デンマーク	55.8	48.4	50.0	52.5	57.3	65.0
フィンランド	60.3	48.6	49.1	50.1	62.8	69.9
フランス	61.3	52.1	52.9	50.5	59.0	67.5
ドイツ	48.8	45.0	45.4	47.3	49.8	62.1
ギリシャ	53.2	49.1	49.5	52.4	56.0	62.7
ハンガリー	52.4	50.5	46.0	44.2	49.9	51.3
アイスランド	74.3	54.9	53.8	51.7	55.0	62.1
アイルランド	73.2	63.1	48.2	47.5	55.5	56.8
イタリア	51.7	45.3	46.8	49.7	54.4	66.9
日本	56.1	43.7	46.4	56.0	65.6	67.4
韓国	82.7	44.6	38.9	40.3	41.6	52.5
ルクセンブルク	47.4	44.9	47.8	49.3	55.0	64.3
メキシコ	98.4	74.0	61.0	52.4	48.1	49.1
オランダ	63.9	45.1	46.6	45.8	54.1	68.5
ニュージーランド	71.0	52.7	52.4	50.3	53.8	58.9
ノルウェー	58.7	54.5	53.5	51.4	57.7	64.7
ポーランド	64.6	54.3	46.3	42.8	51.1	54.5
ポルトガル	59.1	50.6	48.1	49.3	52.1	58.8
スペイン	55.4	49.5	46.2	46.9	50.0	60.2
スウェーデン	51.4	55.6	55.6	55.0	63.3	69.0
スイス	50.8	45.4	46.8	47.2	54.5	70.3
トルコ	81.1	64.7	52.2	48.4	45.4	48.5
英国	53.7	53.5	52.9	51.1	57.5	66.1
アメリカ合衆国	66.7	52.2	51.1	48.0	56.2	64.5
OECD	61.6	51.6	49.6	48.9	53.8	60.7

1. 従属関係比率：労働年齢人口に対する0～14歳および65歳以上人口のパーセンテージ。
資料： United Nations (1996), medium variant estimates.

② 性差，家族の形成とライフスタイル

性別における特性[1]

家族関係において男性の稼ぎ手を前提にした社会政策は時代遅れになった。特に，労働市場での労働経験を持つ女性の要求事項は，伝統的な，保険ベースの社会的保障システムと複雑に相互連関しあっている。第一に，女性の労働力参加それ自体の増大は，不本意な非雇用状態におかれた場合の家計収入上の危険を減少させるという自己保険の一つの形となっている。第二に，働く女性が自らの権利として保険ベースの給付を獲得するようになっている。第三に，各種需要が，ある種の社会的支援（特に児童養護と，出産および育児休暇）のために増加する。

女性の労働市場での経験が，男性のそれとどの程度違うかについては後述される。ここでは，教育と労働市場への統合が完成されて初めて家族の形成がなされるということは，労働市場の不安定性とキャリア開発のための願望に影響されたものであると指摘するだけにとどめる（表1.2参照）。最初の結婚および最初の出産年齢が両方とも上昇しているが。両親がより多くの教育チャンスに恵まれ，そして夫婦のどちらか，あるいはそれぞれがより確実な職業を持つ時に家族が形成されるのである。

結婚あるいは最初の出産の後でさえ，家族形成の完成は，雇用と子どもの養育の機会を考

表1.2. 第一子出産時の女性の年齢

	1970	1980	1990	1993
オーストラリア[1]	23.2	25.3	27.6	28.3
オーストリア	..	..	..	25.0
ベルギー	..	..	26.0	..
カナダ	23.1	24.6	26.4	26.8
チェコ共和国	22.5	22.4	22.4	22.3
デンマーク	23.2	24.1	..	26.7
フィンランド	..	..	26.3	26.7
フランス	23.8	25.0	27.0	27.6
ギリシャ	..	..	..	25.7
アイスランド	..	..	..	24.3
イタリア	..	24.4	26.2	26.9
日本	25.6	26.4	27.0	27.2
韓国	28.2	24.4	25.9	26.3
オランダ	..	27.5	29.2	27.8
ニュージーランド[2]	..	24.9	27.6	28.7
ノルウェー	..	..	..	25.5
ポルトガル	24.4	23.6	24.7	25.2
スペイン	..	..	26.0	27.1
スウェーデン	24.8	25.0	25.8	26.5
スイス[3]	25.1	26.4	27.6	28.1
英国	..	24.6	26.6	27.5
アメリカ合衆国	25.4	25.7	26.3	26.4

.. データなし。
1. 1971年および1981年のデータ。
2. データは1981，1991，1995年：近年の結婚による生児出生に関するもののみ。
3. 結婚した女性のみ。

資料： EU members: Eurostat (1996); Australian Bureau of Statistics, *Social Trends*; Statistics Canada; Czech Ministry of Labour and Social Affairs; National Statistics Office, Republic of Korea, *Annual Report on the Vital Statistics*; Japanese Ministry of Health and Welfare, *Vital Statistics*; Statistics Netherlands, *Statistical Yearbook*; Portuguese Ministry for Skills and Employment; Statistics New Zealand; United States National Center for Health Statistics, *Annual Report on Vital Statistics*.

慮に入れてさらに延期されることがある。それは際限なく延期することさえできるため，結果的に家族規模の縮小が生じることになる。[2] 国際連合による世界人口の予測は，人口増大がヨーロッパ以外のほとんどの国で継続するであろうが，その特殊出生率の中位予測によると，南ヨーロッパ，チェコ共和国，ポーランド，日本といった国が1990年代を通じて人口減少を示すであろうとしている。

　図1.1は女性の生涯パターンにおける主要な変化を例示している。特殊出生率が急激に低下し，労働力参加が実質的増大を見せる。さらに，その2項目間の横断的な関係が変化してきている。1970年代までは，出産の水準は女性の労働力参加の水準と否定的な関係があった。現在では，現家族規模は女性の労働力参加率が最も低い国で最も低い。[3] このような単純な比較は，増加する女性の労働力参加が必然的に特殊出生率を上昇させることを証明するものではないけれども，子どもの養育と給与労働が，**二者択一的活動というよりむしろ，補いあうもの**であることを示している。実際に意外な事態がその規則性を証明している——近年のスウェーデンにおける失業者数の急な上昇の後に続く出生率の急激な低下は偶然の一致であるようには思われない。

　若い人々は，経済的自立を達成することができるまで，結婚と出産両方を延期しているように思われる——そしてこれはもっと引き伸ばされることだろう（第4章参照）。加えて，仕事を始めた当初は，しばしば子どもを持つ家族にとって最も必要な援助となる健康保険あるいは出産休暇（maternity leave）の完全な受給資格は与えられない。このような状況での家族形成の延期は当然である。

　出生の減少は，たとえそれがただ家族形成の延期を反映するのみであるとしても，社会横断的な一般化がなされる時に，広範な社会，経済的な結果をもたらすことになろう。

- 退職年齢に達した人に対する労働年齢人口の比率は将来的に下降するだろう。
- 教育システムの対象となる人々が以前より少数化していくことになる。
- 年齢相互間の結びつきが変化していき，結果的に子どもたちや虚弱高齢者のためのインフォーマルケアを必要とすることになり，（その時点では）孫より多くの祖父母がいるという状況が生じるかもしれない。

結婚および父子関係の不安定性拡大

　単親家族児童（children living with only one parent）の比率が増大し，また養育と生活維持の両方に責任を持つ唯一の，あるいは主要な親である女性の数が増大していく。[4] 単親による養育の国民比率が変化してきている。つまり，フランスやドイツの子どもたちは，イタリア，ポルトガルあるいはスペインの子どもたちよりも単親家族で育つ傾向が強く，カナダ，英国，スウェーデン，アメリカ合衆国の子どもたちが単身家族で育つ傾向は，それよりもさらに強い（OECD, 1997c）。それにもかかわらず，単親家族の数の増加は全般に見られる。

　アメリカ合衆国における単親家族児童の比率は1960年と1986年の間で2.5まで上昇した。しかしながら，この増加傾向は1990年代に鈍化した（表1.3）。家族全体の中で単親家族の割合は20％ないし多くの国でそれ以上である。別居と離婚の率が近年の単親家族の割合を増加させた主要因であるとすると，非嫡出子（children born outside marriage）の数の増大は重要な第二の要因である。地中海の国々を例外として，未婚の母親から生まれた子どもたちの数はこの数十年でかなり増加した。たとえば，英国において全出生の3分の1，アイルランドで6人に1人は未婚の母親からの出生である。アメリカ合衆国およびスカンジナビアの

図1.1. 出産能力と女性の労働力参加の関係

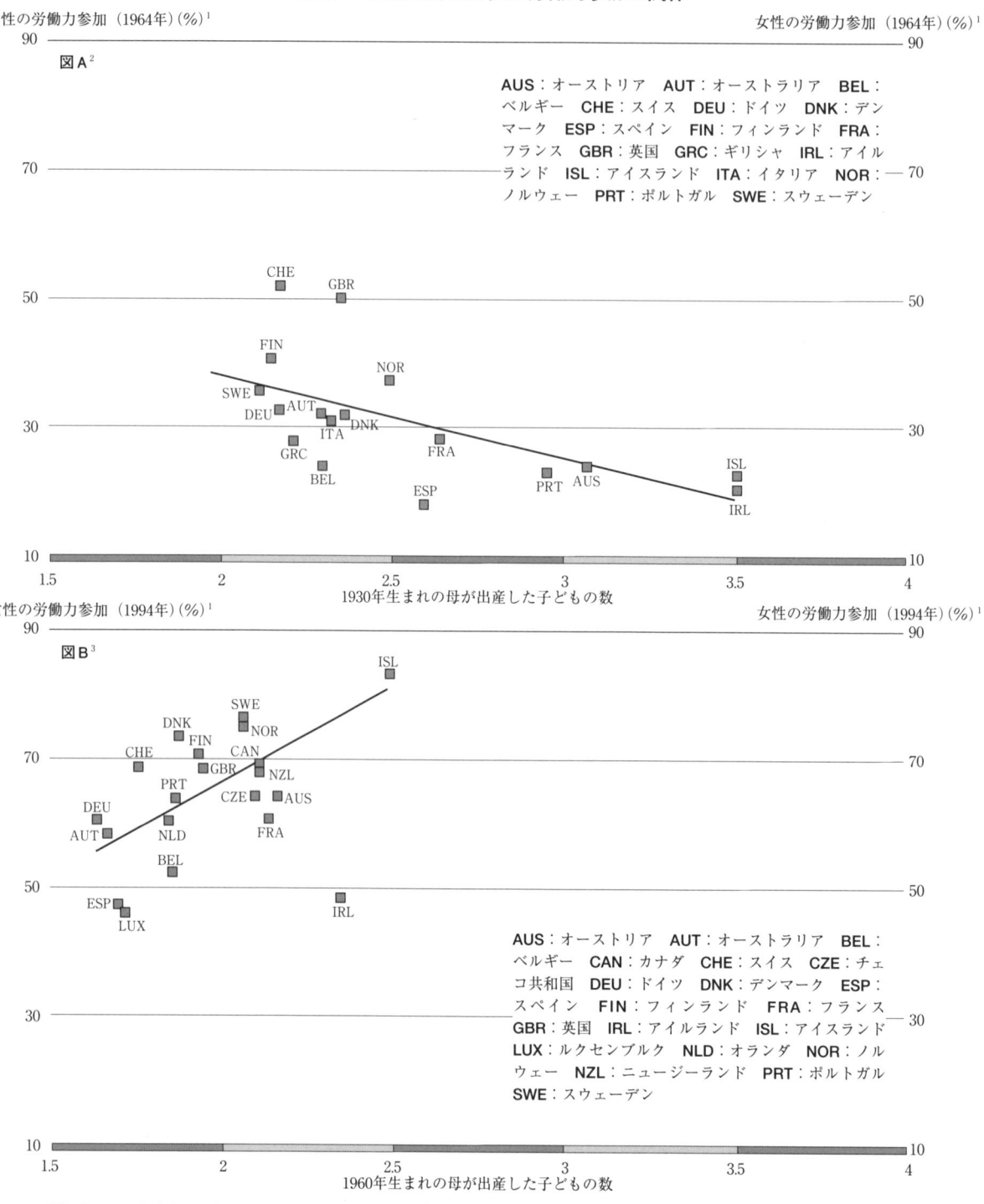

1. 参加率のデータはオーストリア，フィンランドでは1968年。スイスは1969年。デンマークは1965年。ギリシャは1961年。アイルランドは1966年。スペインは1970年。
2. 1930年の出産能力と1964年の女性の労働力参加の相関関係（北アイルランドは除外）は－0.61である〔適合重相関係数＊（回帰分析における）＝0.42〕。
3. 1960年の出産能力と1994年の女性の労働力参加の相関関係は0.68である〔適合重相関係数＊（回帰分析における）＝0.33〕。

資料： OECD, *Labour Force Statistics*, Part III (1998); Part II(1974); EUROSTAT (1996).

＊ 回帰分析において「あてはまりのよさ」を表す尺度を示す係数。

第1章 経済・社会的背景

国々でその比率は同じく高いが，後者では相当な割合が同棲している親のもとに生まれている（Roussel, 1989; CEC, 1994）。同じく目立つことであるが，早期の出産の場合，結婚しているか否かに関わらず，ある段階において単親による養育の可能性がより大きいようである。

単親の母が参入を望む労働市場は，養育責任の認識が希薄であり，そしてしばしば母親の時間の融通性や自由さがなければ対応できない社会状況（たとえば学校の時間割，保育サービスの提供，店の営業時間，公共業務等々）に直面しながら家計責任主体であり主な養育者であるという二重の責任を負わねばならない。

表1.3. 単親家族数の最近の傾向

		単親家族数	指数[1]	発生率[2]			単親家族数	指数[1]	発生率[2]
オーストラリア	1983	296 025	100	13.6	日本	1980	1 480 000	100	8.9
	1993	417 420	141	17.2		1995	2 120 040	143	12.8
オーストリア	1981	257 276	100	19.3	韓国	1985	593 840	100	8.8
	1991	282 102	110	19.7		1995	743 900	125	8.5
ベルギー	1981	252 096	100	14.6	ルクセンブルク	1981	8 946	100	14.1
	1991	362 000	144	20.0		1991	11 000	123	15.7
カナダ	1981	..	..	..	オランダ	1981	294 543	100	11.9
	1991	954 710	..	20.0		1991	388 000	132	15.9
デンマーク	1981	144 704	100	18.0	ニュージーランド	1981	..	..	..
	1991	131 000	91	18.0		1996	148 000	..	25.5
フィンランド	1983	100 000	100	13.0	ノルウェー	1983	111 000	100	17.8
	1993	103 584	104	11.9		1993	117 600	106	19.7
フランス	1981	842 680	100	9.9	ポルトガル	1981	227 000	100	14.5
	1991	1 544 000	183	15.6		1991	254 000	112	13.1
ドイツ	1981	1 559 400	100	14.6	スペイン	1981	..	..	..
	1991	2 232 000	143	16.4		1991	133 000	..	12.8
ギリシャ	1981	..	..	..	スウェーデン	1983	204 000	100	19.0
	1991	193 000	..	10.9		1993	182 880	90	18.0
ハンガリー	1980	300 000	100	15.6	スイス	1981	125 000	100	12.1
	1990	450 000	150	23.6		1991	146 000	117	13.7
アイスランド	1984	6 000	100	23.1	英国	1981	1 679 440	100	17.8
	1993	8 000	133	21.1		1991	2 007 000	120	20.7
アイルランド	1981	86 754	100	15.8	アメリカ合衆国	1986	7 040 000	100	22.7
	1991	110 000	127	17.9		1996	9 285 087	132	27.1
イタリア	1981	1 522 455	100	13.6					
	1991	1 700 000	112	14.9					

1. 指数は，各国における当該年の単親家族数の増加率を示す。
2. 発生率は，扶養児童のいる家族内の単親家族数のパーセンテージとする。
資料： OECD, Eurostat Demographics 1996 and information from national authorities.

③ 高齢者の生活条件の変化

社会生活における個別化の増大——世帯規模縮小による核家族化およびその細分化——が高齢者の生活条件の中に反映されている。これらは（親と子どもたち双方における）より一層の自立への願望に基づき進行してきている——家族のメンバーが実際にお互い親密な関係を保持できる距離内に住むこともあり得るのだが——。私的自由度の拡大は高度に所得の弾

力性をもたらし（Börsch-Supan et al., 1996; Costa, 1997），高齢者集団の所得は上昇してきている（OECD, 1998h参照）。

結果的に，独居高齢者の割合は着実に上昇してきている。それは比較的寛大な社会的保障システムと高い生活水準を保持するスカンジナビアの国々で高い（図1.2）。オーストリア，ベルギー，英国，オランダで急激に高いレベルまで上昇してきている。南ヨーロッパでは独居比率は低いものの，上昇傾向を見せており，スペインでは現在20％を超えている。日本ではその数値は上昇傾向にはあるがいまだかなり低く，7人に1人の高齢者が一人暮らしという状況にある。

しかしながら，独居高齢者の比率が上昇し続けることはないであろう。いくつかの国における増加原因の一つは，戦争に大きな影響を被った人々の高年齢集団化していく動向にあった。それより後の世代の人々の中には，夫婦であり続けている人たちが多くいる。さらに，後述の議論に見るように，男性と女性の間の死亡率差異を狭めることが高年齢のカップルの数を増やしていくことになるだろう（Wolf, 1995）。独居人口の比率は，個人生活の比率が最も高い国々において，下げ止まるか安定してきている，あるいは下降している兆しさえ見え始めている。

こうした傾向は高齢者の介護サービスのニーズと密接な関係がある。配偶者が対応できないか生活支援できない場合，過去においては若年の女子たちがインフォーマル・ケアの担い手とされることが最も多かった。このことは，もちろん女性による経済環境への参加率の低さを，また相対的には支援を求める年齢にまで生きる人々がわずかであることを反映していた。人口統計学および労働市場の傾向は，将来の状態が一層複雑になるであろうことを示唆している。近年女性の労働力参加が急速に増大した。インフォーマルな支援をする女性の数は減少していき，支援を必要とする傾向の強い年齢集団は数を増やしてゆくこととなろう。けれどもこの潜在的なインフォーマル・ケア提供者の縮小傾向は，ケア供給量を増大させる可能性のある要素である。すなわち

- 男性が介護において一層重要な役割を演ずることになるであろう。すでに，オーストラリアでは主要な介護人の3分の1が男性である
- 高齢者の健康状態の改善を前提にすると，退職者自身により供給されるインフォーマル・ケア（子どもたちのケアを含む）の量は，将来十分に増加可能であろう
- ライフサイクル上の仕事，レジャー，介護の一層柔軟な配分が，介護休暇および一層柔軟な仕事のパターンの組み合わせを可能にすることになるかもしれない。

3　労働市場の挑戦：失業，不活性および低賃金

多くのOECD加盟国は，科学技術とグローバリゼーションによって創造された新しい就職機会により，利益を得られる人々とそうでない人との間のギャップの拡大に直面している。失業，不活性（inactivity）および低賃金は，ある一つの根本的な問題の異なる表現形態であるように思われる。そのことは，低い教育と未熟練の弊害に対する労働市場の構造的な変化があったことを示唆している。彼らは高い失業の危険に遭遇する。たとえ彼らが仕事についているとしても，彼らとその家族を養うには不十分な賃金しか得られない。（こうした状況に対し）社会的保障のシステムが生活の痛みを取り去るのである。

第1章 経済・社会的背景

図1.2. 独居高齢者比率（1970－1996年）[1]

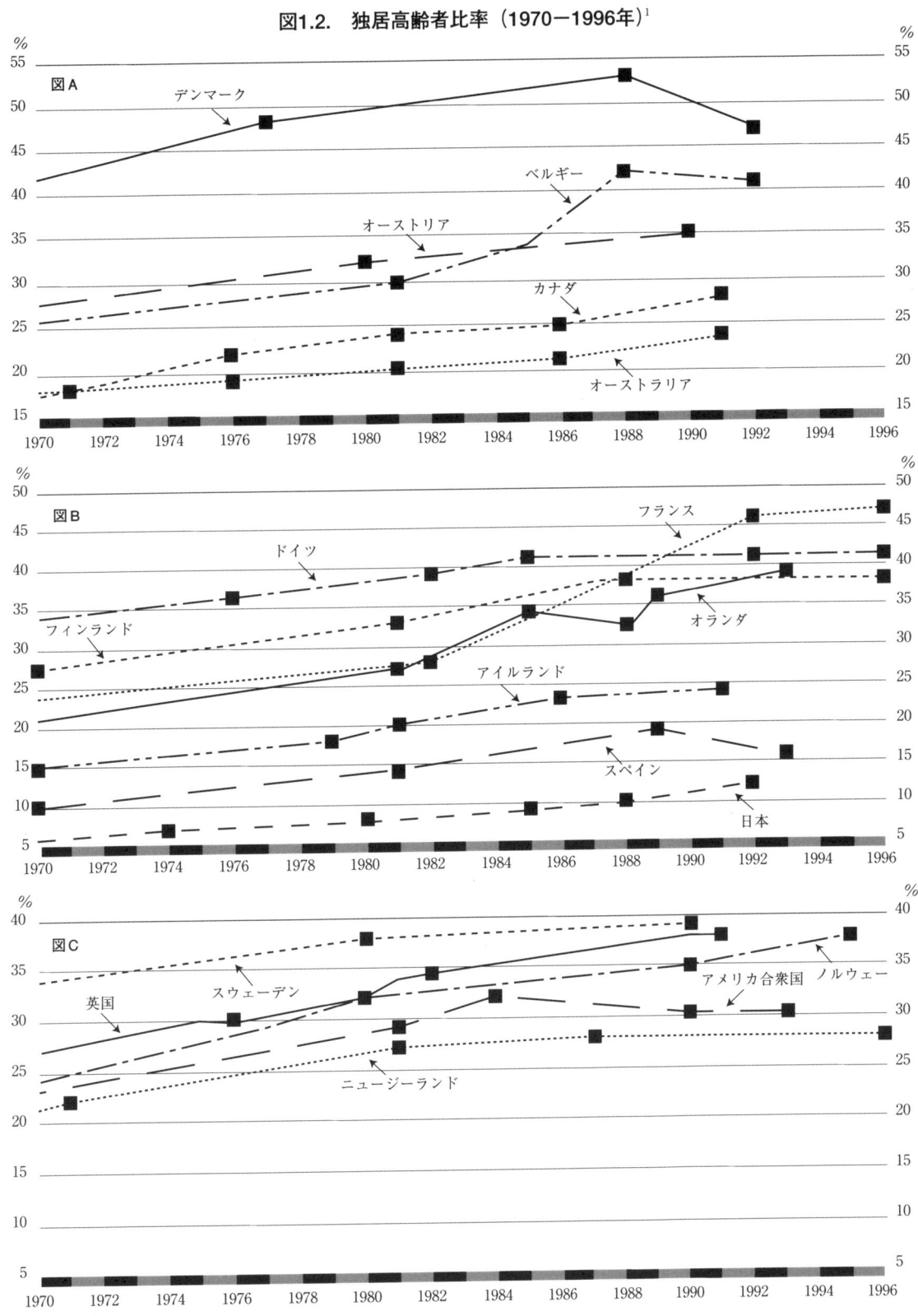

1. ■印は報告年を示す。
資料： OECD(1994b), updated by the Secretariat.

① 失業と不活性

　OECD諸国の生産力は，過去4年間を通じ，全体として約2.5％という控えめな成長を経験した。しかし，失業率は3500万人ないし労働力の7％（3800万人ないし8％という1993年のピーク時からは下降した）と高いままであり，失業者が一定層に集中するという危険も変わりなく存在する。ベルギー，フィンランド，フランス，ドイツ，ギリシャ，ハンガリー，イタリア，スペイン，ポーランドでは失業者数が10％以上のままであるが，これらの国々の多くで，短期的には失業者数の下落に対し期待が持てない。長期的失業の発生率は不安なことに多くの国では高いままである。1996年にはベルギー，ハンガリー，アイルランド，イタリア，ポルトガル，スペインにおいて，すべての失業者の半数以上が，12ヵ月以上失業の状態にあった（OECD, 1997b）。学歴の低い労働者の失業率は，典型的に，より学歴の高い労働者の失業率よりずっと高く（図1.3），その2者の相違はほとんどの国でより大きくなっている（図1.4）。

　1990年代初期の景気後退が北欧の国々に女性の労働力参加率の低下をもたらしたが，オーストリア，ベルギー，アイルランド，オランダ，ニュージーランド，スペインで，10年間で5％以上も上昇している。[5] 対照的に，男性の労働力参加は，特に高齢者集団の存在のために（OECD, 1998f参照），早期退職数，病気および身体障害者手当（invalidity beneficiary）受給が増加したために，ほとんどの地域で落ち込みを見せた。結果として，全体の労働力参加率はOECD域の平均比率で見て比較的安定した状態が続いている。

② 仕事に恵まれた世帯と仕事に恵まれない世帯

　個人レベルの非雇用は労働資源が十分に利用されていないことを広い意味で指し示すが，もし世帯にどのような収入もないとすると，世帯レベルの失業は生活の苦境を導くことになる。もし相当な割合の失業者および不活動者が，既就職者がいない家庭あるいは幾人かの既就職者がいる家庭に存在するならば，異なった福祉政策が必要とされるかもしれない。

　OECD諸国の中で，労働年齢者のいる5世帯のうちほぼ1世帯がいかなる雇用収入をも保持していない（図1.5）。その割合は，低いものではメキシコの5パーセントを少し超える程度から，高いものではフィンランドの27パーセント以上にまで拡散している。この割合は1980年代の中ごろから数値情報が利用可能である15ヵ国のうち12ヵ国で上昇した。中でもニュージーランド，ベルギー，イタリア，フランスで特に急激な増加を示している。

　世帯レベルでの失業の増加は，失業の高い発生率を伴う世帯タイプへの変容によって主に説明される。すなわち，雇用世帯ないし非雇用世帯に分類される多人数の成人世帯と比べて一人暮らしの成人世帯が増加するという統計的な連関がその例示となる。予想通りに，仕事のない世帯が大多数の所得分配の五分位数の底辺を構成して，現金手当（cash benefit）を主な世帯収入源としているのが普通である（OECD, 1998a）。

③ 低賃金

　たとえば未熟練労働者が労働の場を獲得したとしても，彼らは家族を養うための充分な収入を得ることはできないかもしれないし，また非雇用あるいは退職後の時期における生活のための私的な貯金をしたり，あるいは十分な社会的給付を受けることができないかもしれない。アメリカ合衆国の全常勤労働者の4分の1は，中位所得者の3分の2以下の収入を得る

第1章 経済・社会的背景

図1.3. 教育到達水準別失業率および非雇用率（1994年）[1]
（年齢25～54歳の人口）

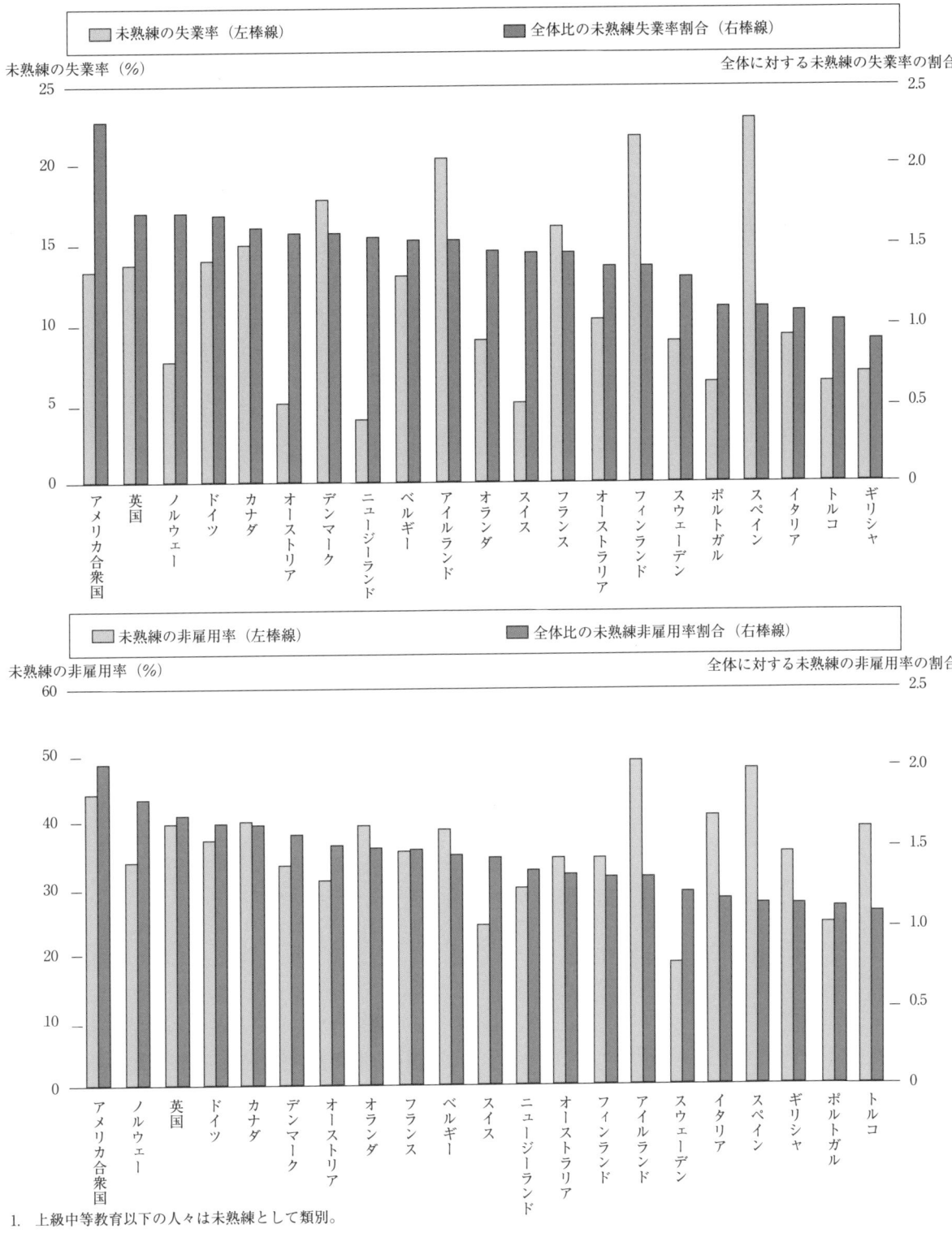

1. 上級中等教育以下の人々は未熟練として類別。

資料： OECD(1996), *Education at a Glance-OECD Indicators*, Paris.

図1.4. 教育到達水準別失業者の傾向[1]
（単位：％）

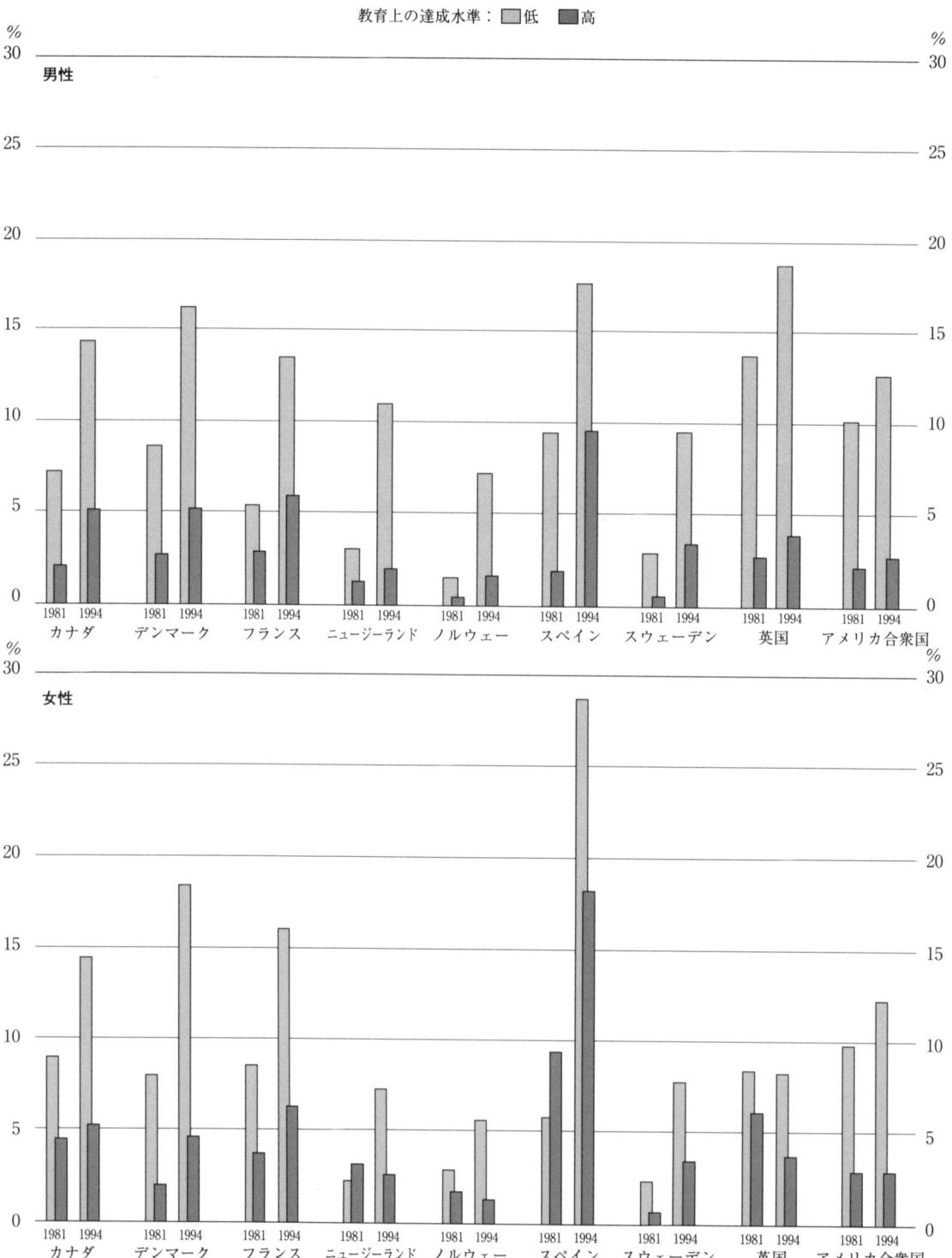

1. 25～64歳の人に関するデータ。低い水準の教育とは上級中等教育あるいはそれ以下を意味する。高い水準の教育とは高等教育に対応する。
資料： OECD(1996f), *Lifelong Learning for All*, Paris; OECD(1996), *Education at a Glance-OECD Indicators*, Paris.

第1章　経済・社会的背景

図1.5. 労働年齢世帯の非雇用率
1996年の水準および1985年と1996年の間のパーセンテージの変化[1,2]

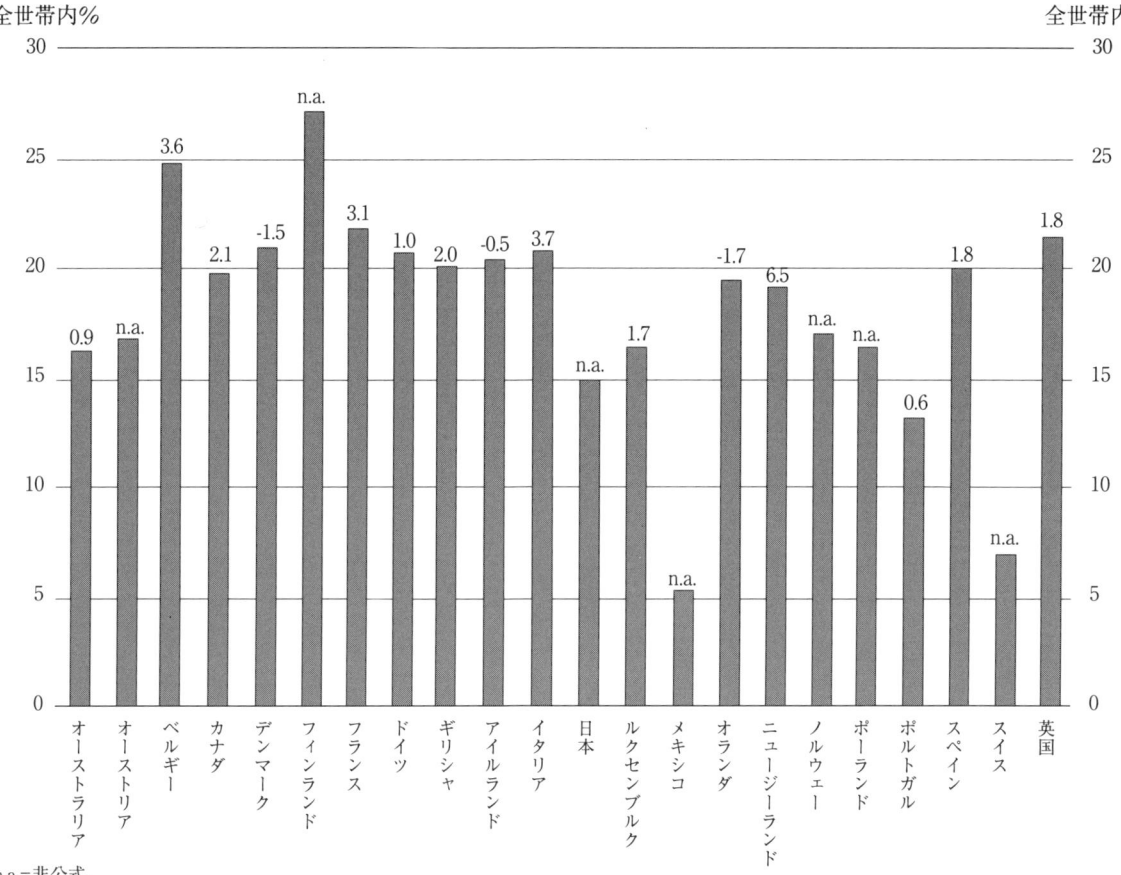

n.a.＝非公式。
1. 労働年齢世帯は労働年齢（15〜64歳）者を少なくとも1人含む。当該期間のいかなる時点においてもある世帯の構成員が（常勤非常勤を問わず）雇用されていない場合非雇用ということにする。
2. オーストリア，フィンランド，日本，メキシコ，ノルウェー，ポーランド，スイスにおける1985年のデータは非公式。
資料：　OECD(1998a), *Employment Outlook*, Paris.

のみであるが，フィンランドとスウェーデンでは労働者の6パーセント以下である。[6] このことは所得配分の諸相違を反映する。すなわち所得不均等がかなり大きい国においては——底辺の十分位数所得に対比して中間的所得を見ると——低賃金の仕事がより高い比率で発生する。長期間にわたり，低賃金労働の発生率は，所得の不均等の拡大を伴いオーストラリア，英国，アメリカ合衆国で上昇の傾向が見られたけれども，データが利用可能であるどの国においても大きな増加は見られなかった（図1.6）。

④　雇用の非標準形態

若干の国では，常勤の終身契約より低い社会的保障水準にある非標準的な雇用形態が見られる。

- ほとんどのOECD諸国で，労働者のおよそ10％が一時的な雇用契約で雇われているが（OECD, 1996a），1980年代中ごろからその比率はほとんど上昇していない。顕著な

図1.6. 低賃金雇用の発生状況[1]

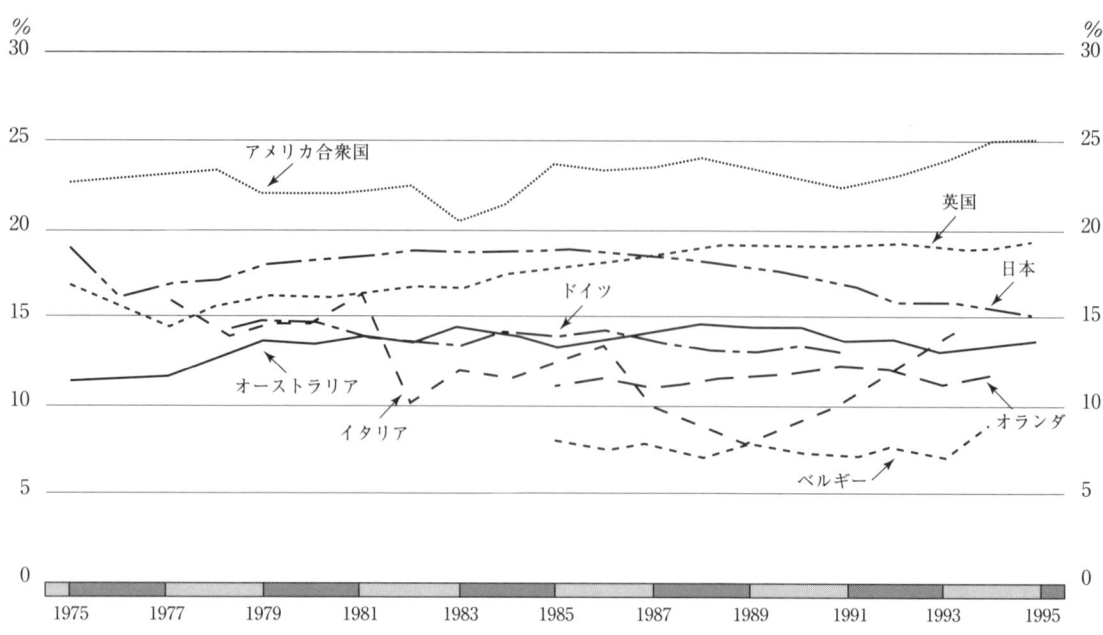

1. 低賃金は中位常勤収入の3分の2以下と定義する。データは常勤雇用のみ。
資料： OECD(1996a, Chapter3).

例外としてスペインがあるが，そこではすべての雇用の3分の1以上は臨時雇いであった。

- 女性雇用全体の20％以上，男性の場合の10％ないしそれ以下という数値が物語るように，パートタイムの雇用がほとんどの国で増加してきている。これらの比率は，男女両性で見るとオーストラリア，オーストリア，フランス，日本，ニュージーランド，トルコで1990年以来2％ないしそれ以上の上昇が見られ，女性のパートタイムの雇用における類似の増加がベルギー，アイルランド，ポルトガル，スペイン，スイスで見られた（OECD, 1998a）。
- 全雇用のパーセンテージと同様に，自営業が1980年代当初より，ほとんどのOECD諸国で3％ないしそれ以上の上昇を見た（OECD, 1994c）。[7]

4　住民の健康状態

出生時およびすべての年齢における平均余命指標；早産死亡率（premature mortality）；あるいは乳児死亡率（infant mortality）および出生時死亡率（perinatal mortality）の縮小がいかなるものであろうと，それに関係なく，ヘルスケアの前進や医療技術の継続的進歩を伴う生活水準の上昇は，健康状態を著しく改良していくことに貢献した（図1.7）。

①　拡大する長寿

乳児死亡率および高齢者死亡率が下がったことにより，OECD加盟国で長寿が増え続けて

第1章 経済・社会的背景

図1.7. 保健医療の貢献度指標[1]

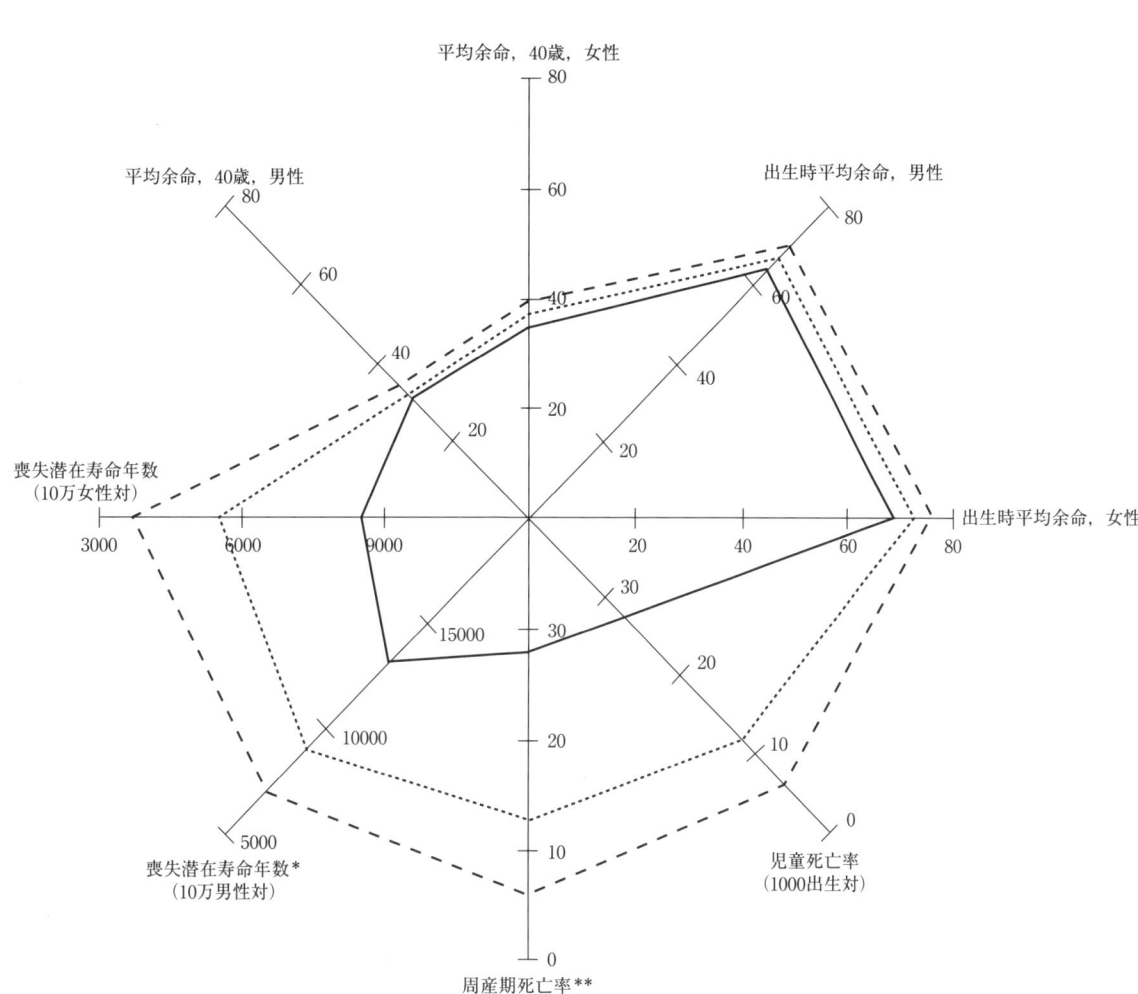

1. チェコ共和国，ハンガリー，メキシコ，ポーランド，トルコは低位である。

資料： Diskette OECD Health Data 1997.

いる。人口構造の変動により，後者による効果は，以前より長寿の増進に貢献している。最近のデータによると，65歳における平均余命が，女性では16〜21年以上，男性では12〜17年に及ぶ。最高の長寿率（longevity）は，日本，フランス，カナダ，スイスで見られる（表1.4）。これらの性による相違は年齢ピラミッドの頂点でも観察できる。年齢80歳で，男性と女性の間の平均余命の相違は少し小さくなるが，なおもはっきりしており，その年齢の余命は，それが最も高い国において女性で10年，男性で7年に近接している。人口統計学者はこれらの傾向が継続すると予測する。

* 本来，病気等がなければ生きることが可能であった年数（寿命）。
** 妊娠満8週以後の死産と出生後7日までの新生児の死亡を合わせた死亡率。

表1.4. 65歳と80歳における平均余命

	65歳		80歳	
	男性	女性	男性	女性
オーストラリア	15.8	19.6	7.0	8.9
オーストリア	15.2	18.7	6.6	7.9
ベルギー	15.3	19.7	6.7	8.7
カナダ	16.2	20.1	7.5	9.5
チェコ共和国	12.8	16.4	5.8	6.9
デンマーク	14.1	17.6	6.4	8.1
フィンランド	14.6	18.7	6.5	7.9
フランス	16.1	20.6	7.1	9.0
ドイツ	14.9	18.6	6.6	8.1
ギリシャ	16.1	18.4	7.3	7.7
ハンガリー	12.1	15.8	5.5	6.5
アイスランド	16.5	19.4	7.4	8.7
アイルランド	13.5	17.1	5.4	6.7
イタリア	15.7	19.6	6.8	8.3
日本	16.9	21.5	7.5	9.9
韓国	13.2	16.9	5.8	7.0
ルクセンブルク	14.2	18.5	5.3	6.8
メキシコ	15.6	18.8	7.2	9.5
オランダ	14.4	18.6	6.2	8.1
ニュージーランド	15.4	19.0	6.9	8.7
ノルウェー	15.5	19.5	6.7	8.6
ポーランド	12.9	16.6	6.0	7.1
ポルトガル	14.3	17.7	5.7	7.0
スペイン	15.8	19.8	7.0	8.5
スウェーデン	16.1	19.7	6.9	8.8
スイス	16.1	20.2	7.2	9.0
トルコ	n.a.	n.a.	5.2	5.9
英国	14.7	18.4	6.7	8.6
アメリカ合衆国	15.7	18.9	7.3	8.9

n.a.: データなし。
注： 65歳時点のデータは次の例外を除き1996年に対応している；オーストリア1995年, カナダ1995年, チェコ共和国1995年, デンマーク1994年, フランス1995年, ギリシャ1994年, ハンガリー1995年, アイスランド1995年, アイルランド1993年, 韓国1995年。
80歳時点のデータは以下の例外を除き同上；フランス1992年, アイルランド1982年, イタリア1994年, ルクセンブルク1987年, トルコ1990年。
資料： Diskette OECD Health Data 1998.

1960年代の初期以来，OECD諸国の過半数を占める国々で，80～99歳の間における死亡率が，女性で年間1～2％，男性で年間0.5～1.5％下落した（Kannisto, 1994）。しかしながら，検討対象の期間で見ると中央および東ヨーロッパの国々ではわずかな死亡率低下を見たに過ぎなかった。西ヨーロッパとの相違は，環境に関連する病気（高レベル汚染の影響と呼吸器系疾患による死亡が強く影響している），およびライフスタイルに関連する病気（心臓血管系疾患による死亡）といった原因にはっきり見られる。共産主義の失墜後に，これらの国々の多くは早産死亡率の急激な上昇を記録した。それは貧困と不況に関連していたが，そのうちの何ヵ国かでは，現在そうした経済状況から回復している。それと対照的に，平均寿命がすでに最高段階にある日本での平均余命は他のほとんどの国よりも一層急速な上昇を見せた。

老化は避けられない生物学的プロセスであり，80歳と100歳の間に人間の年齢的限界があるとされる。しかしながら，もし多くの老化関連の問題が治療可能になるなら（たとえば骨粗鬆症，アルツハイマー症），さらなる長命が可能になることであろう。[8] その多様な疾病形態を全般的に見ると，老人性痴呆症は高齢人口のおよそ5％に影響を与えることを諸研究が示唆している（Ritchie, 1998）。老人性痴呆症の主要なものはアルツハイマー症である。にもかかわらず，他のタイプの痴呆も同じく，大脳の血管の病気に関係する血管性痴呆のように，老化と関連している。他方，痴呆の最も深刻な症状を飛び越えて，不況の多様な形態のために薬物療法の重点的使用ができないというようなことがいわれ続けている。最終的に，かつ逆説的に，高齢者による薬のきわめて多量の消費は医原性（iatrogenic）の危険がない

とはいえず，その消費が最も高い国（たとえばフランス，スウェーデン）では顕著にその傾向が見られる。

② 早期死亡率の低下

乳児死亡率が1990年代に次第に下降し，着実な低下を続けている。OECDの新しい加盟国であるメキシコあるいはトルコにおけるその比率が示すように，乳児死亡率と開発の相対的なレベルの間には強い関連がある。1995年に，最先進国の大半で，その比率は1000人の出生（国により顕著な相違はあるけれども）のうち8人以下であった（表1.5）。にもかかわらず，すべての国で改善がなされ，それは問題に焦点を合わせたプログラムを組んだ国でより顕著であった。今日では，早期死亡率の水準が最も低いのははスカンジナビア半島である。

表1.5. 児童死亡率の傾向（1970年および1995年）[1]

	1970	1995
オーストラリア	17.9	5.7
オーストリア	25.9	5.4
ベルギー	21.1	7.0
カナダ	18.8	6.0
チェコ共和国	20.2	7.7
デンマーク	14.2	5.5
フィンランド	13.2	4.0
フランス	18.2	5.0
ドイツ	23.4	5.3
ギリシャ	29.6	8.1
ハンガリー	36.0	11.0
アイスランド	13.2	6.1
アイルランド	19.5	6.3
イタリア	29.6	6.2
日本	13.1	4.3
韓国	45.0	9.0
ルクセンブルク	24.9	5.0
メキシコ	69.0	16.5
オランダ	12.7	5.5
ニュージーランド	16.8	7.0
ノルウェー	12.7	4.0
ポルトガル	55.1	7.4
スペイン	26.3	5.5
スウェーデン	11.0	4.1
スイス	15.1	5.0
トルコ	151.0	44.4
英国	18.5	6.0
アメリカ合衆国	20.0	8.0
平均	27.7	7.9

1. 生出生児1000人につき1歳以下の年齢児童の死亡数。
資料： Diskette OECD Health Data 1998; National Statistic Office, Republic of Korea.

早期死亡率の低下はより年齢の高い集団にも好影響をもたらしている。1970年において，喪失潜在寿命年数（potential life years lost）が大きかった国々では，早期死亡率が最も著しく減少した。この減少は東ヨーロッパの新しいOECD加盟国でより小さなものであった（図1.8参照）。

表1.6で示されている病気のカテゴリーは，1993年の男性の早期死亡率のおよそ70％と女性の早期死亡率の60％以上について説明している。男性と女性の早期死亡原因には明確な相違がある。たとえば，1993年を見ると，交通事故と暴力行為のような外的要因が男性早期死亡のおよそ28％の理由となっているのに対し，女性の場合にはほんの15％であるに過ぎない。悪性腫瘍が女性の早期死亡のおよそ30％の理由となっているが，それに対し男性では21％で

図1.8. 喪失潜在寿命年数（1970年および1993年)[1]
男女10万人に見る年数（自殺原因の死は除外）

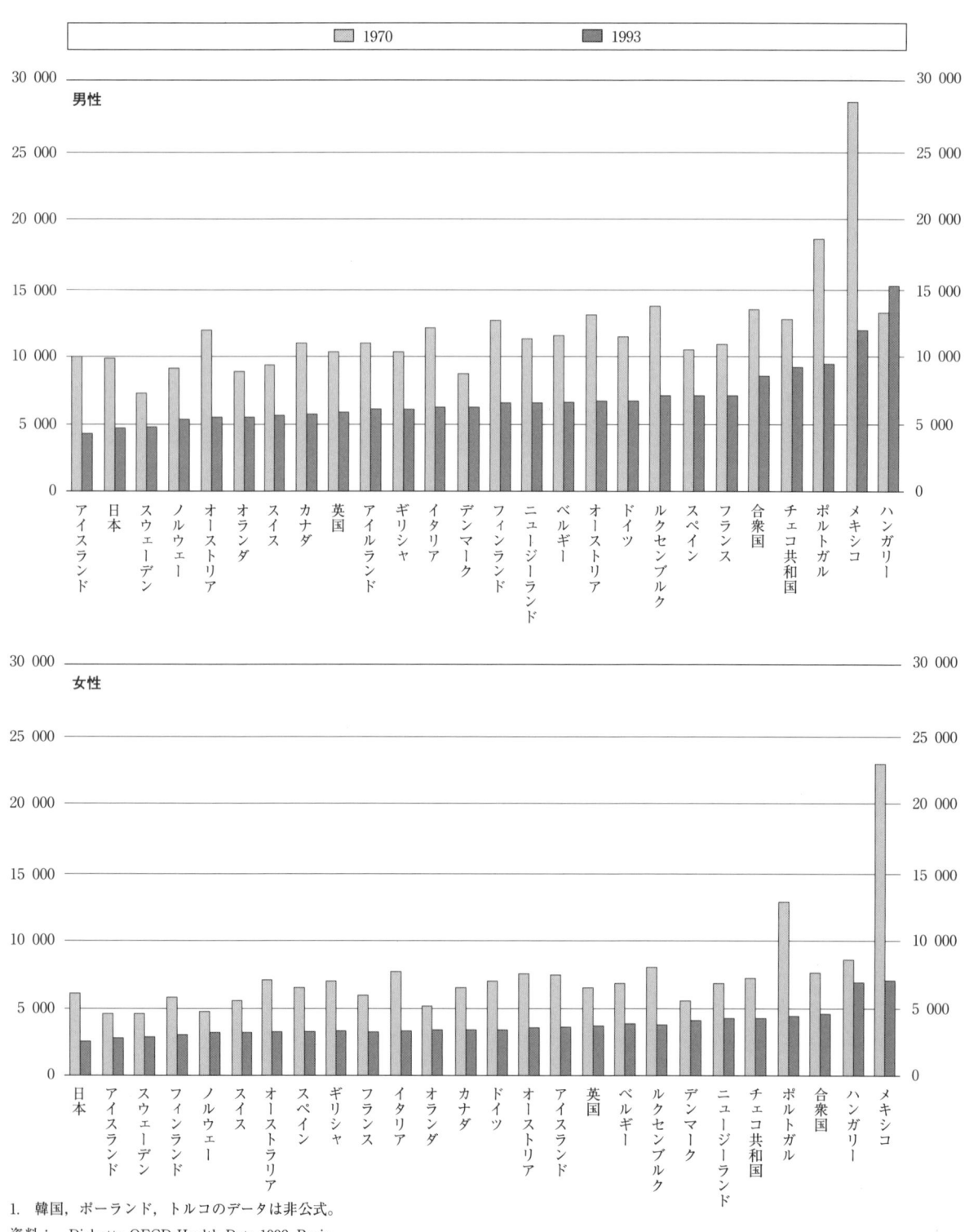

1. 韓国，ポーランド，トルコのデータは非公式。
資料： Diskette OECD Health Data 1998, Paris.

第1章 経済・社会的背景

表1.6. 疾病別喪失潜在寿命年数（1970～1993年）

	循環系統				肝硬変				肺癌				結核				悪性腫瘍				PYLL:全数内%			
	女性		男性		女性		男性		女性		男性		女性		男性		女性		男性		女性		男性	
	1970	1993	1970	1993	1970	1993	1970	1993	1970	1993	1970	1993	1970	1993	1970	1993	1970	1993	1970	1993	1970	1993	1970	1993
オーストラリア	1 583	431	3 478	1 107	1 379	1 142	587	311	1 072	518	3 022	1 686	66	40	129	119	82	123	384	284	57	64	67	70
オーストリア	1 077	616	2 527	1 568	1 583	1 204	1 775	1 508	1 019	668	3 722	2 184	141	162	484	496	59	106	413	407	49	70	61	77
ベルギー	1 059	488	2 517	1 157	1 450	1 233	867	1 683	1 048	715	2 662	2 012	69	96	132	183	53	109	593	588	52	63	60	69
カナダ	1 044	431	2 843	1 178	1 489	1 208	1 557	309	1 144	618	3 135	1 795	98	46	207	114	90	246	406	405	56	65	67	69
チェコ共和国	1 387	929	3 136	2 691	1 502	1 457	2 079	2 332	934	660	3 330	2 427	77	92	268	347	62	111	566	763	52	68	64	79
デンマーク	811	564	2 057	1 258	1 782	1 556	1 635	1 480	1 017	678	2 294	1 645	56	119	110	277	105	265	382	386	62	66	65	67
フィンランド	1 452	558	4 421	1 937	1 215	944	909	1 149	903	706	3 793	2 876	25	75	111	217	42	60	614	302	61	70	75	80
フランス	738	323	1 667	937	1 205	1 012	1 866	1 936	1 020	739	3 002	2 181	293	122	564	269	36	66	320	509	54	62	63	67
ドイツ	1 067	613	2 066	1 606	2 038	1 306	1 761	1 650	1 073	502	3 221	1 620	112	185	357	440	58	107	349	436	59	71	61	72
ギリシャ	821	499	1 412	1 402	1 087	962	355	1 425	457	467	1 625	1 633	61	30	223	104	82	67	302	475	35	59	44	77
ハンガリー	1 538	1 587	2 892	4 336	1 514	1 727	1 686	3 106	856	910	3 034	3 287	76	719	200	2 071	90	252	351	1 049	44	68	54	73
アイスランド	605	271	2 848	1 093	1 086	1 445	548	845	816	335	3 404	1 465	33	24	74	24	52	261	228	199	55	72	74	73
アイルランド	1 510	632	2 953	1 836	1 668	1 372	1 683	1 457	740	404	1 721	1 512	47	37	45	59	124	147	491	331	51	65	58	73
イタリア	1 061	470	1 989	1 145	1 379	1 126	1 852	1 625	636	366	1 990	1 369	159	97	492	262	59	77	433	472	41	60	52	67
日本	1 204	463	2 100	1 028	1 278	870	1 556	1 284	528	469	2 512	1 311	83	42	279	190	57	70	134	190	55	67	63	74
韓国	n.a.	509	n.a.	940	n.a.	87	n.a.	528	n.a.	62	n.a.	174	n.a.	74	n.a.	168	n.a.	818	n.a.	1 386	n.a.	n.a.	n.a.	n.a.
ルクセンブルク	1 235	663	2 918	1 247	1 597	1 250	2 295	1 635	1 545	909	3 993	2 858	215	103	349	296	48	69	827	448	55	73	67	77
メキシコ	1 873	871	2 020	1 239	1 101	1 031	653	762	914	689	4 514	3 616	350	230	1 157	1 069	47	50	81	120	19	40	29	54
オランダ	786	508	2 242	1 262	1 514	1 267	1 780	1 449	740	371	1 875	963	32	40	50	74	46	160	611	437	57	61	65	64
ニュージーランド	1 479	699	3 293	1 640	1 605	1 490	1 763	1 483	850	776	2 822	2 359	39	31	68	55	114	180	424	275	55	66	67	76
ノルウェー	717	418	2 327	1 293	1 404	1 169	397	1 151	536	434	2 398	1 449	25	38	44	86	43	116	190	249	57	64	66	67
ポルトガル	1 159	635	1 934	1 485	1 306	1 119	1 466	1 570	714	693	2 744	2 457	267	192	593	513	46	50	158	316	27	57	36	61
スペイン	1 385	422	2 209	1 241	1 171	1 000	478	1 694	457	445	1 747	1 696	148	69	397	283	57	42	244	475	49	58	55	66
スウェーデン	688	408	1 802	1 214	1 350	1 108	1 195	992	896	542	2 286	1 347	55	28	147	103	55	114	168	171	61	68	67	70
スイス	689	350	1 722	1 002	1 359	1 050	646	1 273	939	656	2 961	2 000	57	71	226	123	35	123	417	347	55	62	65	70
英国	1 251	657	3 058	1 690	1 630	1 371	1 875	1 399	624	377	1 549	1 152	26	62	38	101	162	175	691	346	54	64	62	70
アメリカ合衆国	1 551	806	3 707	1 801	1 511	1 253	1 730	1 453	1 223	831	3 613	2 602	210	78	392	200	141	254	528	466	57	61	68	66
OECD	1 145	589	2 544	1 515	1 431	1 218	1 654	1 498	879	595	2 806	1 981	108	109	275	311	71	131	396	402	48	66	61	75

1. 喪失潜在寿命年（Potential Years of Life Lost）；すべての早期の死に対する70歳の絶対平均余命に見た喪失寿命数値。疾病確認のための死亡証明情報に基づく。

資料： Diskette OECD Health Data 1998; National Statistic Office, Republic of Korea.

ある。循環器系統の病気の場合では，喪失余命の縮小は，1970年と1993年の間において，女性ではおよそ50％，男性では41％である。癌をとってみると，縮小はそれぞれちょうど14％と10％であった。縮小幅は結核において大きい，それは1970年においてさえ喪失余命全体のほんのわずかな部分を占めるにとどまった。しかし，男性の早期死亡率は，いまだ女性のそれより高いままである。

　循環器系統の病気がアメリカ合衆国，英国，東ヨーロッパ，ポルトガル，ニュージーランドで比較的高い比率を占めている。対照的に，それは地中海の国々，日本，オーストラリア，フランスではそれほど高い比重ではない。肺癌による早期死亡率のレベルと国の開発レベルの間には関連性がない。たとえばアメリカ合衆国では特に高い率となっている。東ヨーロッパとメキシコにおいては，癌による潜在的喪失余命が際立って低下することはなかった。

　表1.6で示されている成功は新しい挑戦を生み出した。現代の医学の進歩が，しばしば命に関わる病気からの回避を可能にするようになったが，その発生率を減らすとは限らない。このように，病気というものは，個々人の享受する生活の質が一番の問題となるような長期にわたる特性を伴う。より良い生活の質は，日常的課題の達成が困難で生活の質の低下につながるような高齢者のみではなく，労働市場への参加を改善していくことができる中間年齢層の人たち（たとえば，ストレス，あるいは背骨や目の問題で苦しんでいる）にもより良き状況をもたらしてくれる。

③　障害の発生率

　高齢者の人口増大は，年齢それ自身のためではなく，この年齢における病気と障害の発生率が大きいという理由のために，虚弱な状態に陥る危険性のある人口集団の割合を増大させる。平均余命が長くなった分，障害とともに暮らす年数が長くなったのかどうかをより明確に見極めるために，「健康寿命（Disability Free Life Expectancy, DFLE）；障害から自由な平均寿命」というような一層精巧な指標を開発する必要がある（DFLE指標はOECDにおいて1992年に提唱され，最近では，1997年にMathersおよびRobineによって標榜された）。DFLE指標とは毎日の生活への自立的参加という視点に基づくアクティブな平均余命の概念が中心となっている。障害が重い場合の「健康寿命」は，しばしば能力を有しない――有意味な手助けなしで毎日の生活に欠かせない諸活動を行うことができない――という言葉のより限定的な定義と呼応する。中度の能力障害には，ソーシャルサービスというのではなくとも，何らかのフォーマルないしインフォーマルな援助が有効であると考えられる。

　どのようにそれが測られるかについて標準化された定義はないけれども，DFLEはデータが利用可能であるごく近年の年齢65歳の人々における平均余命の45～80％に代表される（表1.7）。このデータは，国レベルのデータ（たとえば，Manton *et al.*, 1997）によって補われ，年齢65歳において加盟国の母集団が良好な健康状態で有意義に過ごせる予期し得る年月を示している。さらに，年齢65歳において健康寿命の拡大が見られる（この傾向はオーストラリア，ニュージーランド，ノルウェーでさほど顕著ではないが）。このことは重度障害に対し確信を持っていえることであるが，重度障害についての国々の横断的な定義の違いは，定義がより困難な中度の障害基準と比較するとほとんどないといえる。一層詳細な分析によると，これらの積極的な傾向が65歳と80歳の間の比較的若い層の高齢者に主に見られることを明らかにしている。80歳を超えると，その傾向は明確には見られない。平均余命は男性の場合に短いが，しかし何もできない状態に陥る比率は低い。それと対照的に，女性の場合，何もで

第1章 経済・社会的背景

表1.7. 65歳における障害を伴わない平均余命

	65歳時の 平均余命	障害のない 余命	65歳時の 平均余命	障害のない 余命
	男性		女性	
	中度の障害から自由である平均余命[1]			
オーストラリア				
1981	13.9	7.9	18.1	10.1
1993	15.7	6.5	19.5	9.1
カナダ				
1986	14.9	8.5	19.2	9.4
1991	15.6	8.3	19.7	9.2
フランス				
1981	14.1	8.8	18.3	9.8
1991	15.7	10.1	20.1	12.1
オランダ				
1983	14.0	8.0	18.6	7.4
1990	14.4	9.0	19.0	8.0
アメリカ合衆国				
1980	14.2	6.8	18.4	9.3
1990	15.1	7.4	18.9	9.8
ニュージーランド				
1981	13.3	9.9	17.1	10.5
1993	14.8	10.0	18.4	10.2
ドイツ				
1986	13.8	10.6	17.6	13.0
1995	14.9	12.2	18.7	14.9
	重度の障害から自由である平均余命[1]			
オーストラリア				
1981	13.9	11.9	18.1	13.8
1993	15.7	13.4	18.7	14.8
カナダ				
1986	14.9	12.8	19.2	14.9
1991	15.6	13.3	19.7	15.4
フランス				
1981	14.1	13.1	18.3	16.5
1991	15.7	14.8	20.1	18.1
日本				
1980	14.6	13.2	17.7	15.8
1990	16.2	14.9	20.0	17.3
英国				
1980	12.9	11.8	16.9	15.0
1991	14.5	13.6	18.1	16.9
ノルウェー				
1975	14.0	13.3	17.2	16.1
1985	14.4	13.3	18.2	16.9

1. 健康な余命の概念はまだ全般合意を得てはいない。「重度障害」の測定は、「中度の障害」に対するよりも比較をなしやすい。OECD加盟国の各水準は、単一年間のみ推計；間接的な証明からの推定は類似傾向の予測をもたらす。付加的詳細および国別データはJacobzoneによる（1999予測）。

きない状態に陥らずに過ごせる余命の比率はかなり低い。しかしながら、このような社会的保障の将来についての重要な問題に関するデータの質（Crimmins *et al.*, 1997参照）が、望

ましい信頼性を保持していないということは残念である。

表1.8は，主要行動のためのフォーマル，インフォーマルな援助なしでは日々の生活ができない人口の割合を示す。依存状態の拡大は，所与の年齢人口の健康についての一般的な状況およびヘルスケア・システムの医学的能力，そして人口の年齢構造，特に80歳以上の高齢者の割合次第である。65歳以上の全人口の中での虚弱な高齢者の割合は，国によって8人に1人から4人に1人の間である。反対に，深刻な依存状態にありベッドないし椅子の生活を強いられる人たちのための唯一の解決策は施設収容であるように思われているが，その人々は25人に1人の高齢者に過ぎない。

表1.8. 重度障害の拡大

	総人口内80歳以上の人口割合（1995年）	65歳以上の人口内虚弱高齢者割合（％）	65歳以上の人口内重度障害の割合（％）
	(1)	(2)	(2)
オーストラリア	2.5	16.7	n.a
オーストリア	3.5	25.0	2.9
ベルギー	3.6	5.9から16.4	3.3
カナダ	2.6	16から32	n.a
フィンランド	3.2	18から20	n.a
フランス	4.1	13から17	3.7
ドイツ	4.1	12.1	3.5
イタリア	3.6	22.1	2.0
日本	2.8	11.2	4.2
韓国	0.9	13.5	n.a
オランダ	3.0	18.9	n.a
ノルウェー	3.9	18.0	n.a
スウェーデン	4.5	15.1	3.4
英国	3.8	14.1から28	n.a
アメリカ合衆国	3.0	12から26	n.a

n.a.: データなし。
資料： (1) OECD Health Data 1998 for population and expenditure on health as of March 1998. Population data refer to 1994 for Denmark.
(2) The share of frail elderly refers to the prevalence of severe disability. Data refer to the most recent published national disability survey, currently between 1990 and 1995. Secretariat estimates using various sources and experts reports, Pacolet (1997) for European countries together with national sources. Additional details and country specific data can be found in Jacobzone (1999 forthcoming).

④ 新しい健康へ向けての挑戦

社会的挑戦

社会的な地位と健康の間には，強い関連性がある。罹患率の最大凝集およびしばしば最も短命な状況が見られるのは，学歴がきわめて低い，あるいは失業している社会で最も恵まれない集団である。結果的に，一定人口のいくつかのカテゴリーにおける健康状態に改善が見られず，大局的に見るとほとんどの指標が改善されているとしても，それは悪化したであろうと思われる。

こうした不一致は，ヘルスケアへの適切さを欠くアクセスによって生じたのだろうが，しかしこれは説明の単なる一部に過ぎない。不十分な医療保険適用範囲あるいはあまりにも高い被保険者負担額は，医療支援を求めることに失敗している。さらに，いくつかの地域においては不十分な医療サービスは暗黙のうちに供給を導いていく。したがって，最も恵まれて

いない一部の人口集団に焦点をあてて，保健上のケア対応をする，あるいは地域計画を改善する諸政策が，これらの問題のいくつかに解決をもたらしてくれる。

　反対に，原因が医療制度以外の問題から発生している場合には，医療制度そのものを変えるという挑戦は一層困難となろう。相互関係を持つ社会状態（たとえば失業者と住宅問題の間の関係に見られる）に影響され健康状態の下降現象が生じるところでは，ヘルスケア政策だけでは不十分であるからである。

感染症（infectious disease）と慢性疾患（chronic disease）の復活

　（貧困と関連し存在し続ける）結核，肝炎，エイズのようないくつかの病気が出現したり，再度出現したりしている。現代的なライフスタイルが，著しく海外旅行を増大させ，いくつかの病気は初めは限定されていたエリアを越えて拡大していった。最もよく知られている例は，OECD諸国で急激な流行を引き起こしたエイズである。結果的に，1980年代時点で，健康サービスやケアプログラムが予防を制度化したり，危険性のあるグループの教育をなすために開発されねばならなかった。これらの政策はそれが最も厳格に実施された国で流行の拡大があったことを意味している。いくつかの国（日本，韓国，ポーランド，チェコ共和国，ハンガリー）では，きわめてわずかなケースしか存在しなかった。[9] もう一つのグループ――フィンランド，ドイツ，ギリシャ，アイスランド，アイルランド，ニュージーランド，ノルウェーにおいては，病気の拡大が比較的低率であった。それと対照的に，3番目のグループ――デンマーク，フランス，イタリア，スペイン，スイス，アメリカ合衆国においては，その病気は最も高率を示した。しかしながら，1993年以降，その流行性の病の拡大の程度は，特にオランダ，スペイン，英国，アメリカ合衆国において横ばいとなったように思われる（図1.9）。

　糖尿病への対応に成果が見られ，近年ではエイズもそうであるが，致命的な病気であり，重要ではあるが通常の日常生活を止める必要のない健康上の問題に変化した。このことはますます患者に対する身近な徹底対応を必要とすることを意味している。さらに，高血圧，糖尿病，慢性の呼吸器疾患，筋骨上の（関節炎の）問題と関連する病気は，すべて追加的な資源を必要とする。最後に鬱病およびその他精神疾患の治療は，コミュニティケアおよび通院アプローチの制度化に向けた継続的な転換を伴い，現代の医療における最も重要な進展の一つである。

図1.9. エイズ罹病率（1981〜1995年）

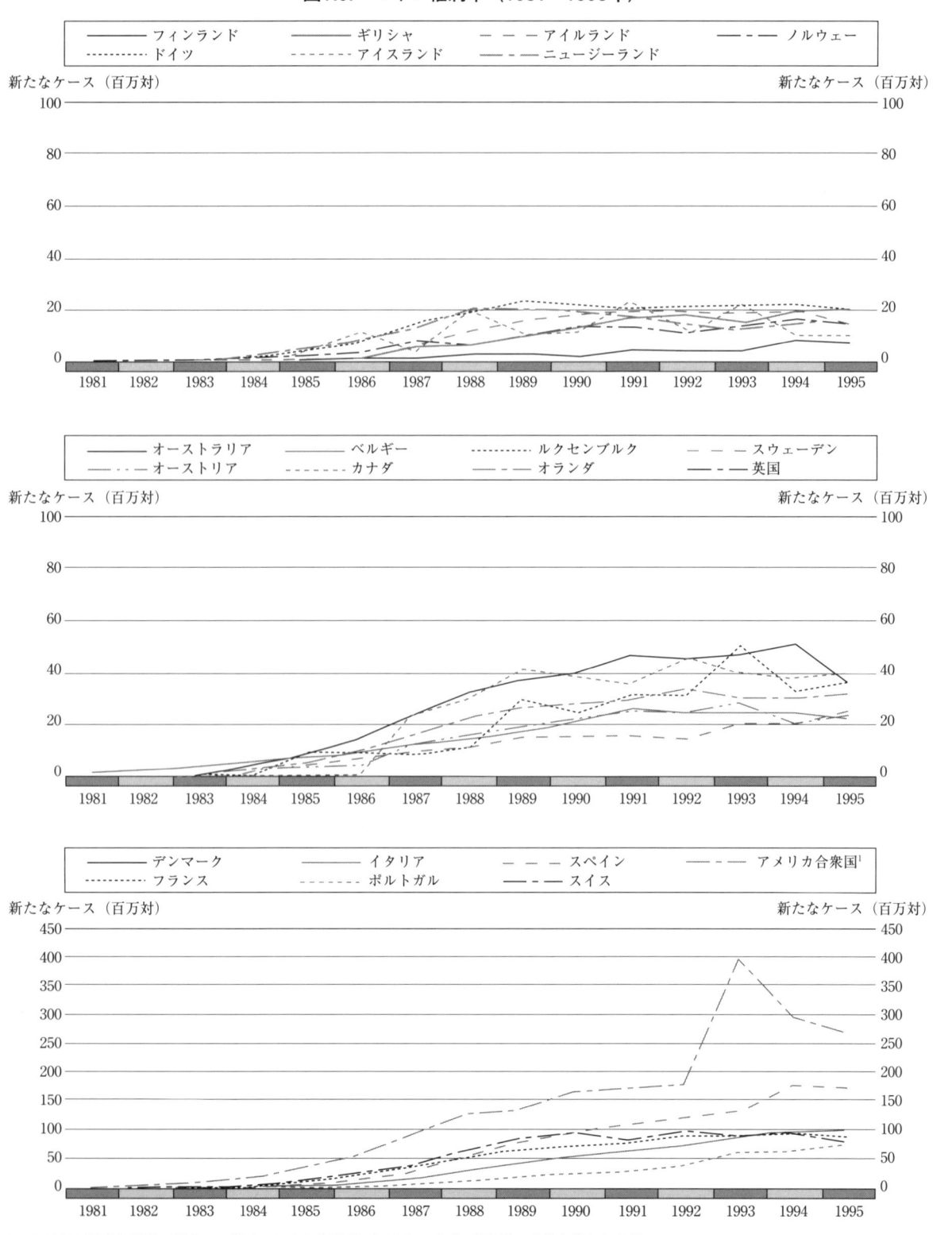

凡例（上段グラフ）:
- フィンランド
- ギリシャ
- アイルランド
- ノルウェー
- ドイツ
- アイスランド
- ニュージーランド

凡例（中段グラフ）:
- オーストラリア
- ベルギー
- ルクセンブルク
- スウェーデン
- オーストリア
- カナダ
- オランダ
- 英国

凡例（下段グラフ）:
- デンマーク
- イタリア
- スペイン
- アメリカ合衆国[1]
- フランス
- ポルトガル
- スイス

縦軸: 新たなケース（百万対）

1. 1992年の限定的変動の理由の一部はアメリカ合衆国におけるエイズの報告数の急速な増加による。

資料： Diskette OECD Health Data 1998.

注

1. このセクションはサラセノで記された（1997年）。
2. 後述されているように，このことは保育施設と家族サポートのシステムへのアクセスを反映することを示唆していると推測できる。
3. 若干の国で，まことしやかな説明がなされ広がっていった職業機会の信頼を薄れさせる考え方に従い，非常に早い家族形成が明白に存在した。若い女性たちは，労働市場に身を置くことや安定したパートナーを見出すことをあきらめ，どちらも手に入れることなく子どもを産み，しばしば中等教育さえ修了しなかった。しかしながら，この傾向が最も声高であるアメリカ合衆国においてでさえ，それは家族形成を延期する一般的な傾向よりも重要ではなくなってきている。
4. 婚姻の不安定性は新しい現象ではない。20世紀の間においてのみ，若い年齢で，かつ親である配偶者の死が普通の出来事ではなくなった（Anderson, 1985）。大部分の工業国で，スカンジナビアの国々とアメリカ合衆国を例外として，今日，家族崩壊率は，別離や離婚に起因しており，夫あるいは妻の死による崩壊率は1世紀前よりはるかに少ない。
5. 未熟練の女性は，しばしば男性より失業率が低かったが，単親家族の人々を含み，非雇用状態の種々のあり方を広く考察すると，両性間の非雇用率の相違は技能レベルの差ほどに重要ではなくなっている。
6. パートタイム従事者はこの計算に含めない。
7. 非標準的な雇用に関するカテゴリーは相互に排他的ではない。
8. 年金保険の実証分析によると，市場経済化が死亡率の下降要因となり，将来さらにそれが下降することを予想している（Mullin and Philipson, 1997）。
9. それゆえ，データは図1.9には表されない。

第2章　支出傾向

1　序および主要動向

　前章で概括した社会人口統計学的な労働市場や健康状態の傾向は，社会的保障システムの必要性の変化と，ある点では拡大を示している。この章では，社会的・経済的逼迫状況の責任を担うべく，政府がどのように社会的支出（social expenditure）の程度や内容を変化させてきたかということを概観する。最後の節では，いくつかの社会的諸施策が，他の国々ではそうでないのに，社会的支出を急激に増大させた理由について詳述する。主旨は以下の通りである。

- OECD諸国の大半では赤字予算を低く押さえるか，あるいは超過予算のみで運営しようとしている。税金の収入はほとんど増える見込みがないし，基礎的な税収は多元的な国際関係の広がりの中で浸食される危険があり，労働者への増税は雇用状況を悪化させ，特に未熟練労働者にとっては多大な打撃となる。
- 制約的な予算状況において，1960年代から1970年代において記録されたような急速な社会的支出の拡大は，1985年からの15年間で減少してきている。しかし，公的社会支出のGDP*に占める割合はOECD諸国のほとんどでいまだ増加している。
- 税制度のインパクトや社会的給付の個人的な供給の計算結果は，国中の経済的な社会的保障の量的中身として集約される。
- 1980年から，高齢者への保健医療以外の社会的支出が，OECD諸国のほとんどで労働年齢人口の増加と同様の増加率を示した。公的年金のための支出の急激な増加が，2015年から2035年の間に予想されている。
- 1985年からの15年間で，大部分のヨーロッパの国々では，GDPに占める保健医療に関連する公的支出がゆるやかに増加している。保健医療に関連した公的支出の最も大きな増加が見られたのは，フランス，スイス，アメリカ合衆国である。保健医療関連の支出が歳出に占める割合がピークに達したのは1980年代であるが，1990年以降16ヵ国で下降傾向を示している。
- 早期退職者，障害者，失業者のための事業は，多くのOECD諸国において高齢労働者の早期退職を加速させる結果となった。近年，上述のような受給者の増加傾向は，少数の国（ギリシャ，オランダ，ポルトガル）でかえって減少傾向を示している。

---

　*　Gross Domestic Productの略。国内総生産の意味であり，実質的な経済成長指標として用いられている。

2 財政上の制約

① 予算不足

OECD諸国の一般歳出は，1960年にはGDPの30%を少し下回る程度であったが，1995年にはほぼ50%に達するまでに増加した。[1] これらの増加の大半は，現金による家庭内預金の増加へと形を変え，それらはGDPの約9%から20%を占めた。これらの増加してゆく支出のために最近まで，歳出の増加分より幾分かは少なめではあったが税金（社会保障費を含めて）が増額された。この赤字予算は，もっぱら負債を支払うために支出され，GDPに占める負債総額の割合をさらに押し上げる結果となった。

OECD諸国のほとんどでは，実際のところ赤字予算で運営（日本を除いて）していたが，最近それらの赤字予算を段階的に1997年の程度まで減らす決定が出されている（OECD, 1998b）。[2]

この国家財政の改善の目的は，収支均衡予算を実現しようとする政府宣言として表明された（表2.1参照）。EU諸国や加盟を表明している国々では，貨幣統合を決定しているマーストリヒト条約*が財政上の改善への推進力となった。

表2.1. OECD諸国における予算上の目標

財政上の抑制	EU加盟国は，マーストリヒト条約[1]による経済, 通貨統合を満たすこと（EU加盟国）	次の時期にEU加盟を交渉すること	バランスのとれた予算ないし余剰財政[2]（左記以外の国々）
国	オーストリア，ベルギー，デンマーク[3]，フィンランド，フランス，ドイツ，ギリシャ，アイルランド，イタリア，ルクセンブルク，オランダ，ポルトガル，スペイン，スウェーデン，[1] 英国[3]	チェコ共和国，ハンガリー，ポーランド	オーストラリア，カナダ，アイスランド，ニュージーランド，ノルウェー，スイス，合衆国

1. 現在の不足高がGDPの3%以上ではない；公共債務がGDP比60%かそれ以下。
2. バランスの定義が異なる（e.g. 循環資本，支出や現金ベースの増加を除く）。
3. EUの加盟国ではあるが，当初導入されたEMU**の加盟国ではない。

資料： OECD.

国家財政の改善は部分的には増税によって達成されている。表2.2に見られるように，1985年からOECD諸国では税収の対GDP比が増加している。多くの国々で公共投資の減少も見られている。OECDの報告書（1998b）によると，オーストラリア，カナダ，デンマーク，フィンランド，イタリア，メキシコ，ポーランド，スウェーデン，スイスでは公共投資が財政引き締めのために部分的に縮小されている。

他の諸事項を同一とすると，OECD諸国のほとんどで，人口の高齢化とその結果による従属関係比率の上昇に伴い，公共投資の対GDP比が増大するであろう。さらに税収のGDP比を増やすことによって資金調達を要する公共投資を増やすことができるかどうか，あるいは財政支出の引き締め（公共投資の減額に対する要求はほとんど避けがたい）が必要とされているかどうかが，検討を必要とする課題として浮上してきている。

---

* 欧州連合条約。1993年に発効した欧州の統合化をめざす目的で締結された条約。
** Economic and Monetary Unionの略。ヨーロッパ共同体（EU）の経済通貨統合。

表2.2. 税収の対GDP比 (単位：％)

	1965	1975	1985	1990	1995
OECD（全体）	26.1	31.5	34.9	36.2	37.4
OECD（アメリカ）	25.1	29.6	25.4	26.8	27.0
OECD（太平洋）	22.1	23.7	27.0	29.8	30.0
OECD（ヨーロッパ）	26.8	33.3	38.0	39.0	40.1

資料： OECD Revenue Statistics.

② 課税と労働市場

　労働賃金への課税は，登録課税対象者名簿に基づく雇用者と従業員への直接的な課税であり，個人への所得税や賃金収入への消費税と同じく多額な社会保障予算に対する確かな伝統的な財源である。しかしながら，OECDの**雇用調査**（1994c）によると，労働賃金課税は労働市場に不利に作用し，そのために労働者が転職したりサービスを受けたりする際の当初のコストを増加させることが報告されている。労働賃金課税の増加は，労働者を雇うためのコストを増加させるばかりでなく，受け取る税引き後の収入を減少させる（OECD, 1994c）[3]。後のケースでは，雇用者の影響力が増大することは結果的に低賃金に反映され，労働への金融的な因子を減らし，労働者の貧困への危険を増している。最低賃金や仕事のない人々に支払われた収入レベルが原因で生じる低賃金状態のために，労働市場の底辺でよく見られるように，賃金が支払われない，あるいは賃金を支払うことができない状況においては，労働賃金課税が増大することの影響により，未熟練労働者への需要をさらに減らすことになる。

　OECD諸国の大部分では，労働者への課税は1980年代の中期以降に改革された。それらの特徴は，不要な個人収入に対する最高課税率を引き下げ，個人収入への課税幅を広げることであった。しかしながら同時に，公的社会支出への圧力は社会保障への支出配分を**増加**させた。

　ベルギー，ハンガリー，フィンランド，イタリア，ドイツでは，平均的収入で見ると労働者の受け取る賃金は，結果的に労働者を雇うためのコストの半分より少ない程度である（図2.1参照）。残りは，労働者と雇用者によって社会保障のための資金や個人の所得税という形で公的資金となっている。1979年と比較して，確実な資料が公開されている22ヵ国の中の15ヵ国では，労働賃金の増加が見られている。[4]

　さらに，労働賃金課税の配分率に変化が見られた。労働者収入の配分全体を通して平均税率は上昇しているにもかかわらず，**高**賃金層より**低**賃金層への課税率が引き上げられた（OECD, 1995a）。それまで，ほとんど限界税率は高所得者への課税については変わらないか，引き下げられたが，低所得者への課税は引き上げられた。その結果，いくつかの国々では，労働市場で特に不利益を被る人々に対する雇用主の社会保障負担を減少させるために，あるいは賃金の労働に甘んじている人々の労働内所得を増加させるために，政策的誘導が採用されるようになった（この問題については，第5章およびOECD, 1997fを参照）。

③ グローバリゼーションと課税

　将来に対する社会的支出の資金調達方法として伝統的な労働賃金課税の増大が効果を発揮できないとなると，実現可能な代替的課税対応が注目の的となる。しかし，現実には労働賃金課税と大きく異なる代替案はほとんど見あたらない。

第2章 支出傾向

図2.1. 労働賃金課税の限界

1979～1995年における総雇用経費に占める労働者と雇用主の社会保障費負担および個別収入課税率
(独身で，平均的な製造業に従事する労働者の収入) (単位：％)

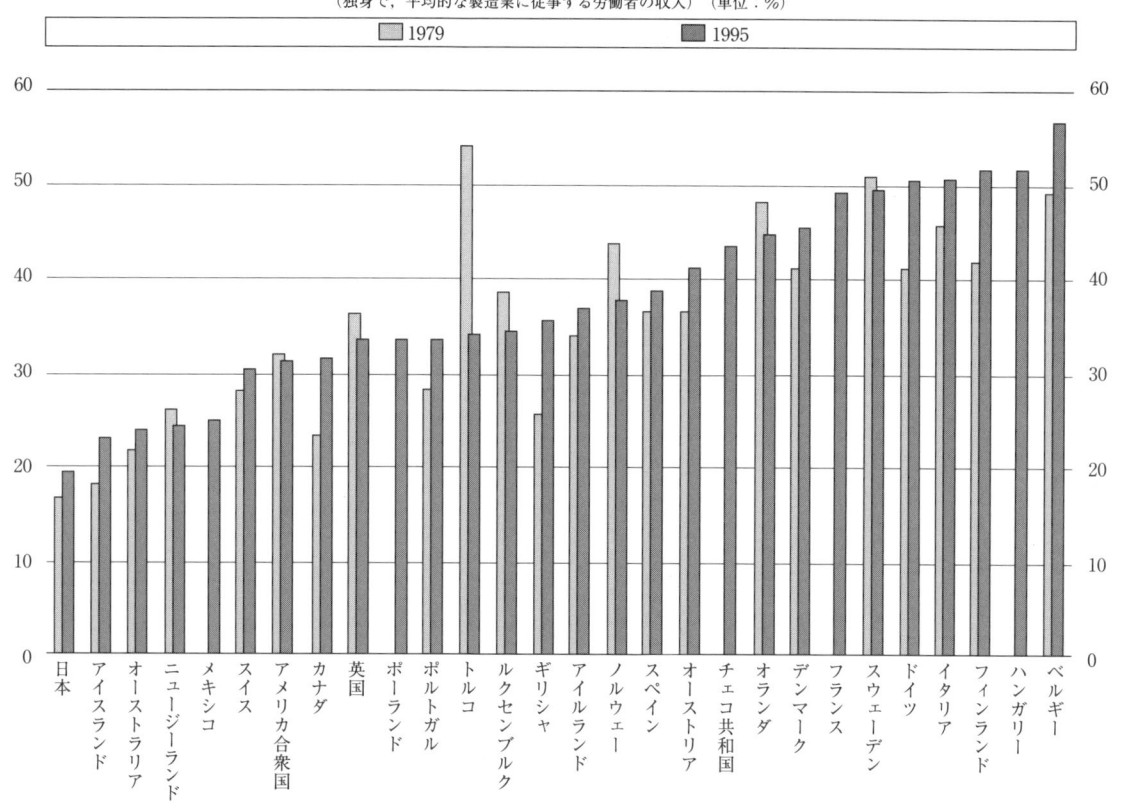

資料： OECD (1998i).

グローバリゼーションの結果，資本はより流動的になり，国による課税が困難になろうとしている。いくつかの国では環境税をこれまでより増やすことにより，税率を引き上げようと目論んだ。しかし，石油に対する課税を主要な例外として，収入のかなりの増加を実現する環境税はいまだ実施されないままである。理由は簡単である。これらの課税が実施されることがわかっていれば，資本投資のリスクを冒さないか，あるいは投資を思いとどまってしまうだろう。もしそれらの課税を消費者が背負わされることになるなら，課税がもたらす影響は（それらはしばしば後退であるが），社会的弱者への保障という形で収入の多くを先どりされるということになる。結局は，このような課税による荷重は主に労働者にかかってくるということになる。

全体としては，OECD諸国の政府は，政府支出の継続的な赤字財政はもはや受容できないという見解を表明している。OECD諸国の多くでは，すでに労働者への課税は限界レベルであり，これらは根強い高失業率の原因となっている。労働賃金課税に代わる明確な歳入源の候補は今のところ見出されていない。以下のような二つの（驚くに価しない）結論がある。一つは，社会的保障の歳出を抑える継続的な圧力の存在である。第二には，公的予算の制限を和らげるために，雇用者や一般市民に事業経費を変化させてゆくような，代わりの収入源が求められるということである。

3　公的総社会支出の傾向

　1960年代から1970年代の初めの間に，OECD諸国全体での平均においても，1960年にはGDPの10％であった社会的支出が，1980年にはその2倍の20％になるという急速な増加を見せた（OECD, 1994d, pp. 57-58)。[5] この急速な増加は，人口の大部分を占める人たちへの社会的保障プログラムの拡大と個別サービスと給付額の改善をめざしたものであった。

　1980年からの20年を比較してみると，1980年代では特にその後半では，公的社会支出の増加は比較的おだやかであった。しかし，循環的な要因によって加速され，いくつかの国々では1990年代の初めに社会的支出のGDP比の急激な増加を示した。特に，オーストリア，チェコ共和国，デンマーク，[6] フィンランド，フランス，ドイツ，日本，ポルトガル，スペイン，スウェーデン，スイス，英国，アメリカ合衆国では2％ないしそれ以上の上昇を見せた。図2.2は1980年から1995年までの次のような傾向を表している。

- 加盟国のほとんどではGDPに占める公的社会支出の比率は2～6％の増加を示した（特に，フィンランドとスウェーデンでは1990年代初めの景気後退のために急激な増加を示し，ギリシャやノルウェーにおいても増加した）。支出の対GDP比はアイルランドとオランダにおいては減少した。[7]
- 1980年からの公的社会支出の増加比率は初期の支出の対GDP比に関連している。1980年に15％未満の比率であった諸国では，1980年から1995年にかけて比較的高い増加率（5％）を示した（カナダ，ギリシャ，ポルトガル：日本を除く）。
- 現在は，支出の対GDP比の明瞭な傾向値は把握できない。しかしながら，フィンランドとスウェーデンを除くなら（1990年代に歳出の対GDP比の急上昇が周期的に誘発されたという理由で），社会支出のレベルに若干の集中があった。[8]

①　公的社会支出の内訳

　1980年から1995年にかけて，医療保健に関連しない公的支出は対GNP＊比平均4.7％の割合で増加してきた。医療保健における公的支出のGNPに占める割合の増加は，より一層ゆるやかであった（0.6％）。これらの特別な事業歳出の傾向は以下のようなものである。

- **労働年齢人口**に対する公的社会支出の割合には，諸国間で大きな相違がある。失業者，病人や障害者，家族への援助，ALMPs＊＊の収入維持給付のための公的支出は，大半のOECD諸国の健康に関する支出よりも多く，社会支出のうちの3分の1から3分の2を占めている（OECD, 1996c）。
- **収入維持のための支出**は多くの国で主に保険関連であり，オーストラリアやニュージーランド，カナダ，アイルランド，英国，アメリカ合衆国では事実上公的給付金という意味を持つ。（MacFarlan and Oxley, 1996）。
- 1985年からの15年間で，**高齢者**への全公的社会支出の割合に占めるOECD諸国の平均はほとんど変化していない。この割合は，ドイツ，アイルランド，スイス，英国では約10％，オーストラリアではおよそ20％も減少しているのに対し，日本とトルコでは著しい増加（15年間で約10％）を示した。[9] ギリシャ，日本，イタリア，トルコでは，75～85％の医療保健に関連しない社会的支出がいくつかの形をとって高齢者向けとされている。[10]

　＊　Gross National Productの略。国民総生産の意。
　＊＊　Active Labour Market Programmesの略。労働市場活性化事業。

第2章 支出傾向

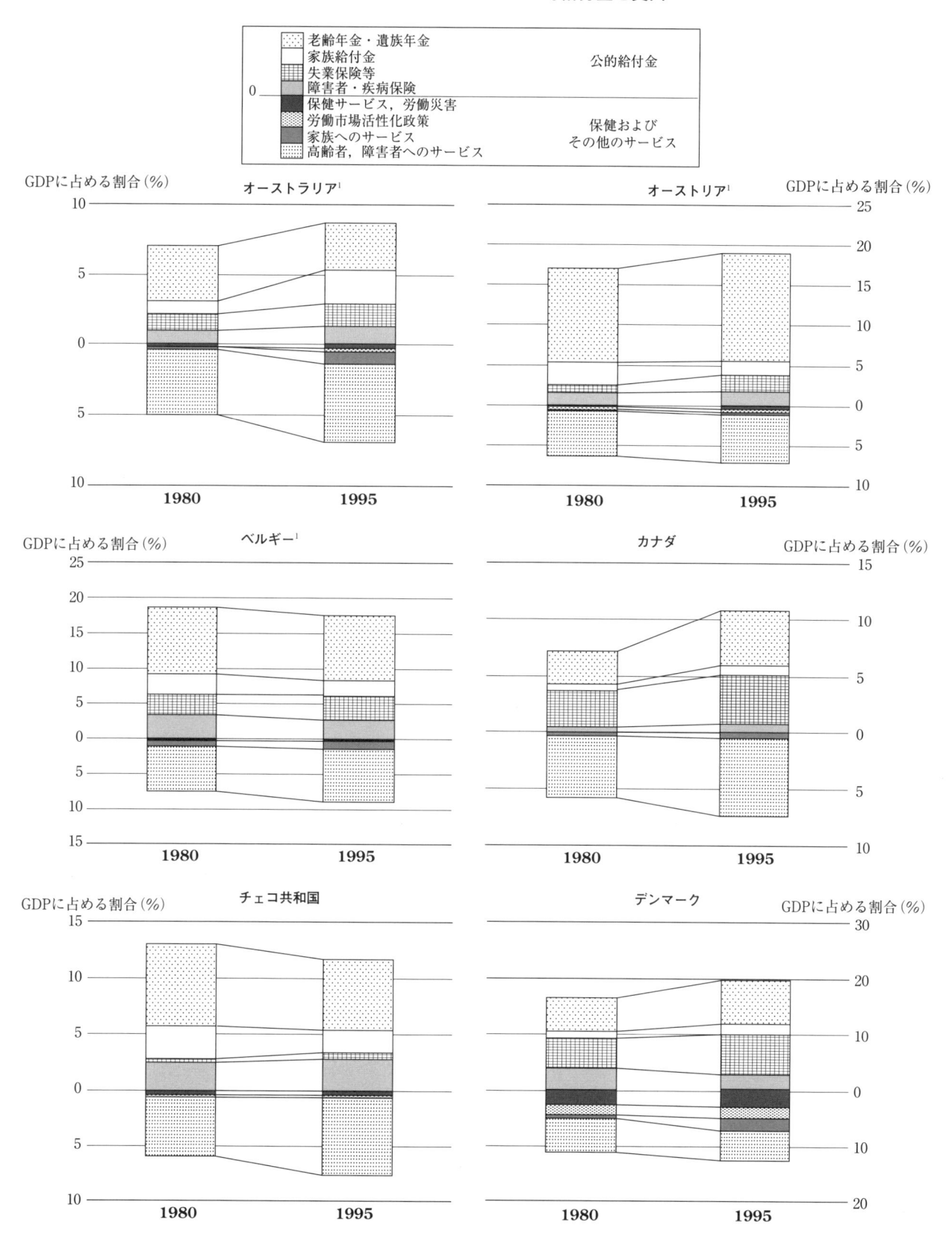

図2.2. 社会サービスにおける公的給付金と支出

公的給付金
- 老齢年金・遺族年金
- 家族給付金
- 失業保険等
- 障害者・疾病保険

保健および
その他のサービス
- 保健サービス，労働災害
- 労働市場活性化政策
- 家族へのサービス
- 高齢者，障害者へのサービス

オーストラリア[1]

オーストリア[1]

ベルギー[1]

カナダ

チェコ共和国

デンマーク

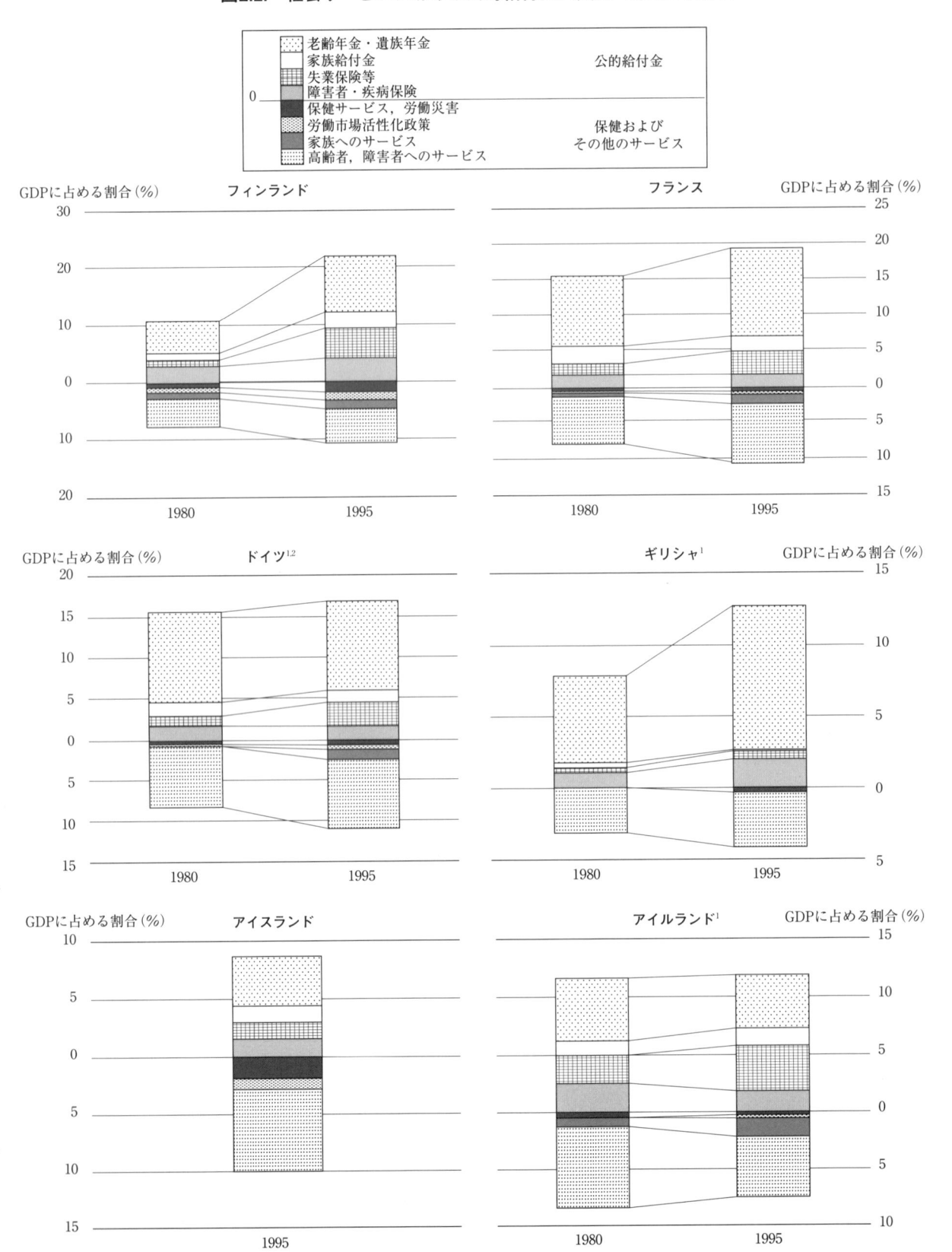

図2.2. 社会サービスにおける公的給付金と支出（前頁より続く）

凡例：
- 老齢年金・遺族年金
- 家族給付金
- 失業保険等
- 障害者・疾病保険
- 保健サービス，労働災害
- 労働市場活性化政策
- 家族へのサービス
- 高齢者，障害者へのサービス

公的給付金

保健および
その他のサービス

フィンランド / フランス / ドイツ[1,2] / ギリシャ[1] / アイスランド / アイルランド[1]

（1980年・1995年）

第2章　支出傾向

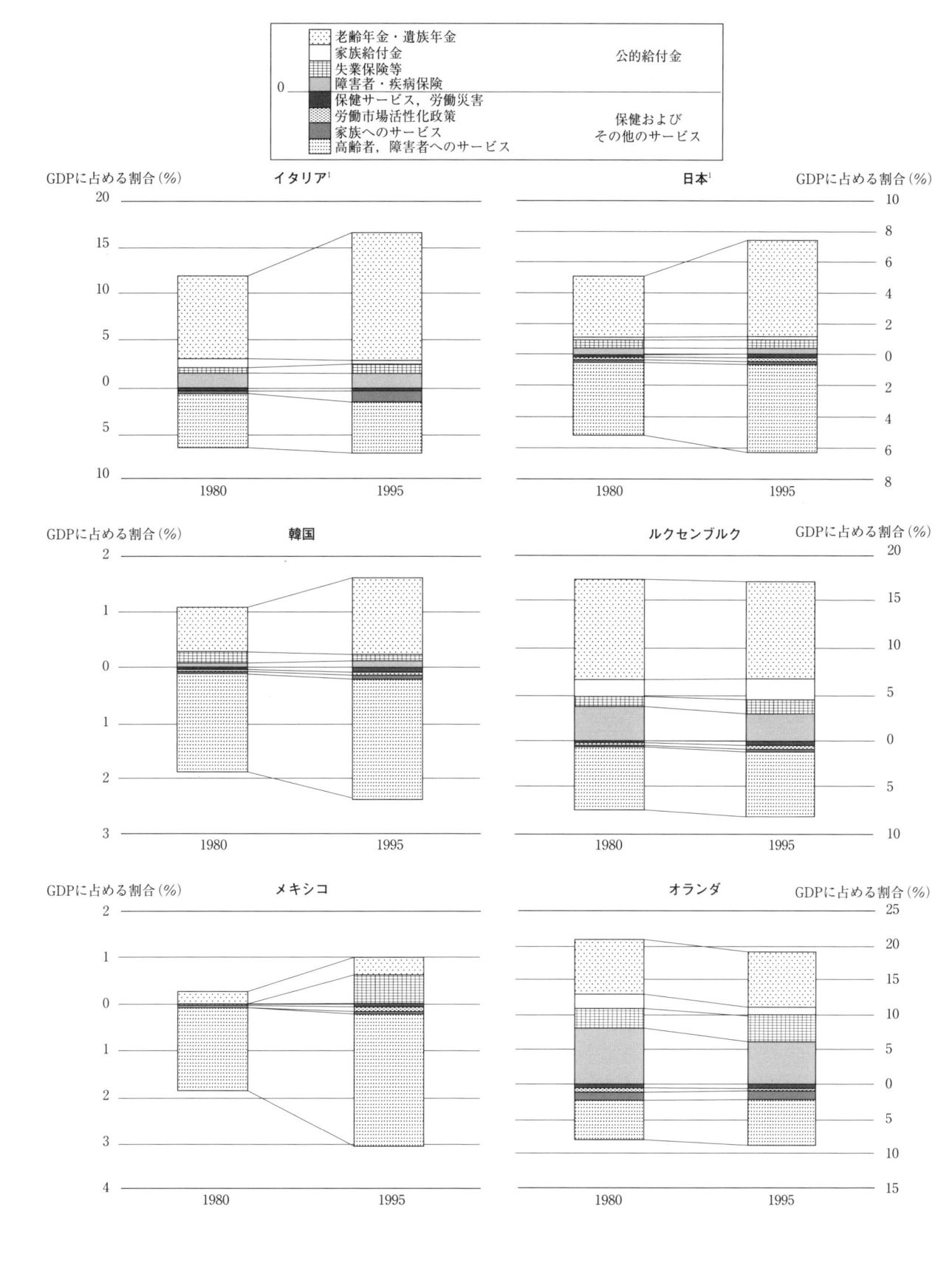

図2.2.　社会サービスにおける公的給付金と支出（前頁より続く）

公的給付金
- 老齢年金・遺族年金
- 家族給付金
- 失業保険等
- 障害者・疾病保険

保健および
その他のサービス
- 保健サービス，労働災害
- 労働市場活性化政策
- 家族へのサービス
- 高齢者，障害者へのサービス

イタリア[1]

日本[1]

韓国

ルクセンブルク

メキシコ

オランダ

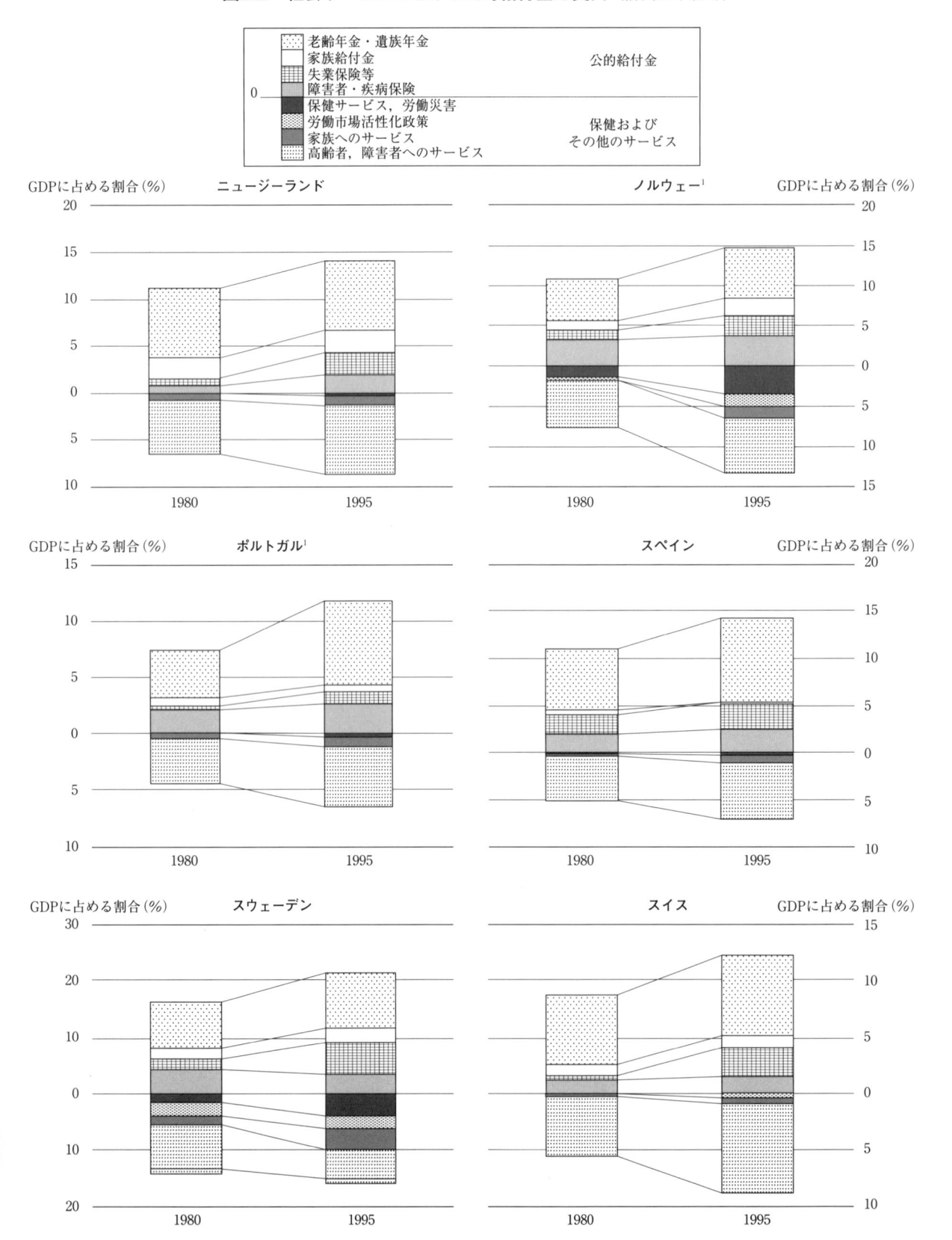

図2.2. 社会サービスにおける公的給付金と支出（前頁より続く）

凡例：
- 老齢年金・遺族年金
- 家族給付金
- 失業保険等
- 障害者・疾病保険
- 保健サービス, 労働災害
- 労働市場活性化政策
- 家族へのサービス
- 高齢者, 障害者へのサービス

公的給付金

保健および
その他のサービス

ニュージーランド／ノルウェー[1]／ポルトガル[1]／スペイン／スウェーデン／スイス

（1980年・1995年のGDPに占める割合(%)）

第 2 章 支出傾向

図2.2. 社会サービスにおける公的給付金と支出（前頁より続く）

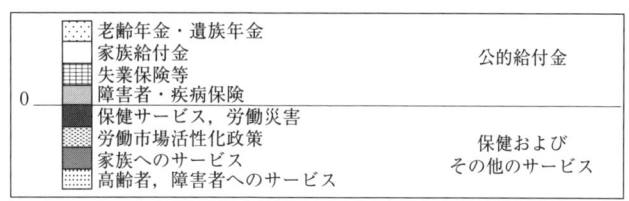

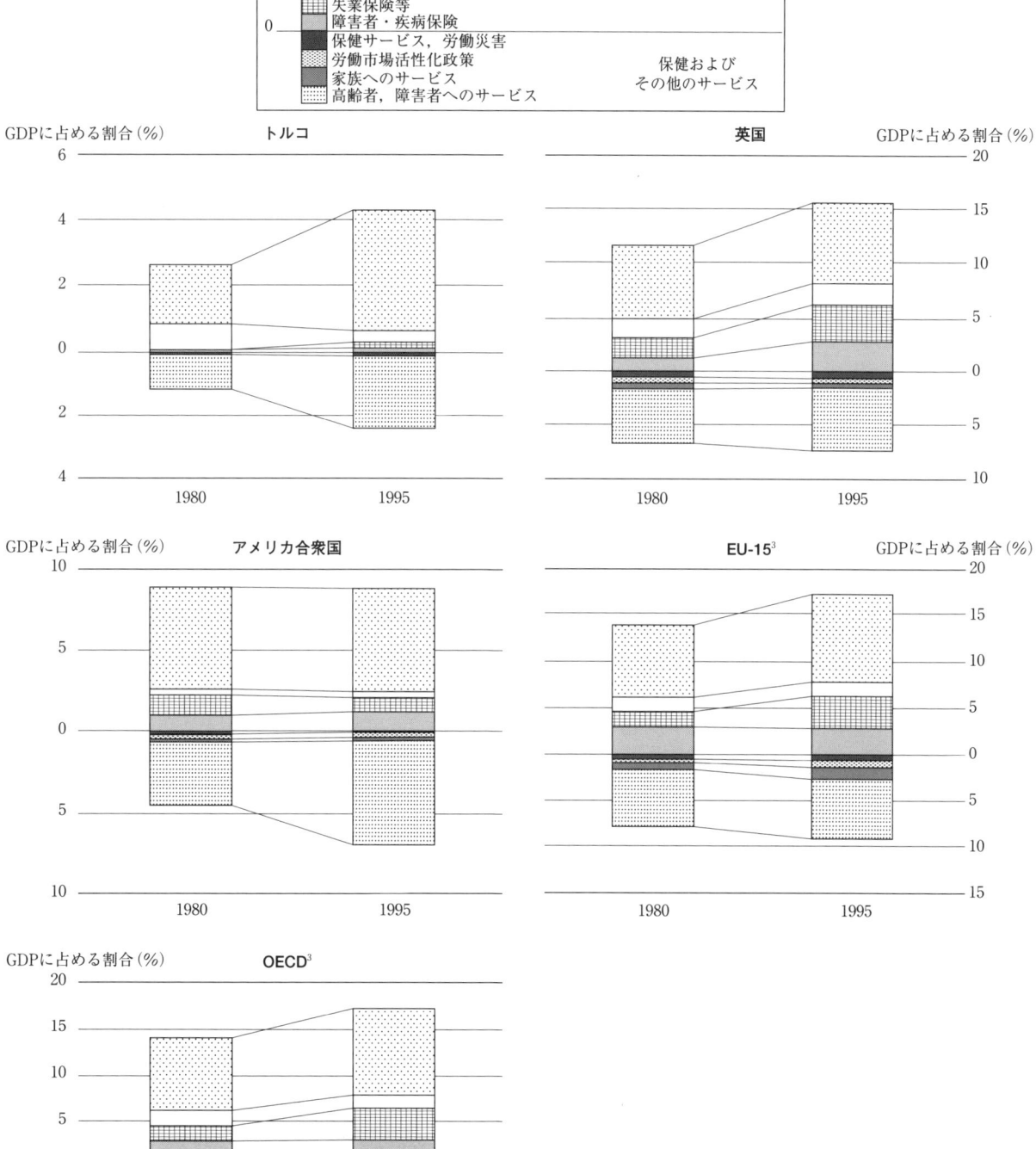

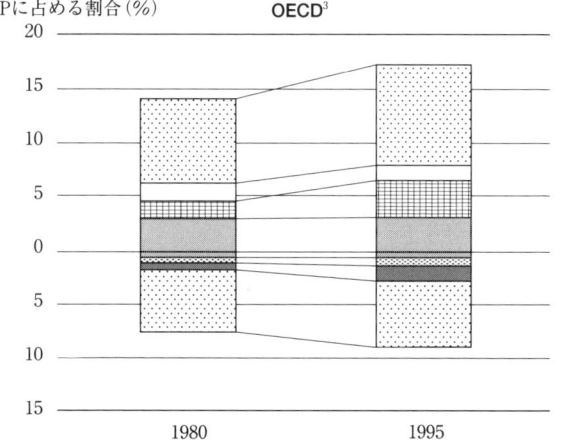

凡例:
- 老齢年金・遺族年金
- 家族給付金
- 失業保険等
- 障害者・疾病保険
- 保健サービス，労働災害
- 労働市場活性化政策
- 家族へのサービス
- 高齢者，障害者へのサービス

公的給付金

保健および その他のサービス

トルコ／英国／アメリカ合衆国／EU-15[3]／OECD[3]（1980年・1995年）

注: 保健医療と他のサービスの%値は0より下方へ増加を表す。
1. 1980年からのALMP支出において，評価は，ALMPの年間支出と失業率をとり，これを1980年の失業率に適応させた。
2. 1980年の値は西ドイツ，1995年の値は統一ドイツのもの。
3. 地域的合計は加盟諸国の単純平均を算出した。

資料: OECD.

- OECD諸国では，社会サービス（保健医療，職業に関係する負傷や病気，家庭や高齢者，障害者，ALMPsへの社会サービス）に費やした公的社会支出に占める公的給付金の割合は約60%であり，長い間それらの率は変化していない。公的給付金の額を考慮すると，ケアサービスへの公的対応は，オーストラリア，カナダ，チェコ共和国，デンマーク，ドイツ，日本，韓国，メキシコ，ノルウェー，スウェーデン，アメリカ合衆国で相対的に大きいといえる。
- たとえばデイケア施設での家族への**サービス**給付が最も一般的に行われているのは，約1.7%を占める北欧諸国においてである。ちなみにOECD諸国では対GDP比で0.4%である。
- オーストリア，カナダ，デンマーク，フィンランド，フランス，ドイツ，イタリア，ノルウェー，スウェーデンでは，1985年から1992年までに出産給付制度が確立された。これらの国々では育児休暇給付に対する支出は上昇傾向にある（OECD, 1995d）。**育児サービスや育児休暇給付**および**出産休暇給付**が比較的一般的な諸国（チェコ共和国，デンマーク，フィンランド，アイスランド，ノルウェー，スウェーデン）においては，1996年には適齢労働者である女性の80%以上が労働力となっている（OECD, 1997h）。
- 失業補償支出と労働市場活性化事業（Active Labour Market Programmes, ALMPs）における調査によると，労働市場政策における公共支出が，政策のゴールとしている状況に向かって受動的から能動的に変化してきてはいない。[11]

② 保健に関する公的支出

　OECD諸国では，1960年から1996年の間に，保健医療費が対GDP比 4 %から 8 %になるという 2 倍の増加を示している（表2.3）（アメリカ合衆国のように対GDP比14%という異常な値にまで達している国もある）。しかしながら，これらの成長のほとんどは早い時期におこっており，1980年代の中ごろからGDPに占める割合は，ほとんど変化していない。この安定傾向は，大半のOECD諸国で社会支出に占める保健医療費関連の公的支出の減少を伴っている。

　保健に対する総支出における保健医療サービス費の主な構成比を表2.4に示した。1970年から1995年にかけてのこの時期は，**入院患者**に対する支出が総保健医療費の45%を占めている。これらの支出は1970年から1980年に最も増加し，43%であったものが48%にまで達した。この時期，OECD諸国のほとんどにおいては総保健医療費における**外来診療費**の割合の増加があり，外来診療の現場でのコスト削減を余儀なくした。総保健医療費に占める**薬剤費**は，ほとんどすべてのOECD諸国において1990年以降急激に増加している。この傾向は，中でもⅰ）消費者からの薬剤治療の改善を求めるニーズ（OECD, 1998g参照）と，ⅱ）外来診療現場における薬剤治療へのニーズの増加傾向によるものである。

　公的保健支出は，1960年代や1970年代に拡大された補償範囲として増加した。総保健医療費に占める公的支出はこの時期に急激に増加し，1980年代にピークに達した（表2.5）。公的支出は16ヵ国で1990年代から減少し，カナダ，フィンランド，イタリア，ニュージーランド，ポルトガル，スウェーデンにおいてこの傾向が顕著であった。これは，公的予算削減や金融負担の一部をさらに家庭や個人へ移転しようとする努力であり，たとえば高額な患者医療費を共同保険，被保険者共同負担や控除の形でまかなおうとするものである。これらは，公的保健医療費対応の増加に関連するものであり，個人の保健医療費に対する個別の需要をより急激に増大させた。

第2章 支出傾向

表2.3. GDPに占める保健医療費（1960～1996年）[1]（単位：％）

	1960	1970	1980	1990	1995	1996[2]
オーストラリア	4.9	5.7	7.3	8.3	8.6	8.5
オーストリア	4.3	5.3	7.7	7.2	8.0	8.0
ベルギー	3.4	4.1	6.5	7.5	7.9	7.8
カナダ	5.5	7.1	7.2	9.1	9.6	9.5
チェコ共和国				5.4	7.5	7.2
デンマーク	3.6	6.1	6.8	6.5	6.4	6.3
フィンランド	3.9	5.7	6.5	8.0	7.6	7.4
フランス	4.2	5.8	7.6	8.9	9.9	9.7
ドイツ	4.8	6.3	8.8	8.7	10.4	10.5
ギリシャ	2.9	4.0	4.3	5.2	7.2	4.7
ハンガリー				6.1	7.1	6.7
アイスランド	3.3	5.0	6.2	7.9	8.2	8.2
アイルランド	3.8	5.3	8.7	6.7	7.0	5.9
イタリア	3.6	5.2	7.0	8.1	7.8	7.7
日本		4.4	6.4	6.0	7.2	7.2
韓国		2.1	2.9	3.9	3.9	4.0
ルクセンブルク		3.7	6.2	6.6	7.0	7.3
メキシコ					4.9	4.6
オランダ	3.8	5.9	7.9	8.3	8.7	8.5
ニュージーランド	4.3	5.2	6.0	7.0	7.1	7.1
ノルウェー	2.9	4.5	7.0	7.8	8.0	7.9
ポーランド				4.4		5.0
ポルトガル		2.8	5.8	6.5	8.2	8.3
スペイン	1.5	3.7	5.6	6.9	7.3	7.4
スウェーデン	4.7	7.1	9.4	8.8	7.2	7.3
スイス	3.1	4.9	6.9	8.3	9.6	9.7
トルコ		2.4	3.3	2.9		
英国	3.9	4.5	5.6	6.0	6.9	6.9
アメリカ合衆国	5.2	7.3	9.1	12.6	14.1	14.0
Total OECD[3]	**3.9**	**4.9**	**6.6**	**7.1**	**7.9**	**7.7**

1. 同様な内容について比較しようとしているが，国によって測定法による部分的な違いがある。
2. 1996年の値は初期見積り数値。
3. チェコ共和国，ハンガリー，ポーランド，トルコを除いたOECD平均的数値，1960年はポルトガル，ルクセンブルク，韓国，日本を含んでいない。

資料： Diskette OECD Health Data 1998.

③ 公的社会支出における税制度の影響

　諸国間での異なる税制度の効果を調整しなかったために，これまでに述べたような公的支出は，「社会的努力」の真の効果を引き出すことに失敗している。税制度は，二つの方法で国際的に効果を上げることができる（Adema et al., 1996）。

- 給付所得の課税レベルが，支出の本来の価値に影響を与える。
- 政府は，税金に関する権限を通して社会の政策目的を追求する。

　若干の国では，ほとんどすべての社会的給付は，純税により支払われて，その他は労働からの収入である。たとえば1995年にオランダでは，失業した労働者が，前年度の収入が労働者の平均賃金（Average Production Worker: APW）で，家族の中で収入所得者が1人の場合は，税が3分の1に減額された（OECD, 1998e）。英国やアメリカ合衆国のように公的社会支出の比較的低い国では，公的社会支出の高い国（デンマーク，ドイツ，オランダ，スウェーデン）よりも，より低い率の課税をしている。同様に，物やサービスの代価として現金が使われ受けとられる場合には，間接税の課税率が現金の価値に影響を与えている。公的支出が低い国で間接税が低い場合，特にアメリカ合衆国では，現金支出の総額における違いは，

表2.4. 保健医療費に占める主な項目 (1970～1995年)[1]

%

	製薬 1970	外来診療 1970	入院患者 1970	製薬 1980	外来診療 1980	入院患者 1980	製薬 1990	外来診療 1990	入院患者 1990	製薬 1995	外来診療 1995	入院患者 1995
オーストラリア	-	-	29.1	7.9	22.3	52.9	8.9	26.4	47.2	11.4	29.3	44.2
オーストリア	16.2	23.9	28.8	12.0	20.2	28.3	13.4	22.5	21.7	14.1	23.4	20.6
ベルギー	28.1	42.5	25.7	17.4	39.2	33.1	15.5	39.8	32.8	18.1	37.7	37.4
カナダ	11.2	22.4	52.1	8.4	23.2	53.3	11.3	23.7	48.4	13.3	-	45.6
デンマーク	9.1	29.3	55.8	9.1	21.1	65.1	8.9	23.4	61.2	11.5	18.9	62.1
フィンランド	12.6	37.2	49.5	10.7	39.9	48.4	9.4	44.3	44.2	14.2	49.9	40.2
フランス	23.2	26.6	38.0	15.9	24.8	48.1	16.7	28.2	44.4	16.7	29.7	44.5
ドイツ[2]	15.9	31.7	30.2	13.1	33.4	32.6	13.9	30.4	34.2	12.5	-	36.3
ギリシャ	43.3	38.7	46.4	34.8	45.4	48.9	24.4	-	58.4	19.3	-	-
アイスランド	17.4	-	47.8	15.9	17.0	62.1	15.5	22.9	55.5	15.8	23.5	55.6
アイルランド	22.2	-	-	11.2	-	-	13.6	-	-	13.4	-	-
イタリア	14.5	36.2	47.8	13.7	27.5	46.7	18.3	29.1	45.3	17.2	30.0	47.1
日本[2]	-	48.4	26.4	-	44.6	30.9	21.4	43.9	33.0	-	-	-
韓国	-	-	-	-	-	-	27.8	43.3	23.8	31.8	39.4	23.1
ルクセンブルク	19.7	22.4	-	14.5	49.5	31.3	14.9	49.3	26.4	10.8	52.1	34.7
オランダ	7.5	-	55.1	7.9	27.7	57.3	9.6	29.6	52.3	10.8	28.1	52.5
ニュージーランド	-	-	-	8.4	8.4	72.2	15.0	7.4	60.4	16.2	-	-
ノルウェー	7.8	-	68.2	8.7	18.4	63.9	7.2	20.8	61.6	8.7	-	-
ポルトガル	-	-	-	19.9	-	28.7	24.9	-	31.0	25.2	-	-
スペイン	-	-	-	21.0	12.6	54.1	17.8	10.8	44.1	14.6	-	-
スウェーデン	-	-	-	6.5	-	-	8.0	-	-	7.6	-	51.7
スイス	19.1	-	41.7	15.2	45.5	42.6	8.2	39.5	49.5	15.9	37.4	-
英国	-	-	-	12.8	-	53.5	13.8	-	43.9	-	-	-
アメリカ合衆国	12	27.1	44.0	8.7	27.2	48.7	8.6	32.4	44.1	8.4	33.2	43.3
Total EU	19.3	32.1	41.9	14.7	31.0	44.3	14.9	30.7	41.5	15.7	33.7	41.7
Total OECD[3]	17.5	32.2	42.9	13.6	28.8	47.7	13.9	29.1	44.7	14.4	33.1	44.0

1. 同様な内容について比較しようとしているが、国によって測定法による部分的な違いがある。
2. 日本とドイツの1995年の値は予備的算出。
3. ポーランド、チェコ共和国、ハンガリー、韓国、トルコを除くOECD諸国の平均的数値。

資料： Diskette OECD Health Data 1997.

第2章 支出傾向

表2.5. 総保健医療費に占める公的支出率（1960～1996年）[1]

%

	1960	1970	1980	1990	1995	1996[2]
オーストラリア	47.6	56.7	62.9	67.3	66.7	64.7
オーストリア	69.4	63.0	68.8	73.5	73.3	72.0
ベルギー	61.6	87.0	83.4	88.9	87.8	87.7
カナダ	42.7	70.2	75.6	74.6	71.1	69.9
チェコ共和国		96.6	96.8	96.2	92.6	92.4
デンマーク	88.7	86.3	85.2	82.3	82.7	82.3
フィンランド	54.1	73.8	79.0	80.9	74.7	78.4
フランス	57.8	74.7	78.8	74.5	80.6	80.7
ドイツ	66.1	72.8	78.7	76.2	78.2	78.3
ギリシャ	64.2	53.4	82.2	82.3	75.8	82.9
ハンガリー					69.8	69.3
アイスランド	76.7	81.7	88.2	86.6	84.1	83.6
アイルランド	76.0	81.7	81.6	72.9	74.7	
イタリア	83.1	86.9	80.5	78.1	69.5	69.0
日本	60.4	69.8	71.3	77.6	79.6	78.3
韓国		8.3	25.3	44.0	52.5	57.1
ルクセンブルク		88.9	92.8	93.1	92.8	92.7
メキシコ					57.2	59.4
オランダ	33.3	84.3	74.7	72.7	76.7	72.1
ニュージーランド	80.6	80.3	88.0	82.4	76.4	75.9
ノルウェー	77.8	91.6	85.1	83.3	82.8	82.5
ポルトガル		59.0	64.3	65.5	60.5	59.8
スペイン	58.7	65.4	79.9	78.7	78.7	78.7
スウェーデン	72.6	86.0	92.5	89.9	81.6	80.2
スイス	61.3	63.9	67.5	68.4	72.9	72.9
トルコ		37.3	27.3	35.6		
英国	85.2	87.0	89.4	84.1	84.4	84.5
アメリカ合衆国	24.8	37.8	42.4	40.7	45.9	46.7
Total OECD[3]	**63.9**	**71.3**	**75.8**	**75.8**	**75.4**	**76.8**

1. 同様な内容について比較しようとしているが，国によって測定法による部分的な違いがある。
2. 1996年の値は予備的な評価。
3. チェコ共和国，ハンガリー，ポーランド，トルコを除いたOECDの平均的数値，1960年はポルトガル，ルクセンブルク，韓国，日本を含んでいない。

資料： Diskette OECD Health Data 1998.

表2.6. 純公的社会支出[1]

%

	デンマーク	ドイツ	オランダ	スウェーデン	英国	アメリカ合衆国
1. 総公的社会支出	**35.3**	**32.5**	**34.0**	**42.4**	**26.9**	**16.3**
－ 直接税と社会配分の変化	4.5	2.9	6.5	5.9	0.7	0.1
2. 純現金公的社会支出	30.7	29.6	27.5	36.5	26.2	16.2
－ 間接税	4.5	3.3	2.8	4.1	2.6	0.5
3. 純直接公的社会支出	26.3	26.3	24.8	32.9	23.6	15.7
＋ 社会的目的のための税負担[2]	0.1	0.9	0.1	0.0	0.3	1.3
4. 現在の純公的社会支出	**26.4**	**27.2**	**24.9**	**32.4**	**23.9**	**17.0**

1. 指標は国内の失業に対する社会保障受給者の算出を目的として開発され，所得控除の消費高における間接税の価値を測定する。間接税の値を含まず，政府の公共事業による落ち込みを含まないGDP比を算出する。
2. TBSPの評価算出は，個人年金のTBSPsの値を含んでいない。方法論的・測定法的な多くの国々で使うことができない課題がある。課税優遇が有意義な価値を示す英国やアメリカ合衆国に関する情報は有効である。たとえば，英国での税金軽減で個人的な，そして職業の年金事業と保険の民間会社と契約された払戻しはGDPの3.1%になった。この効果は現金を貴重とした公的予算のコストに対して影響をし，将来においても現在の税制度がもたらす歳入への効果を抜きにしても，現在の財政上年間を通じて，税制度利益をもたらす。

資料： Adema et al. (1996).

諸国間で比較した場合，総支出レベルによって示されるレベルより低い（表2.6の1と3を比較参照）。

　現金での税控除効果は，実際上の価値を持つ。たとえば，ドイツにおける子どもがいる家族への税控除額は，1993年にドイツマルクでほぼ210億マルクであり，それらはGDPの0.6％にも達する額であった（German Federal Ministry of Labour and Social Affairs, 1994）。これもまた，税制優遇措置が公的支出に替わり購入や現金使用を促進させ，民間における経済効果を発揮させる事例である。例として，アメリカ合衆国で医療保険料への雇用者負担と医療に関しての税効果は，1993年にGDPのほぼ0.8％に達した（United States Office of Management and Budget, 1994）。

　「公的社会努力」における国際諸国間の比較による税制度上の影響に関して重要な点は，表2.6に明らかである。税制の影響に対する責任は，国々を超えて効果的な社会的保障の量に明らかな収れんをもたらす。

④　民間部門の支出限度

　公的予算の緊縮強化は，社会的支出に三つの展開をもたらした。一つめは，いくつかの事業に対する限定と控除削減である（OECD, 1998g参照）。二つめは，目標達成により効果的な事業を生み出すことの強調である。これはしばしば行政管理や行政改革をもたらしたばかりでなく（第6章を参照），政策における目標の再明確化をももたらす場合もあった。三つめは，国と民間との新しい連携のあり方が開発され，個人の事業への貢献が奨励され，危機に対する労働力保護への雇用者としての役割が強調された。すでに，雇用者を基盤とした計画の集中的な提供や個人的な税制優遇処置から得られた利益が，アメリカ合衆国，オランダ，英国などの国では重要な位置を占めており，それらは将来においてもより重要さが増してゆくであろう（ボックス2.1参照）。

　表2.7が示すように，社会的な給付が低い国においては，民間の支出が高くなっている。

表2.7．　純民間社会支出[1]

%

	デンマーク	ドイツ	オランダ	スウェーデン	英国	アメリカ合衆国
1．純公的経常社会支出	**26.4**	**27.2**	**24.9**	**32.4**	**23.9**	**17.0**
2．純強制民間経常社会支出	0.3	0.9	−	0.4	0.2	0.5
3．純任意民間経常社会支出[2]	0.4	1.5	3.4	1.0	3.2	7.8
内訳						
純民間年金支出	0.7	0.6	2.0	0.8	2.1	2.3
民間保健支出[3]	0.2	0.7	1.5	0.1	0.4	5.6
4．純総経常社会支出[4]	**27.1**	**29.5**	**28.2**	**33.8**	**27.3**	**24.2**

1. ここで用いられた指標は，国内商品の一部を測定するためのものである。組織によって決定された直後および間接の社会扶助の受給者が，この商品に対し支給請求をする。そうすることによって給付収入を消費するにあたっては，間接税を支払う責任が生じるのである。その結果，ここで示した指標はGDPに要因費用として関連するが，間接税および私的企業や公的企業に対する政府補助金は含まれていない。
2. 純民間社会給付に関する推計は，民間現金給付受給者によって支払われた純消費税と純直接税のことである。その給付の多くは民間年金給付であるが，任意の雇用者負担疾病給付も含まれている。
3. この推計に含まれているのは，組織的な財源によるヘルスケアで，雇用者により集団を対象として保険がかけられているものだけである。個人的な保健給付や個人保険は含まれていない。
4. 純総経常社会支出は純公的経常社会支出，純強制民間経常社会支出，および純任意民間経常社会支出の総額である。しかし税制優遇措置（TBSPs）のための政府支出の中には，民間社会給付への補助金と同等の意味を持っているものもある。そこで二重に計上することを避けるため，そのようなTBSPsの額を除外しなければならない。したがって純総経常社会支出は，必ずしも上記の三つの支出を合計した額と同じではない。

資料：　Adema et al. (1996), and Adema and Einerhand (1988).

ボックス2.1. 民間による社会的供給

雇用主によって提供される社会的給付（social benefit）：政府は，しばしば民間給付が用意される諸条件——その水準や期間や適用範囲など——をコントロールしながら，雇用主に特定のグループに対して所得を移転するよう強く働きかける。その顕著な例は，雇用主による疾病給付もしくは職業上のけがや病気に対する給付である。そのための支払に関して，給付期間の延長や医療費の支払の責任を雇用主が負うという責任のあり方が，多くの国々で広がってきている。たとえば，デンマーク，オランダ，スウェーデンや英国がそうである。このような改革は，関連プログラム上における政府の社会的支出の減少を導く。改革のねらいは，単に支出を政府予算から移転することだけではない。そうすることによって，雇用主に対して，安全で健康的な職場を確保し，長期欠勤者の割合を減少させる動機づけをもたらそうというねらいもある。

オーストラリア，スイス，英国などの国々において，政府は，個人や雇用主が私的年金基金に寄与するよう強制している。年金の供給に雇用主を巻き込むことは，国家レベルや産業および企業レベルにおいて確立されている集団協約に起因している。オーストラリア，フィンランド，オランダでは，産業協定は，非労働組合員やすべての被用者をカバーし，その適用を拡大することができる。そのような自発的に準備された雇用主による社会給付は，公共的かつ強制的な性格の民間給付を充満させることになり，彼らによる供給は，しばしば好ましい税務処理の課題となる。気前のよい公的供給は，付加的な私的措置の需要（必要性）に強い影響を与える。たとえば，デンマークやドイツでは，公的年金計画の寛大さは，付加年金保険の需要を最小にしているようである。他方，1993年度時点における給付支払がGDPの2〜3％であるオランダ，英国，アメリカ合衆国では，私的年金の支払は重要である。さらにいえば，それらの重要性は，年次ごとに増している。GDPに対する総個人年金支出の割合が，オランダ，英国，アメリカ合衆国では，1980〜1993年の間に1.2％から1.6％まで増加した。一方，同時期に，公的年金支出のGDPに対する割合は1％に満たない（Adema and Einerhand, 1998）。

アメリカ合衆国では，個人による社会的保健支出は他の国よりも多く認められる。ユニバーサルな公的保健福祉の補償範囲が欠如しているため，雇用主（特に大規模な従業員を抱えて，彼らに対するヘルスケアの対応をしようとしている雇用主）に対しては減税による奨励をしている。アメリカ合衆国における近年までの公的支出及び民間支出の双方の増加率は，他の国のそれを上回っている（Schieber *et al.*, 1994）。

かなりの雇用主は，労働者に対して保育施設や育児休暇手当のような家族給付を準備している。このような給付の重要性は，OECD諸国においてますます高まっている。たとえば，ドイツにおいては，雇用主は，子どもを持つ労働者に対する家族手当を1995年時点で13億マルク支払っている。一方アメリカ合衆国では，中規模および大規模の会社における育児休暇手当の不払い事故が1988年から1993年の間に3倍になっている（US Census Bureau of Labor Statistics, 1996）。

個人的供給：個々人が自己のニーズに自身で対処するという個人に対するより大きな依存は，公的な準備の欠如の結果である。事の性質上，このことを量化することは困難である。概算が可能なある地域においては，長期間のケアに費やされた費用が充当されている。

> 単に一つの表示例であるが，扶養されている高齢者に対するケアの総支出は，GDPの1～3％の間でさまざまに見積もられている（Jacobzone, 1999 forthcoming 参照）。公的供給の有効性は，個人による危機対応力への依存とネガティブな強い相関関係にある。
>
> 　1980年代にオーストリアや英国でなされた重要な年金諸改革は，いまだ実質的な年金支払の問題は出てはいないが，諸計画への影響が急激に増してきている。アメリカ合衆国において優遇税制にプラスの影響を与えた年金プランの報酬は,1990年に870億ドルに達したが，一方支払いはわずか1億4300万ドルにしか過ぎなかった（EBRI, 1995; and Kerns, 1997）。
>
> 　**非営利組織**（NPO）：最小の出費で最大の効果という義務を課された政府に対する圧力は，多くの人々が非営利団体の技術やネットワークを最大限に利用することを助長した。民間セクターにおけるコミュニティの主要な価値は，ホームレスに対するサービスのように社会的排除のリスクを冒して家族の構成員の援助を提供したり，相談支援センターや青少年センター，レスパイトサービス＊，地元の虚弱高齢者を対象にした給食サービス，住宅供給組織，長期ケアなどのすでに確立されている諸サービスを提供するなど，いわばニッチ・マーケット（すき間市場）＊＊の諸活動に由来している。次のような有用な報告がある。ドイツや英国やアメリカ合衆国でのソーシャルサービスの分野におけるNGOによる支出は，それぞれ0.9％，0.6％，0.7％（対GDP比）となっており，住宅供給ではそれぞれ0.4％，0.2％，0.1％（同じくGDP比）となっているようだ（Salamon et al., 1996）。これらのデータは，注目に値するボランティアに関する時間の価値を除外している。政府は，しばしば直接的な資金供給や租税上の譲歩措置などでNPOをサポートしている。たとえば，ドイツやフランスでは，非営利部門は公的部門から半分以上財源を引き出している（同上）。租税上の優遇措置もまた重要である。たとえば，1995～1996年間の英国における慈善組織に対する減税は，内国税収入によれば10億ポンドを越える価値があると見積もられている（Williams, 1997）。

社会的な公共目的に供される資源量の差が多く残されているが，それらは総量が示すように意味なく散らばってしまっているのではない。社会的支出の経済的な効果は，多くの目的のために個人的な支出量も加え，より正確に測られる。

4　社会政策諸分野の支出傾向

①　高齢者に対する支出

　すでに述べた通り，公的支出の中で高齢者を支える費用と高齢者以外の人々を支える費用との割合は，多くのOECD諸国において長い間ほとんど変化がなかった。それでも個々の社会的保障プログラムに焦点をあてると，大きな変化が見られる国もある。

　高齢者に対する保健分野以外の社会的支援（social support）は，主として公的現金給付である（老齢現金給付および遺族給付）。オーストリア，ベルギー，フィンランド，フランス，ドイツ，ギリシャ，イタリア，ルクセンブルク，スウェーデンの各国では，公的年金給付費はGDPの10～14％にあたる。しかし北欧諸国では現物給付による高齢者支援もかなりの

額にのぼり，ノルウェーとスウェーデンではGDPの3%を超えている。

　すべてのOECD諸国において，平均寿命の延びと高齢人口比率の増加が，公的年金制度の財政を圧迫している。OECDはその報告書（1996g, 1996h）の中で，（現在の年金制度の継続を仮定すると）ほとんどのOECD諸国で，2015年から2045年の間に公的年金給付費が急増すると予測している。しかし年金拠出予測の方は，国によってかなりばらつきがある。G7参加国を例にとれば，日本，ドイツ，イタリアでは公的年金給付費がGDPの15%以上に増加するであろうが，カナダ，英国，アメリカ合衆国ではGDPの10%未満にとどまるであろう。

　人口構成の変化と，所得に比例して給付される公的年金が成熟してきた影響で，OECD諸国の中には1980～1993年にすでに年金給付費が増大している国もある。カナダ，フランス，日本，ポルトガル，スペイン，スウェーデン，トルコ，スイスの各国では，公的年金給付費の対GDP比は1.5～2ポイント増加しており，フィンランド，イタリア，ギリシャでは，4ポイントの増加を記録した（図2.2）。この他に公的年金給付費の対GDP比がもっとゆっくりしたペースで増加しているか，あるいはまったく増加していない国もある（オーストラリア，アイルランド）。

② 労働年齢人口に対する支出

　労働年齢人口に対する公的保障には，失業者に対する所得維持給付，家族手当などがある（後述）。生産年齢層に対する所得維持給付には，失業補償，社会扶助，早期退職給付，疾病・障害給付がある。労働年齢層に対する所得維持給付費が，労働市場の動向を反映しているのは当然である（逆に所得維持給付費が労働市場に影響を及ぼしてもいる。第5章参照）。多くのOECD諸国において，1985年から15年間の雇用拡大は，失業者や非就労者の増加を避けられるほど強かったわけではない。このために日本とアメリカ合衆国を除き，非就労による現金給付の負担は著しく増加した（OECD, 1996c）。

高年齢労働者に対する労働市場の変化

　1980年から20年間，なかなか低下しない高い失業率に加えて，雇用構造にも変化が起こっている国が多い（第1章参照）。高年齢労働者の非就労が増加しているため，早期退職がより広く受け入れられるようになってきた。OECD諸国では，退職年齢後も働くと最高年金額が増額される場合において，その増額制限を設けている国がほとんどである。ここ数十年，標準退職年齢の引き下げ，年金給付率の引き上げ，高齢になっても年金額の上乗せが頭打ちになったこと，年金拠出率の引き上げなどによって，55歳以降の労働に対する目に見えない税負担は，著しく増加した（OECD, 1998f）。

　所得保障事業は，元来不測の事態に対応するために設けられたものであったが，これを早期退職の財源として利用している国もある。ヨーロッパ諸国の中には，フランスやオランダのように，失業対策事業を，年金受給年齢層に対する支給期間の延長，高年齢労働者の受給条件から積極的な求職活動を除外すること，特別失業年金の創設など，**事実上高年齢労働者に対する早期退職計画**として展開してきた国もある。特に受給権の評価に，明らかに労働市場の評価基準を用いている国々では，障害者対策事業も同じ目的で使われている。オーストリア，オーストラリア，フィンランド，ドイツ，イタリア，オランダ，ノルウェー，スペイ

　＊　家族支援の一環として，高齢者等の介護疲れから家族を休息させるために行う一時的な介護サービス。
　＊＊　何らかの理由で，まだ顧客のニーズが満たされていない市場。

ン，英国などがそれにあたる。これらの所得保障事業に加え，たとえばフランスやベルギーなどの国々では，早期退職を促進する特別事業を設けている。このようにさまざまな給付を利用できるようになったことで，むしろ年金受給年齢に達する前に労働意欲を喪失させるような原因が増加している。退職年齢以後に働くと年金拠出金を徴収されるのみならず，年金給付が先送りにされ，一方で最高年金額は多くの場合変わらないのである。その上障害者対策および早期退職事業は，一般的にいって所得においても給付期間においても失業対策事業より利益が大きい（Bröndal and Pearson, 1995, およびOECD, 1998f）。

一般年金計画で，正規の退職年齢よりも前に退職が許される国々では，[12] 標準退職年齢に達していない年金受給資格者が早期退職するという傾向が出てきた（表2.8）。ベルギー，デンマーク，フィンランド，ドイツ，ギリシャ，ルクセンブルク，ポルトガル，スウェーデン，スペインでは，1970年代半ばから，公的年金を受けている高齢男性の中で，標準退職年齢に

表2.8. 老齢現金給付を受けた55～64歳男性の人口に対する割合（1975～1995年）[1]

	事業	1975	1980	1985	1990	1995	割合（％）[2]
オーストリア	保険期間が長期にわたる場合の見込み老齢年金	..	11.4	16.0	16.3	13.0	55.1
ベルギー	民間被雇用者および公的臨時職員	..	..	..	8.2	9.8	48.8
デンマーク	早期退職者に対する基礎年金	..	..	5.5	4.6	5.8	68.3
フィンランド[3]	標準退職年金	..	7.9	7.8	9.6	9.7	91.8
フランス	工業および商業部門における一般的被雇用者計画（CNAVTS）	..	..	..	..	37.9	35.3
西ドイツ	一般年金保険計画：被雇用者および自営業者	4.6	6.4	9.6	9.6	11.2	67.7
ギリシャ	一般被雇用者計画（IKA）	4.4	3.9	6.6	9.5	10.5	26.4
イタリア[4]	老齢給付	..	..	..	..	24.8	57.6
日本[5]	厚生年金	..	..	..	0.6	0.4	46.3
韓国	国民年金保険	..	..	..	0.1	0.2	41.9
ルクセンブルク	老齢年金	..	..	8.4	21.4	29.7	65.2
オランダ	公務員および教員（ABP）	2.6	4.3	4.9	4.2	3.6	13.0
ポルトガル	一般（非農業）計画：被雇用者および自営業者（IGFSS）	0.9	2.1	2.6	2.5	3.8	49.5
スペイン	被雇用者および自営業者，社会保障年金	..	4.4	6.8	10.8	14.3	76.6
スウェーデン	老齢基礎年金	0.6	1.3	2.2	1.7	2.9	35.4
トルコ	老齢年金	..	..	..	..	48.5	100
アメリカ合衆国	老齢退職者	8.7	9.5	12.0	12.9	12.7	53.2

1. このデータは，老齢現金給付の受給者（行政データに基づく）を，55～64歳人口で割ったもの。
2. 各国のデータは，給付費から見て，老齢現金給付に関する公的支出の中で大きな割合（「率」）を占める公的年金事業の受給者に関するものである。しかし事業の適用範囲は国によって異なる。たとえばデンマーク（1990），フィンランド（1993），ドイツ（1990），ルクセンブルク（1990），スペイン（1989）では，それぞれの社会支出事業による給付費は，すべて公的老齢給付費の70～90％を占める。オーストリア（1995），ベルギー（1992），フランス（1990），ギリシャ（1989），イタリア（1990），日本（1995），オランダ（1995），ポルトガル（1990），スウェーデン（1995），アメリカ合衆国（1995）では，表の事業による給付は全体の15～50％を占めている。オランダのデータは，公務員と教員に対して標準退職年齢前に支払われる年金である（遺族給付を含む）。オーストリアのデータは，最も広い範囲の受給者を対象としているが，これがオーストリアにおける唯一の早期退職事業というわけではない。
3. 50～64歳のデータ。
4. 40～64歳のデータ。
5. 55～59歳のデータ。

資料： OECD Beneficiary Database (1998), OECD Population Database (1998).

達していない年金受給者の割合が増加傾向にある。他の国々（オーストリア，オランダ，アメリカ合衆国）では，公的年金受給者中の高年齢労働者は，1980年代にかなり増加した後，近年になって減少に転じている。オーストリアでは，人口に対する早期年金受給者の割合は，過去5年間で20％減少した。またオランダでは，公務員および教員に対する公的特別早期退職給付の受給者割合は，1985年から減少している。

　最大の所得保障事業は，受益者数から見ても支出額から見ても，失業補償と障害者現金給付（disability cash benefit）である。失業補償費が最も高いのは，ベルギー，カナダ，デンマーク，フィンランド，アイルランド，オランダ，スペイン，スウェーデンである（図2.2参照）。支出動向は経済サイクルの変動に従うが，同時に障害者給付など失業者に支払われる他の給付の利用しやすさにも影響される。

　フィンランド，ルクセンブルク，オランダ，ノルウェー，ポルトガル，スウェーデン，英国では，1990年代半ばに，障害者現金給付への公的支出がGDPの2％を超えた（OECD, 1996c）。ルクセンブルクとオランダ[13]を除くほとんどの国々では，1980年にはすでに障害者補償支出が高い水準になっており，その後も継続して増加している。フィンランド[14]と英国では，1980～1995年の間に，急激な増加（GDPの1％を超える）が記録された。

　障害者給付費の対GDP比が高い国々で，同時に人口に対する受給者割合および障害者現金給付の受給率が最も高いのは，当然高年齢労働者層である（表2.9）[15]。生産年齢人口に対する障害者給付受給者の割合は，1975年から1995年の間に，オーストラリア，オーストリア，カナダ，フィンランド，ルクセンブルク，ニュージーランド，ノルウェー，スウェーデン，スイス，英国で増加した。またアメリカ合衆国では1990年から特に増加している。（OECD, 1995c，およびSZW, 1997参照）。これ以外に，障害者給付の申請者割合がかなり高い国に，ドイツとイタリアがある。オランダでは障害者給付受給者の割合が，1985年から1990年の間一貫して増加し続けたが，支出額は安定していた。これは給付補塡率を80％から70％に減少させたためである。他の多くの国々とは対照的に，ギリシャ，オランダ，ポルトガルでは，過去5年間に障害者給付の受給者数は減少している。

　障害発生率の最も高いのは，高年齢労働者である。オーストリア，カナダ，ドイツ，ルクセンブルク，ノルウェー，ポルトガル，スペイン，スウェーデンでは，高年齢労働者人口に対する障害者の割合は，壮年期の労働者よりも約6～10倍も高い。これには年齢や調査集団による健康状態の違いや，早期退職促進のための障害者対策事業を利用できるかどうかが影響している。

　他の国々の中には，障害者給付を失業給付の代わりに利用していると思われる国もある（ボックス2.2参照）。ある時期，これを政府が黙認していたこともある（オランダ，英国）。たとえそうでなかったとしても，壮年層の障害者給付の受給水準は，国によってかなりばらつきがある。このことは障害者給付が他の給付の代替として機能している可能性を示唆している。1995年の壮年労働者人口に対する障害者人口の割合は，フィンランド，ルクセンブルク，オランダ，ノルウェー，スウェーデン，英国で，3％を超えた。

　公的疾病給付の受給者の中で生産年齢層が占める割合は，1980年代は概して安定していた（表2.9）。近年になって，公的疾病給付の受給者数が減少している国さえある。この要因の一部は，リハビリテーションにより力を注いだこと（オーストラリア，フィンランド），また病気初期の給付責任が公的機関から雇用者に移行したこと（オランダ，スウェーデン，英国）と関連している。

表2.9. 主な社会保障受給者（障害，疾病，失業，社会扶助）の人口に対する割合（1975～1995年）

社会政策分野[1]	事業[2]	25～54歳					55～64歳					生産年齢人口[3]					割合(%)[4]
		1975	1980	1985	1990	1995	1975	1980	1985	1990	1995	1975	1980	1985	1990	1995	
オーストラリア[5]	障害者支援年金	..	1.4	1.5	1.6	2.6	..	6.2	6.7	8.0	10.9	..	2.3	2.4	2.7	4.1	68.9
	疾病手当	..	..	0.7	0.8	0.4	..	..	0.8	1.0	0.3	..	..	0.6	0.7	0.3	100.0
	求職手当	..	2.0	4.2	3.0	6.1	..	1.1	2.5	2.5	4.0	..	3.1	5.4	3.6	6.9	48.5
オーストリア[6]	廃疾年金（被雇用者）	..	1.1	1.5	1.5	1.5	..	9.3	12.8	16.8	17.3	..	2.1	3.0	3.5	3.6	40.3
	失業給付	..	..	..	2.3	2.6	..	..	..	2.2	1.7	..	..	..	2.1	2.3	90.6
カナダ	CPP障害者	0.1	0.2	..	0.5	0.9	1.7	2.8	3.9	4.9	6.6	0.3	0.5	0.5	1.0	1.5	59.8
	UI疾病給付	0.2	0.2	0.1	0.2	0.2	0.3	0.3	0.2	0.2	0.2	0.2	0.2	0.1	0.2	0.2	100.0
	UI定期給付	3.6	3.1	5.2	4.7	3.5	2.6	2.2	4.1	2.9	2.3	3.9	3.2	5.2	4.4	3.1	97.2
デンマーク	最長9ヵ月間の扶助	..	..	8.1	2.3	2.0	..	..	4.8	0.8	1.0	..	..	7.4	3.4	3.2	42.2
	失業補償	..	..	..	8.4	8.8	..	..	..	5.9	8.8	..	..	..	7.8	8.1	72.4
フィンランド[7]	標準廃疾年金	6.5	8.4	7.1	7.3	7.1	4.0	20.9	19.5	23.3	23.1	4.9	8.5	7.7	9.0	9.1	65.4
	社会扶助	..	5.3	7.0	9.6	17.2	..	2.9	2.7	2.2	2.8	..	4.2	4.6	6.3	12.0	69.7
	生活手当	24.4	20.2	19.7	19.6	13.9	10.3	8.3	8.5	7.8	5.5	13.2	11.3	11.6	11.9	8.4	85.7
	疾病保険（日割）	..	..	..	4.2	14.5	..	..	..	1.0	2.3	..	..	..	3.8	11.4	..
	日割失業基礎手当																
ドイツ	被雇用者および自営業者一般計画	0.8	1.0	1.1	1.0	1.0	9.2	10.5	13.6	9.7	9.4	1.9	2.1	2.9	2.2	2.3	51.3
	維持社会扶助	..	1.0	1.9	2.3	2.9	..	..	..	..	..	..	0.8	1.6	2.0	2.4	68.2
	失業保険	..	..	1.1	1.3	1.5	..	..	1.3	2.4	4.5	..	..	1.3	1.4	2.0	65.1
ギリシャ	被雇用者一般計画（IKA）	0.7	0.7	0.8	0.8	0.7	2.8	3.4	4.4	4.6	3.8	0.9	0.9	1.2	1.4	1.1	51.8
	その他の不測の事由																
	民間企業の被雇用者，疾病手当（IKA）	6.2	9.3	9.7	6.5	5.2	3.6	6.1	6.1	6.2	2.6	4.7	7.7	7.7	5.0	3.9	100.0
イタリア[8]	被雇用者一般計画（INSP）	..	..	..	..	0.2	..	..	..	1.5	3.5	..	..	..	0.7	1.6	16.3
	失業給付	..	..	..	..	..	..	..	..	..	..	..	..	..	..	35.1	
日本	国民年金	..	..	..	1.0	1.1	..	..	..	2.0	2.0	..	..	..	1.0	1.1	74.4
	障害者健康保険病手当金	..	..	..	1.3	1.2	..	1.0	..	2.7	2.7	..	..	0.4	1.3	1.3	63.4
	政府管掌健康保険病手当金																
	失業保険	0.1	0.3	0.2	0.1	0.3	0.6	1.0	0.7	0.4	1.6	0.3	0.5	0.4	0.3	0.6	100.0

第2章 支出傾向

表2.9. 主な社会保障受給者（障害、疾病、失業、社会扶助）の人口に対する割合（1975～1995年） （前頁より続く）

社会政策分野[1]	事業[2]	25～54歳					55～64歳					生産年齢人口[3]					割合(%)[4]
		1975	1980	1985	1990	1995	1975	1980	1985	1990	1995	1975	1980	1985	1990	1995	
ルクセンブルク	障害者	..	..	1.9	2.7	3.7	..	..	26.2	27.0	29.5	..	..	5.4	6.3	7.1	78.3
	最低所得保障	..	..	..	1.3	1.6	..	..	..	1.6	1.7	..	..	..	1.8	2.1	80.1
オランダ	住民一般計画 (AAW)	3.6	6.3	6.9	7.8	6.9	12.4	21.4	23.4	24.1	23.5	4.0	7.0	7.7	8.5	8.1	50.5
	定期扶助 (ABW)	2.4	1.5	2.3	2.1	1.7	..	1.4	1.7	1.7	2.0	1.4	1.2	1.8	1.7	1.5	87.3
	被雇用者、疾病給付 (ZW)	3.1	3.2	2.4	3.5	2.3	1.4	1.0	1.9	0.7	0.5	3.1	3.1	2.5	3.4	2.1	63.2
	失業補償 (WW/WWv)	..	..	..	5.3	7.4	..	..	..	5.8	8.7	..	..	..	5.1	7.0	84.7
ニュージーランド	廃疾給付（あらゆる種類）	0.7	1.2	1.0	1.3	1.7	..	..	1.5	1.9	2.9	0.5	0.8	1.0	1.2	1.7	65.7
	特別給付（あらゆる種類）	..	..	..	..	2.0	..	..	..	..	1.0	..	..	..	..	1.6	65.6
	疾病給付	2.4	2.2	0.5	0.8	1.4	..	..	0.5	0.9	1.3	1.9	1.6	0.6	0.9	1.3	31.5
	失業および緊急時失業給付	0.3	5.3	1.2	5.0	5.4	..	..	0.9	3.0	3.8	0.2	4.7	1.8	6.1	6.3	100.0
ノルウェー[9]	障害者補足年金	1.8	2.3	3.9	6.1	6.7	18.8	26.2	35.4	52.3	57.3	2.4	3.3	5.0	6.9	7.3	41.1
	社会扶助、現金給付	..	..	..	..	0.1	..	..	..	..	0.0	..	..	..	..	0.8	
	疾病給付、被雇用者	..	..	..	..	2.1	..	..	..	..	5.1	..	..	..	..	1.6	59.4
ポルトガル	被雇用者および自営業者一般（非農業）事業計画 (IGFSS)	2.1	2.9	3.3	3.0	2.5	8.6	14.1	18.2	19.4	17.8	2.5	3.7	4.9	5.0	4.4	56.5
	被雇用者および自営業者 (IGFSS)	..	..	..	9.7	12.6	..	..	..	7.3	11.8	..	..	..	8.4	11.1	99.4
	失業補償	..	..	..	1.2	0.9	..	..	..	0.9	11.1	..	..	..	1.0	2.7	73.7
スペイン	被雇用者および自営業者終身障害者年金に対する経営一般計画	..	1.5	1.9	1.4	1.4	..	11.5	13.4	10.4	9.9	..	2.6	3.3	2.5	2.4	69.8
スウェーデン	終身障害または臨時障害補足年金 (ATP)	1.4	2.0	2.4	3.2	4.2	13.3	14.6	19.5	23.8	24.9	3.3	3.9	4.8	5.7	6.6	52.6
	社会福祉手当	..	..	7.0	6.5	8.3	..	..	2.0	2.0	2.7	..	..	6.2	5.8	8.0	66.4[5]
	疾病現金給付	..	56.6	62.8	67.2	13.5	..	35.3	45.2	45.4	13.6	..	53.4	55.1	59.3	11.6	100.0
	失業給付	..	..	..	..	17.6	..	..	..	..	10.2	..	..	..	..	16.6	97.3
スイス	単純障害に対する普通年金	1.3	..	1.2	1.5	2.0	5.5	..	5.6	6.5	6.7	1.7	..	1.6	2.0	2.4	59.4
	失業給付（研修期間を除く）	..	..	..	..	6.1	..	..	..	..	3.9	..	..	..	..	6.0	79.6

表2.9. 主な社会保障受給者（障害、疾病、失業、社会扶助）の人口に対する割合（1975～1995年）　（前頁より続く）

社会政策分野[1]	事業[2]	25～54歳				55～64歳				生産年齢人口[3]				割合（%）[4]
		1975	1980	1985	1990	1975	1980	1985	1990	1995	1975	1980	1985	1990	1995	
英国																
障害者[10]	障害者現金給付	0.9	1.2	1.6	2.2	3.2	3.8	5.0	6.8	9.0	12.7	1.2	1.6	2.1	2.8	4.1	45.5
社会扶助	その他の不測の事由				7.9	8.9				15.0	11.8				9.2	8.8	99.6
疾病	疾病給付	1.1	1.0	0.5	0.3	0.3	1.7	1.4	1.0	0.6	0.6	1.1	1.1	0.5	0.3	0.3	57.2
失業	失業給付		2.1	2.1	1.0	1.2		2.2	1.8	0.7	0.7		2.6	2.3	0.9	1.0	68.1
アメリカ合衆国																
障害者	障害労働者	1.3	1.3	1.2	1.4	2.1	7.0	7.6	6.5	6.6	8.0	1.8	1.9	1.7	1.8	2.4	57.1
社会扶助	食糧券（食糧および栄養サービス）		5.6	5.6	6.4	7.7		5.1	11.1	5.5			5.1	4.9	6.6	8.3	50.0

1. 指標が違うため国家間比較をする助けとなっている。受給者データは、ある場合は年間平均であり（ノルウェー）、また、ある場合は当該年のある一時点での人数である（フィンランド）。たとえば英国のように受給者情報からの標本抽出に基づく情報を示している国もあるが、示された受給者人口割合の国家間比較には限界がある。
2. 1975年から1995年の間に、受給資格や支給範囲において、社会支出事業はさまざまな改革の対象となってきた。さらにここれらの事業の中には、保護政策が廃止されたり他の政策によって置き換えられたものもある。たとえばオーストラリアの「失業給付」は、1991年7月に廃止された。その一方で二つの新しい給付が導入された。「ニュースタート」（訳注：21～54歳の失業者の、労働市場への再復帰を援助する目的で、就業したことを現金給付を与えるもの）「青年研修手当」（15～20歳のもの）である。このような制度上の変化はすべての国で次々と起きている。したがってデータの年次比較にも、限界がある。
3. 生産年齢人口とは、15～64歳の者をいう。
4. このデータは、それぞれの国がもっとさまざまな社会政策分野の中の、一つの現金給付事業の中で、障害者支援事業をすべての障害者現金給付の約69%を占める。疾病対策事業は関連支出のすべて（100%）を含んでいる。一方「求職手当（job search allowance）」は失業給付の48.5%にすぎない。上記の割合（%）はオーストラリア、カナダ、日本、オランダ、スウェーデン、スイス、アメリカ合衆国では1995年のものである。残りの国々は、カナダ1990年、デンマーク1990年、フィンランド1993年、ドイツ1990年、ギリシャ1989年、イタリア1993年、ルクセンブルク1990年、ニュージーランド1992年、ノルウェー1992年、ポルトガル1989年、スペイン1989年、英国1992年になっているが、これは原文のままである。（訳注：カナダのデータは1990年と1992年に二重になっている）
5. 25～54歳の欄に示されているのは、20～49歳。
6. 55～64歳の欄に示されているのは、55～59歳。
7. 25～54歳の欄に示されているのは、30～49歳；55～64歳の欄に示されているのは、50～64歳。
8. 25～54歳の欄に示されているのは、30～39歳；55～64歳の欄に示されているのは、40～64歳。
9. 25～54歳の欄に示されているのは、26～55歳；55～64歳の欄に示されているのは、56～64歳。
10. 25～54歳の欄に示されているのは、30～59歳。

資料： OECD Beneficiary Database (1998).

ボックス2.2. 障害給付と失業給付の趨勢

オランダにおける受益者と支出に関するデータは，失業手当外の所得維持計画の機能としての労働市場機会の変化と，そのような所得維持プログラム設計の抑制効果や予算に含まれている政策反応の諸変化との関連性を最も明確に反映している。人口に対する受益者比の増加は1970年代に始まった（OECD, 1997a）。障害者に対する現金給付計画における公的支出は，1980年までにGDPの約4％を数えるまでに至った。障害者プログラムに対する引き締めをねらいとした一つの改革は，1980年代の終わりから始まった。結果として，受給者の数は減少した。同時期に，失業手当受給者数は，調査によると失業が下降しているにもかかわらず増加した。失業手当受給者でアクティブな仕事を免除された高齢労働者（これは，調査ベースの尺度には含まれてはいない）の割合が，1995年には約20％になった（LISV, 1997）。

英国では，労働市場の状態もまた障害給付や疾病給付の引き締めの趨勢と関連している。オランダとは対照的に労働市場の状態は，傷病手当（Invalidity Benefit, IVB）に対する適格性（受給資格）の決定要因として明確に含まれなかった。しかし，実戦面で適格性を評価するとき，医者は申立人がある仕事を見出すことの可能性について考慮してきた（Ritchie *et al.*, 1993）。障害給付の受給者数の実質的な増加は，1990年初頭において具体化し，同時期に，失業手当の受給者数は減少した（表2.9）。さらに，IVBの申立人（その申立人は，IVBの控えの中に登録された瞬間にその人の雇用状態が「非雇用」となるのであるが）の割合は，持続的に増加している。たとえば，1985年時点の31％から，1990年には43％に，1995年には49％となっている（Adema, 1993年，社会保障省の提供データによる）。

オーストラリアでは，疾病給付（sickness benefit）と障害給付（disability benefit）〔障害扶助年金と疾病手当〕受給者の数は，双方とも1990年までに著しく増加した。1990年から1995年にわたって，障害給付の引き締めにおける増加は，疾病給付受給者数の減少をしのいだ。1992年以前の障害給付受給者の増大は，労働市場の状況とは逆相関の内容となっている。カーソンらの文書（Carson *et al.*, 1989）によると，疾病給付の受給者の割合は，失業給付から移転しているという重要な意味を含んでいるということが指摘されている。1991年に，疾病者および障害者給付計画に対する引き締め改革が，リハビリテーションに力点を置きつつ実行された。その上，疾病手当の期間は，12カ月に制限された。

疾病手当の改革は，1990年から1995年の期間に受給者数の削減に成功したようだが，一方で障害年金者数は，同期間には増加し続けている（表2.9）。このような分岐傾向は，いくつかの点で経済的，人口統計学的，制度的要因と関連している。第一に，近年，景気後退が1991年から1993年の間に起こり，その回復は1997年までに比較的ゆっくり行われたということがあげられる。第二に，申立人の特質という観点からすると，リハビリテーションの基準が，DSPの受給者に向けられるよりもむしろ積極的な結果を導きやすい疾病給付者に向けられたということがあげられる。第三に，障害の基準の諸変革が，1991年時点の現受給者に適用されなかったことがあげられる。結局は，わずかの人々しか老齢退役軍人年金（old-age veteran's pension）の適格者にならないであろうし，これらの人々はその代わりに障害扶助年金にたよることになるのである。

一般に男性の受給率は，女性に比べ非常に高い。これは拠出記録や，配偶者所得に関する給付規則，また養育関連給付が利用しやすいかどうかで決まる女性の労働参加様式を反映している。したがって北欧諸国では，当然のことながら受給における男女平等の水準が高い。他のOECD諸国でこれに匹敵する国はない。たとえば人口に対する障害者の割合は，女性（15～64歳）では同年代の男性の約60%に過ぎない。しかしノルウェーとスウェーデンでは，女性の障害率は男性を20%も上回っている。とはいっても他の国でも，ジェンダー間の平等を反映していると思われる点がある。たとえばオーストラリア，カナダ，オランダ，英国では，男女差は総体として，壮年労働者の方が高年齢労働者よりもずっと少ないのである。

低所得者に対する給付

　低所得者に対する給付は，公的社会支出の中で大きな割合を占めてはいない。もちろん低所得者層の社会統合への努力が，引き続き非常に重要であることに変わりはない（第4章，およびOECD, 1998c, 1998d参照）。デンマークとカナダを除いては，類別できない社会扶助支出[16]は，GDPの1%を超えていない。しかし社会扶助申請者数は，カナダ，フィンランド，ドイツ，スウェーデン，アメリカ合衆国などで増加している。この事実はアードレイ他（Eardley et al., 1996）によって確かめられた。彼らによれば，オーストラリア，カナダ，アイルランド，ドイツ，英国，スカンジナビア諸国において，1980年から1992年の間に，失業補償のようなカテゴリー別の給付を含め，社会扶助受給者数はかなり増加している（この増加原因についての考察は第5章を参照）。ヨーロッパ諸国におけるこの増加傾向は，近年の情報でも確かめられている（Guibentif and Bouget, 1997）。

家族支援

　OECD諸国の中で，家族手当（family support benefit）〔現金およびサービス〕を最も多く支出しているのは北欧諸国で，GDPの3～5%である。北欧諸国では，他のOECD諸国よりも現物給付（保育施設など）の形で提供される家族手当の割合が高い（35～55%）。しかし，これらの公的支出は，保健や住宅手当のような他の公的家族支援策を含んでいないことに注意する必要がある。このような支援策も考慮した公的家族支援指標が，ブラドショー他（Bradshaw et al., 1993）によって開発された。家族に対する平均的な所得保障を表すこの指標を用いると，スカンジナビア諸国，ベルギー，フランス，ルクセンブルクで保障が最も豊かであり，ギリシャ，日本，アイルランド，イタリア，ポルトガル，スペイン，アメリカ合衆国で保障が最も貧弱であった（OECD, 1997c）。

　さらに財政措置および民間が提供する育児支援手段は，実質的な価値がある。たとえばドイツでは，雇用者が労働者の扶養手当を支払っているし，税制措置を通じての育児支援もかなりの額にのぼる（前述）。類似の税制措置や雇用者負担による保育施設，出産手当（maternity pay），育児休暇措置も，多くのOECD加盟国で広く実施されている（OECD, 1995d）。

　単親家庭は大きなターゲット・グループの一つである。この動向を支出情報から見極めることは困難である。なぜなら，すべてのOECD諸国が単親家庭に対する特別な社会的保障施策を設けているわけではないし，育児手当費に関する情報のうち単親家庭に対する分を，他と区別して識別できるわけではないからである。しかしながら単親家庭に対する公的現金給付費は，オーストラリア，アイルランド，ノルウェー，ニュージーランド，英国において，1980年から急増している。これは単親家庭の増加を反映しているのである（第1章）。

③ 結論

　本章では支出と受給者数に関するいくつかの動向を明らかにしたが，これは，現行政策の優先順位を知る上で助けになるであろう。受給者における高年労働者数の増加は，公的支出，特に公的年金の財源確保の必要性という観点から見ると不安材料である。いくつかの国では単親家庭に対する公的支出が急増しているが，これは多くの国で育児施設に対する関心が高まっていることの主な理由の一つである。最後に国民の健康状態が改善しているのに，疾病および傷病手当給付の受給者数が増加しているという明らかな矛盾が生じているが，このことは加盟国がこれら給付の有効性と支給様式の改革を考慮すべきことを示している。

注

1. この節の図は，OECDの**国別収支報告**（National Accounts）に基づいている。図はOECD社会的支出統計（Social Expenditure Statistics）と必ずしも一致しない（OECD, 1996c参照）。
2. 換言すれば，もし借入金に対する利子の支払を考えなければ，予算には余剰金が出るであろうということ。
3. 二つの効果のバランスは，需要と供給のそれぞれの弾力性がどの程度あるかで決定される（OECD, 1993参照）。他の可能性，たとえば労働税が低利によって完全にあるいは部分的に吸収されてしまうか（労働税の負担は，部分的には資本家が負うのである），商品の価格を上げて消費者に負担させるという可能性は，資本の還元を最大にしようという圧力によって次第になくなっていき，生産市場での競争が激しくなるであろう。金融および生産市場での競争が激しくなると，労働に対する税負担を上昇させる効果がある。
4. この税補填という方法は，労働に対する税負担増加の状況をすべて表現しているわけではない。労働による所得を財源とする消費は，消費税の対象となる。消費税はOECD諸国の大半で，共通して増加している（他の労働税が減少しているすべての国を含む）。
5. 社会給付は，関連する金銭の流れが行政，すなわち中央，州，地方の行政機関によって管理されている時，公共のものと定義される。これにはすべての強制社会保障基金が含まれる（SNA, 1993, 8.63および8.64節参照）。
6. 1994年デンマークで，老齢現金給付および数種類の社会扶助が課税対象となった。給付支給額は実質的給付価値を維持するために増額された。このため社会的支出は，GDPの約2％増加した（Adema, 1997）。
7. 1994年に始まった疾病給付を「強制民間給付（mandatory privatisation）」にしなかったならば（後述），オランダにおける1995年の公的社会支出は，1980年のレベルにとどまっていたであろう。
8. 支出率の標準偏差が6.7から6.0に減少したことに示されている。
9. 高齢者に対する公的支出には，老齢現金給付，遺族給付および高齢者と障害者に対するサービス提供が含まれる。
10. 高齢者と障害者対象のサービスに関する支出は，いつでも明確に区別できるわけではない。なぜなら両方の受給者は関連しあっているからである。
11. この目標が達成できなかった理由についての考察は，OECD（1996d）を参照のこと。
12. 一般的に，老齢現金給付事業の支出に関するデータは，標準的な退職年齢に達する前に退職した人々に対する支出を区別できるわけではない。
13. 登録された労働中の事故や病気に特定した公的給付支出は，障害者現金給付支出に比較して，は

るかに景気変動の影響を受けにくい。

14. フィンランドにおける障害者給付の対GDP比の増加は，1990年代初頭の厳しい不況にも関連している。

15. 退職手当以外の特定の収入維持事業における人口に対する受給者割合の動向を表2.9に示した。これらのデータは，関連した幅広い社会政策分野の中で大きな支出割合を占める，ある一つの社会保障事業に関するものである。しかしこのデータに含まれる範囲は，国によって大きく異なる。たとえばカナダのデータは「CPP障害者」という事業に関したものである。これはカナダにおける障害者現金給付総額の約63%を占める。オランダの障害者対策事業は公務員を除くすべての住民を対象としており，障害者現金給付総額の約90%を含む（このデータの内容に関する詳しい情報は，表2.9の脚注参照）。このように人口に対する受給者数の割合は，個々の国において，障害者給付，疾病給付，および社会扶助の受給者**すべて**を表しているわけではない。したがって国同士の比較はできない。

16. 給付にあたっての所得調査は，オーストラリアとニュージーランドでは社会保障制度における中心的な役割を果たしているが，アイルランド，カナダ，英国，アメリカ合衆国においても重要である。年金受給者に対する給付や失業手当のような資産調査に基づく給付のほとんどは，関連した幅広い政策分野のもとで一つのグループを形成している（「条件なし給付」）。ここで述べられている支出は，低所得者に対する給付に関するものであって，特定の事故などに関連したものではない。

第3章 所得の分配

1 序および主要動向

　第1章では，社会的ニーズを高めるであろう多様な圧力について概説した。労働市場の変化によって，勤労所得の広範な分配が期待されていることをその章の中で述べた。消費負担がより困難になり，多数の家族が不安定なまま取り残され，行政施策により多くが期待されている。高齢化と労働年齢人口に占める（機能）障害者の割合は，労働力参加比率に影響を及ぼしている。したがって，これらの社会的な動向は，**市場**所得——資産が生み出す課税前報酬および所得——の増加を理解するために重要である。税金と社会的給付金は，社会的な諸々のプログラムを通して，GDPの大部分を一部の人々から別の人々に流す役目をもっており，市場所得が所得の**最終的**（つまり課税後）分配をどのように変化させるのかに影響を与えている。この所得の最終的分配は，さまざまな家族が生活を享受できる生活水準に近いものを実現した。もちろん，市場所得の分配により，社会的保障のシステムが意味を失うとみなされるべきではない。社会的保障システムは個人や家族の行動を変容させ，たとえば，家族が退職に備えて，どのように準備をするかを変化させるような長期的な関わりを伴っている。実際に，政府の新しい社会政策の主要事項の多くは，適切な介入をすることによって自助を促すように方向づけられている。しかし，多様な家族のタイプへの税と給付の割当は，目標に到達するために国の優先すべきことと効果の両方を説明している。この章では，税と所得移転のシステムが所得の分配にどのように影響し，時を経てどのように変化したのかを説明している。

　主旨は以下の通りである：
- 1990年から10年ほどの間に，諸外国の間で，可処分所得の分配と相対的な貧困について**一般化をなし得る傾向は見られていない**。
- 労働市場は，これらの動向を決める主要な役割を演じている。一世帯内で働いている人数は個人の福祉の状態を表す最も重要な指標である。
- 直接税と公的所得移転は，市場による所得形成の不公平を充分是正した。しかし，そうした効果の多くは，高齢者に恩恵を与える傾向にあった。
- 若者が筆頭者である世帯の状態は，一般的に悪くなってきている。またいくつかの国で，子どもがいる世帯の状態は以前より著しく悪くなっている。これは，ほとんどの国で高齢者の状況が改善しているのとは対照的である。
- 退職後のすべての所得源を考慮すると，高齢者の所得は以前よりはるかに**高く**，各国においても**同様**の傾向が見られる。

2　所得分配と貧困の一般動向

　第1次石油危機以前の戦後における急速な経済成長の時期に，OECD諸国の平均所得の増加は，ほとんどの場合，狭い意味の所得分配と関連していた。しかし，1980年からの20年間，平均所得の成長は減速し，いくつかのOECD諸国では所得の不公平と貧困率の拡大傾向が見られた。これらの動向は，社会政策上多くの意味を持っている。一般に，社会政策のプログラムは個人に関わる特に偶発的な結果を軽減する方向に向けられるけれど，それらは全体として，所得や経済の機会の分配にも変化を与える。実際に，OECD諸国の各国政府は，具体的に求める公平性の内容は異なるかもしれないが，公平性に関する政策目標を持っている。貧困の抑制を強調する国々があれば，所得の不公平是正に重点を置く国々があり，また疎外状況の減少や社会の結束力の強化のようなより幅広い目標を選択する国々もある。

　1980年代半ばから1990年代半ばまでの10年間に，最終的な所得（譲渡や税金支払後）の分配を示す明確な動向は，各国間でかなりの多様性を示している。[1] 全体的には，表3.1に提示されている不公平の指標は，可処分所得の分配に関する不公平が，調査対象の13ヵ国のうちの7ヵ国（フィンランド・イタリア・日本・オランダ・ノルウェー・スウェーデン・アメリカ合衆国）で拡大傾向を示しており，1ヵ国（カナダ）では減少したことを示している。残る5ヵ国では，結果は不公平のどの指数を選択したかによって差異が見られる。[2]

　不公平さの動向が所得の規模の異なるグループの位置づけに影響を与えるその程度にも，大きな相違がある。1980年代半ばから1990年代半ばまでの間に，可処分所得の損失あるいは獲得した所得割合を，五分位数ごとに図3.1に示している。大多数の国では，分配の最上位にいる人たちが所得の分け前を獲得している。特に，これらの収益は，ベルギー，フィンランド，イタリア，アメリカ合衆国で大きくなっている。しかし，オーストラリア，カナダ，デンマークで，五分位数の最上位の人の所得の比率が減少していることが記録された。所得規模の底辺部における開発については，調査した国のおよそ半分には減少が見られるが，国によって大きな相違がある。所得の取得分の最も大きな変化特性は，五分位数の中央に可処分所得分配に，「くぼみ」が生じているように見えることである。

　所得ランクの底辺部での開発に関するこれらの相違は相対的な貧困の動向を反映している。ここでいう相対的な貧困とは，可処分所得の中央値の50％を下回る所得のものと定義されている。表3.2に示すように，貧困者の人口比率は，ドイツ，イタリア，日本，オランダ，ノルウェー，スウェーデンで増加している。貧しい人たちの平均所得の動向は（経済全般の中央値に関連しており）――表3.2に「所得の相違」と表示されているが――，概して，貧困の範疇に入る人口の比率に変化をもたらしている。しかし，オーストラリアとアメリカ合衆国では，貧困に含まれる人口の比率の減少は，貧しい人たちの相対的所得の落ち込みと関連していたが，一方，オランダでは正反対のことが起こっていた。全体として，セン指標（the Sen index）（[アマルティア・センによって開発された]貧しい人たちの所得の分散を測定するための指標，貧困の割合と貧しい人たちの相対的所得に関する情報；Forster, 1994参照）のような貧困を測定するための合成尺度によると，調査した国の半分で貧困は減少しているけれど，残りの国では増加していることを示している。

表3.1. 不平等の指数の動向（1980年代半ば～1990年代半ば）[1]

均衡弾力度=0.5
ジニ係数*

	水準		変化	
	当初	最終	相対的	絶対的
オーストラリア，1984～1993/94年	31.2	30.6	-1.9	-0.6
ベルギー，1983～1995年	29.3	29.9	2.3	0.7
カナダ，1985～1995年	28.9	28.4	-1.9	-0.6
デンマーク，1983～1994年	22.9	21.7	-4.9	-1.1
フィンランド，1986～1995年	21.0	23.0	9.7	2.0
フランス，1979～1990年	29.6	29.1	-1.7	-0.5
ドイツ，1984～1994年	26.5	28.2	6.4	1.7
イタリア1984～1993年	30.6	34.5	12.7	3.9
日本，1984～1994年	25.2	26.5	4.9	1.2
オランダ，1985～1994年	23.4	25.3	8.2	1.9
ノルウェー，1986～1995年	23.4	25.6	9.4	2.2
スウェーデン，1983～1995年	21.6	23.0	6.5	1.4
アメリカ合衆国，1985～1995年	34.0	34.4	1.1	0.4

	SCV**		MLD***		アトキンソン尺度	
	変化					
	相対的	絶対的	相対的	絶対的	相対的	絶対的
オーストラリア，1984～1993/94年	4.5	1.6	1.4	0.3	-0.8	-0.1
ベルギー，1983～1995年	19.2	7.6	-3.6	-1.0	1.5	0.1
カナダ，1985～1995年	-17.5	-6.6	-6.8	-1.0	..	..
デンマーク，1983～1994年	2.0	0.4	-14.3	-1.5	-11.1	-0.5
フィンランド，1986～1995年	47.7	7.8	12.8	1.0	0.0	0.0
フランス，1979～1990年	2.1	1.3	-13.6	-4.7	-3.0	-0.2
ドイツ，1984～1994年	-6.3	-2.2	13.0	1.6	29.9	2.0
イタリア，1984～1993年	44.7	18.0	41.2	7.0	32.7	2.6
日本，1984～1994年	21.7	5.3	13.5	1.5	10.9	0.6
オランダ，1985～1994年	6.0	1.4	21.3	2.0	17.9	0.8
ノルウェー，1986～1995年	8.1	2.3	31.1	3.1	..	..
スウェーデン，1983～1995年	58.9	8.0	23.0	2.1	20.6	0.8
アメリカ合衆国，1985～1995年	2.9	1.2	2.4	0.5	2.0	0.2

1. 絶対的変化とは指標の判定基準の違いによる。
資料： Burniaux *et al.* (1998).

3 市場所得レベルの不公平および税金と移転制度の効果

　市場所得（総給与所得，自営業収入と資産収入の総額）の拡大は，可処分所得を増大させる最も大きな原因である。まず第一に，図3.2に示されたように，すべての国で可処分所得の不公平は市場所得の不公平よりかなり小さく，税による移転制度は再分配に強力な役割をはたしていることを証明している。第二に，市場所得の不公平は，フランスを除くすべての国で時を経て上昇した。第三に，デンマーク，フランス，ドイツを除くすべての国で，可処分所得の不公平もまた増加した。[3]

　OECD諸国の5ヵ国に限定していえることは，基礎データは異なっているが，貧困状態の人々が占める割合は全体としてかなり高く，**可処分**所得より**市場**所得の水準において時とと

＊　所得分配の不平等度を測る指標。
＊＊　the Squared Coefficient of Variation（変数の2乗係数）。
＊＊＊　the Mean-Log Derivation（対数導関数平均値）。

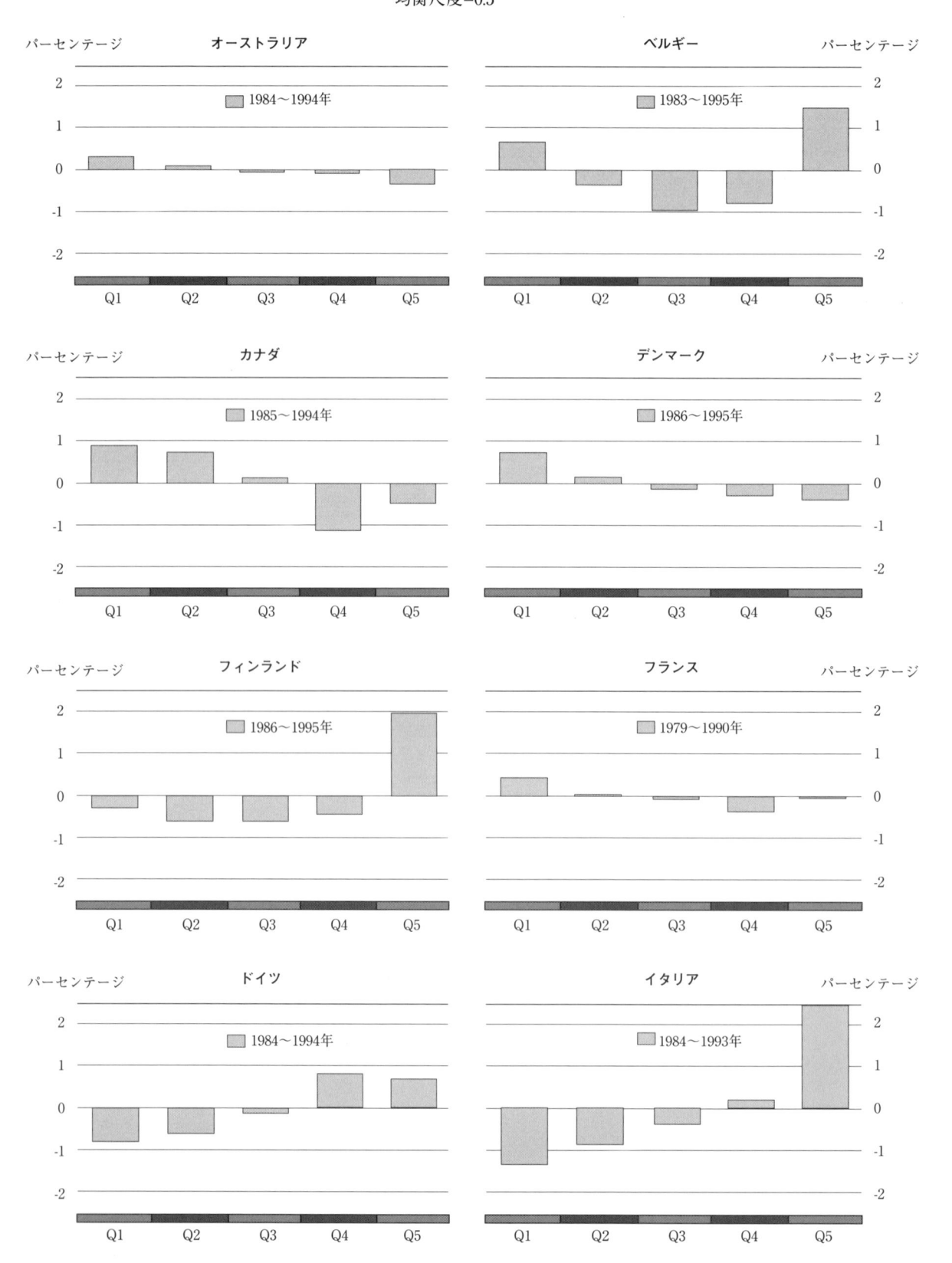

図3.1. 五分位数による可処分所得，利益，損失[1]
均衡尺度=0.5

オーストラリア — 1984～1994年

ベルギー — 1983～1995年

カナダ — 1985～1994年

デンマーク — 1986～1995年

フィンランド — 1986～1995年

フランス — 1979～1990年

ドイツ — 1984～1994年

イタリア — 1984～1993年

図3.1. 五分位数による可処分所得，利益，損失[1]（前頁より続く）
均衡尺度=0.5

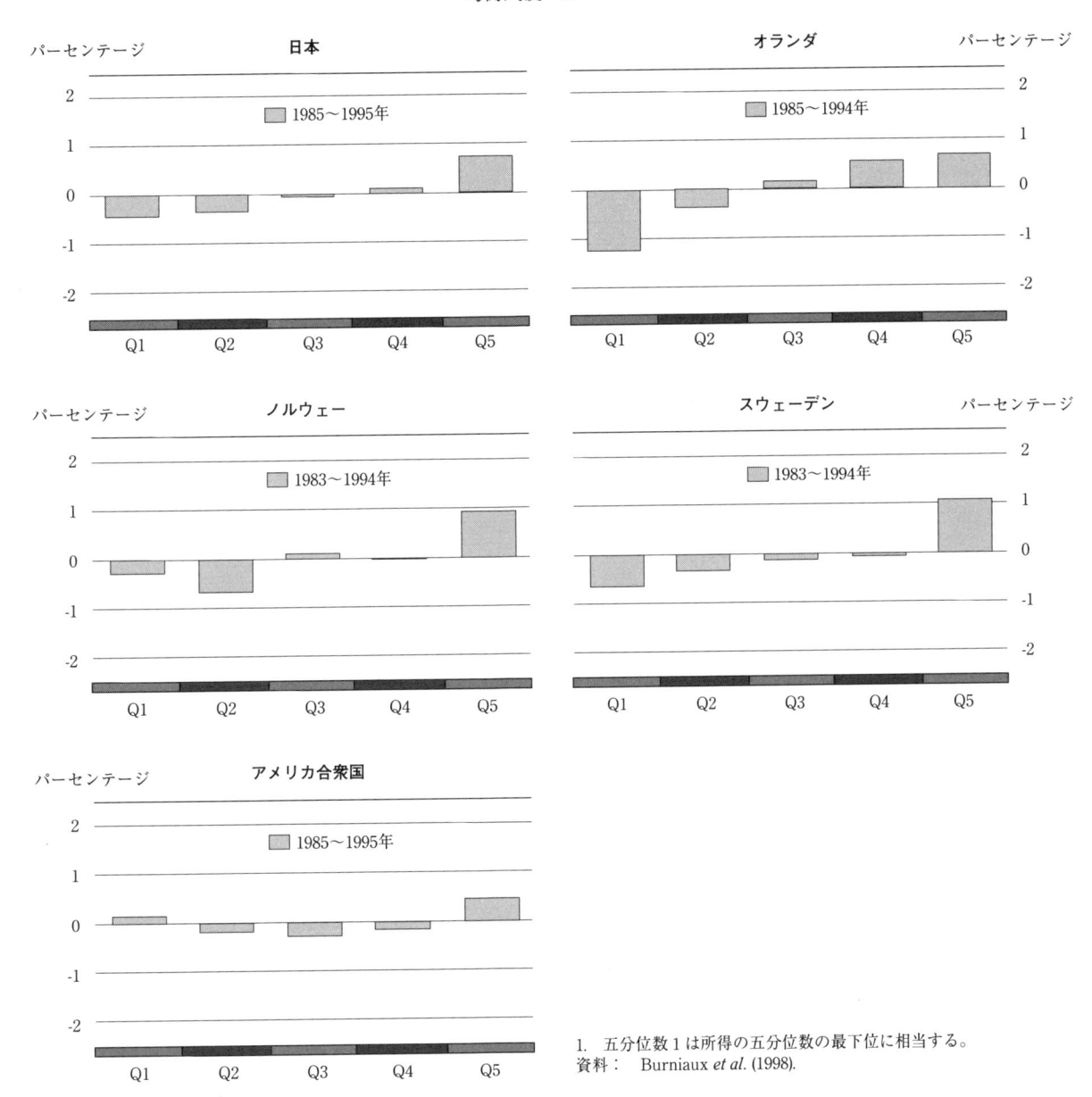

日本　1985～1995年
オランダ　1985～1994年
ノルウェー　1983～1994年
スウェーデン　1983～1994年
アメリカ合衆国　1985～1995年

1. 五分位数1は所得の五分位数の最下位に相当する。
資料： Burniaux *et al.* (1998).

もに一層増加してきたことを示している。これは大部分が，退職者のうちのかなりの者が彼らの収入の相当の部分を公的年金から受けていることと，確実な市場所得を持たないということのためである。人口に占める高齢者の割合が高くなるのと同様に，課税や所得移転の後ではなく，それ以前から貧しい人たちの人口の割合も高くなった。

表3.3は，さまざまな所得水準の人たちの公的移転や課税の率を示している。最も著しい例外といえるオーストラリアとフランスでは半分以上が低所得者層に移転されるが，多くの国で移転はむしろ所得の規模に対して公平な広がりを見せている。さらに，公的所得移転を

表3.2. 貧困の動向（1980年代半ば～1990年代半ば）[1]

均衡弾力度=0.5
百分率による変化，他の表示方法によるものを除外

	50%所得の中央値			
	人数		所得の相違	Sen index[2]
	水準（期間末）	変化（絶対的）	変化（絶対的）	変化（絶対的）
オーストラリア，1984～1993/94年	9.5	-2.7	5.0	-0.2
ベルギー，1983～1995年	10.8	-7.7	-1.9	-6.8
カナダ，1985～1994年	8.9	-0.8	-1.4	-0.5
デンマーク，1983～1994年	5.0	-2.0	-0.8	-0.9
フィンランド，1986～1995年	4.9	-0.2	-4.2	-0.4
フランス，1979～1990年	3.1	-1.5	-4.9	-1.1
ドイツ，1984～1994年	9.1	2.9	2.5	0.4
イタリア，1984～1993年	14.2	3.9	5.6	2.9
日本，1984～1994年	8.1	0.8	2.5	0.6
オランダ，1985～1994年	6.1	3.0	-3.6	1.1
ノルウェー，1986～1995年	8.0	1.1	0.0	0.6
スウェーデン，1983～1995年	6.4	0.4	7.9	0.8
アメリカ合衆国，1985～1995年	17.1	-1.2	0.2	-0.4

1. 貧困線の「相対閾」はそれぞれの期間における所得の中央値を指す。
2. 絶対的変化は指標の判定基準の違いによる。
資料： Burniaux *et al.* (1998).

低所得者層に移行するのは一般的ではなく，それらの国の約半分で彼らの移転率は減少した。対照してみると，すべての国で税の大部分は高額所得者層によって支払われていた。その結果，調査した12ヵ国のうちの8ヵ国で，所得の分配の平等性に対して税は公的移転より強い効力を持っている。

4 社会の中で選ばれたグループの地位[4,5]

筆頭者の労働年齢が高い（50～60歳）世帯と**筆頭者が壮年期である**世帯の人たちは，ほとんどのケースで相対的な地位が改善されている（表3.4）。しかし，多くの国で，**筆頭者が若年である**世帯では個人の相対的な可処分所得は低下した（表3.4）。これは，主としてこのグループの報酬比率の減少を反映している。同様に，これは教育のために長い期間が費やされ，労働力参入が遅れたことを含めて，第1章で論じられている因子の組み合わせによってもたらされている[6]。相対的な所得は，世帯の大人と子どもの人数によって規則性を持って変化する（表3.5）。ほとんど例外なく，大人1人の世帯は2人の世帯より可処分所得が低い。そして**単親の家族**はすべての中で相対的な所得が最も低い。そのような世帯はしばしば未婚の母に代表される世帯であり，職業に就いていないか，あるいは職があるとしても，男性の単身世帯より実質的に収入が少ない。調査した12ヵ国のうちの9ヵ国で単親世帯の相対的所得が減少しているが，すべての国で単親世帯の率は増加している[7]。

　表3.4は，**定年退職した人が筆頭者**である世帯で，個人の相対的地位が改善されている（オーストラリアとオランダは主な例外であり，カナダや日本はさらに例外的である）ことを示している。しかし，同表は，調査したすべての国で，そのような世帯はやはり可処分所得が平均をやや下回ることを示している。次の二つの節では，労働年齢者世帯と定年退職者世帯の所得に関する動向が説明している内容をより詳しく検討する。

第3章 所得の分配

図3.2. 課税と所得移転の前後における所得の不平等[1]

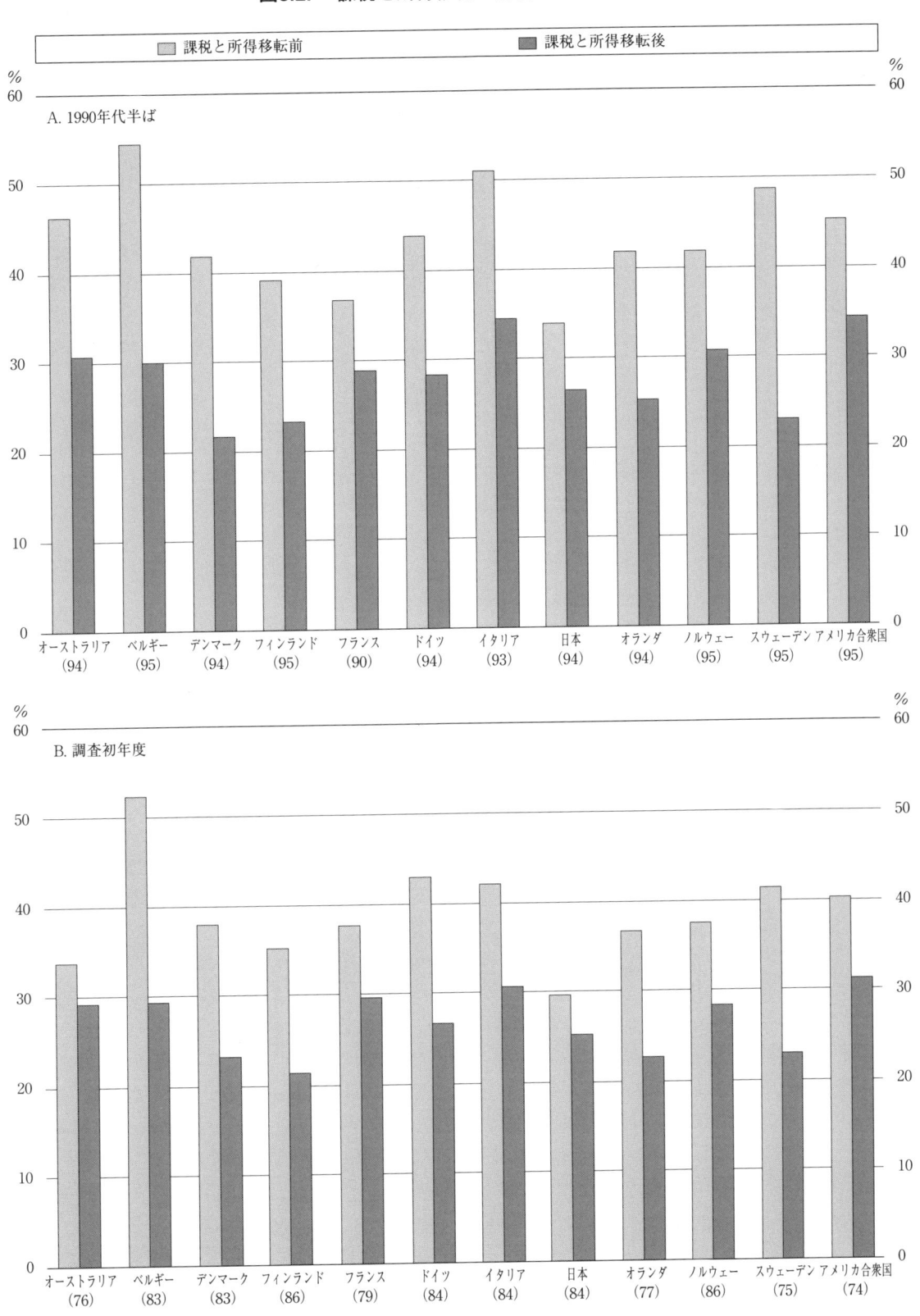

凡例: □ 課税と所得移転前　■ 課税と所得移転後

A. 1990年代半ば

国	課税と所得移転前	課税と所得移転後
オーストラリア (94)	46	31
ベルギー (95)	54	30
デンマーク (94)	42	22
フィンランド (95)	39	24
フランス (90)	37	29
ドイツ (94)	44	29
イタリア (93)	52	35
日本 (94)	35	27
オランダ (94)	43	26
ノルウェー (95)	43	32
スウェーデン (95)	50	24
アメリカ合衆国 (95)	46	35

B. 調査初年度

国	課税と所得移転前	課税と所得移転後
オーストラリア (76)	34	29
ベルギー (83)	53	29
デンマーク (83)	38	24
フィンランド (86)	36	22
フランス (79)	38	30
ドイツ (84)	44	27
イタリア (84)	43	31
日本 (84)	30	26
オランダ (77)	38	24
ノルウェー (86)	39	29
スウェーデン (75)	43	24
アメリカ合衆国 (74)	41	32

注: 挿入されている図はその年に各国のデータによった。
1. 収入の不公平はジニ係数によって測定された。全住民に対するジニ係数は、非ゼロ所得を用いているフランス以外のすべての国で総所得と定義されている。

資料: Burniaux *et al.* (1998).

表3.3. 十分位数間の所得構成要素の分配

均衡弾力度=0.5（所得の各源泉全体内パーセンテージ）

	報酬			資産および自営			政府による所得移転			税			総可処分所得		
	下位三区分	中位四区分	上位三区分	下位三区分	中位四区分	上位三区分	下位三区分	中位四区分	上位三区分	下位三区分	中位四区分	上位三区分	下位三区分	中位四区分	上位三区分
オーストラリア, 1993/94年	3.5	33.5	63.0	10.6	33.9	55.5	58.0	34.6	7.4	1.9	27.8	70.4	13.8	35.1	51.1
1975~1994年の変化	-5.8	-4.2	10.1	-8.5	3.4	5.2	1.1	5.2	-6.3	-7.9	-6.0	13.9	-0.4	-1.0	1.4
ベルギー, 1995年	4.8	36.0	59.2	5.1	16.2	78.7	30.0	45.7	24.3	2.1	29.3	68.6	13.8	36.6	49.6
1983~1995年の変化	0.3	-0.1	-0.2	-2.2	-6.4	8.6	0.0	1.2	-1.2	-1.5	0.6	0.9	0.5	-1.7	1.1
カナダ, 1994年	5.6	32.9	61.5	9.0	36.9	54.1	41.7	41.0	17.3	2.9	29.2	67.9	14.0	35.9	50.1
1975~1994年の変化	-0.5	-3.5	4.1	-7.2	2.7	4.5	-7.6	7.2	0.4	-0.7	-2.0	2.7	1.2	-0.9	-0.4
デンマーク, 1994年	6.7	38.7	54.6	14.4	30.8	54.8	45.8	37.5	16.7	12.7	36.5	50.8	17.6	38.2	44.2
1983~1994年の変化	-1.0	-0.9	1.9	-5.8	-3.9	9.6	3.8	-1.1	-2.7	2.1	-3.0	0.9	0.8	-0.2	-0.6
フィンランド, 1995年	6.3	36.1	57.6	20.0	32.3	47.8	39.8	41.4	18.7	9.5	32.9	57.6	17.5	37.2	45.3
1986~1995年の変化	-3.4	-2.0	5.4	-3.2	-1.4	4.5	2.4	4.4	-6.8	0.3	-1.1	0.8	-0.6	-1.2	1.7
フランス, 1990年	10.8	35.7	53.5	13.2	27.0	59.9	53.5	36.1	10.4	2.1	15.5	82.4	15.3	34.6	50.1
1979~1990年の変化	1.4	0.8	-2.3	-3.0	-0.5	3.5	9.4	-6.7	-2.8	-1.1	-2.1	3.2	0.4	-0.2	-0.2
ドイツ, 1994年	7.5	34.6	57.8	11.0	31.3	57.7	38.6	40.1	21.3	5.3	31.7	62.9	14.8	36.1	49.1
1984~1994年の変化	-0.2	-0.8	1.0	-1.5	0.7	0.8	-5.0	4.9	0.1	-0.5	0.4	0.1	-1.1	-0.1	1.2
イタリア, 1993年	9.3	35.4	55.3	5.6	20.0	74.5	20.8	44.7	34.5	5.8	29.8	64.4	12.1	34.4	53.5
1984~1993年の変化	-3.1	-2.2	5.3	-2.2	-2.5	4.6	-5.8	0.8	5.1	-4.8	-2.3	7.1	-1.9	-0.7	2.6
日本, 1994年	13.0	36.5	50.5	17.8	27.5	54.7	27.5	37.5	35.0	11.3	29.7	59.0	15.7	36.5	47.8
1984~1994年の変化	1.1	-1.1	-0.1	-5.5	-3.8	9.4	-0.5	4.8	-4.2	-1.3	-1.2	2.4	-0.6	-0.2	0.8
オランダ, 1994年	8.3	37.6	54.2	8.8	30.3	61.0	43.6	35.7	20.7	10.7	34.5	54.7	16.2	36.8	47.0
1977~1994年の変化	-5.9	0.3	5.6	-0.3	5.5	-5.2	9.8	-2.3	-7.5	-1.6	2.3	-0.7	-1.6	0.4	1.2
ノルウェー, 1995年	8.7	40.8	50.5	9.5	22.8	67.7	47.7	35.3	17.0	8.3	35.4	56.3	16.0	37.2	46.8
1986~1995年の変化	-3.1	-0.2	3.4	-0.8	-2.6	3.4	2.3	-0.9	-1.4	-1.8	-2.4	4.2	-1.0	-0.4	1.4
スウェーデン, 1995年	7.2	35.5	57.2	17.3	28.8	53.9	31.4	41.4	27.2	10.7	34.8	54.4	17.2	37.9	44.9
1975~1995年の変化	-0.2	-1.8	2.1	-2.1	-6.6	8.7	-8.3	5.9	2.4	3.5	1.2	-4.7	0.3	-0.1	-0.2
アメリカ合衆国, 1995年	7.6	33.9	58.5	7.5	26.8	65.7	37.2	38.2	24.6	5.2	26.5	68.2	11.5	35.0	53.5
1974~1995年の変化	-1.1	-3.3	4.4	-1.6	1.0	0.6	-6.8	3.8	3.0	0.3	-3.7	3.5	-1.2	-1.4	2.6

資料：Burniaux et al. (1998).

第3章 所得の分配

表3.4. 世帯筆頭者の年齢による相対的可処分所得と人口比率

総人口
均衡弾力度=0.5

	筆頭者が若年である世帯		筆頭者が壮年期である世帯		筆頭者の労働年齢が高い世帯		定年退職した人が筆頭者である世帯	
	相対的所得	人口比率	相対的所得	人口比率	相対的所得	人口比率	相対的所得	人口比率
オーストラリア, 1993〜1994年の水準	101.1	13.3	101.4	53.7	110.9	19.9	68.2	13.1
1975〜1994年の比率の変化	-4.4	-5.3	1.4	0.9	3.1	0.8	-5.7	3.6
カナダ, 1990年の水準	87.7	11.3	101.5	48.3	111.9	23.9	87.3	16.6
1975〜1994年の比率の変化	-1.8	-1.8	0.4	1.8	0.5	-0.6	-0.4	0.6
デンマーク, 1994年の水準	89.6	16.7	105.9	48.1	117.3	19.0	73.4	16.2
1983〜1994年の比率の変化	-10.9	-1.3	-1.5	0.0	10.7	0.6	4.7	0.6
フィンランド, 1995年の水準	80.3	13.2	106.8	53.8	114.5	18.2	78.1	14.7
1986〜1995年の比率の変化	-7.6	-4.8	0.3	0.5	6.4	1.4	1.1	2.7
フランス, 1990年の水準	78.7	10.5	101.7	52.7	110.1	22.1	95.0	14.7
1979〜1990年の比率の変化	-8.9	-1.1	0.8	2.5	2.3	-1.3	0.8	-0.1
ドイツ, 1994年の水準	78.5	9.8	100.9	45.7	113.0	25.1	89.3	19.4
1984〜1994年の比率の変化	-1.9	0.4	-1.5	-1.6	0.6	-1.2	4.3	2.4
イタリア, 1993年の水準	92.1	4.5	98.1	46.5	109.9	31.3	84.7	17.6
1984〜1993年の比率の変化	-4.8	0.2	1.5	-1.1	-2.7	-2.8	2.9	3.6
日本, 1994年の水準	75.9	5.0	94.2	52.5	120.7	30.3	93.1	12.2
1984〜1994年の比率の変化	-6.0	-1.2	-0.9	-7.2	3.6	3.7	-0.8	4.7
オランダ, 1994年の水準	85.2	11.5	100.8	52.9	114.0	20.6	87.5	14.9
1977〜1994年の比率の変化	-5.9	-1.0	5.0	3.4	-2.2	-3.4	-8.9	1.1
ノルウェー, 1995年の水準	78.0	14.8	107.3	53.1	117.3	17.2	73.7	14.8
1986〜1995年の比率の変化	-11.5	-0.4	0.6	1.4	4.6	-1.6	4.0	0.4
スウェーデン, 1995年の水準	73.3	17.8	104.2	46.0	125.8	18.6	89.3	17.6
1975〜1995年の比率の変化	-15.8	-2.1	-5.3	3.9	12.2	-2.2	16.5	0.4
アメリカ合衆国, 1995年の水準	75.0	13.4	101.5	53.4	120.0	18.9	91.9	14.2
1974〜1995年の比率の変化	-9.5	-3.9	0.9	6.0	1.8	-4.0	6.4	1.9

注：若年、壮年期、高齢期と退職年齢は、それぞれ30歳以下、30〜50歳、50歳〜65歳、65歳以上の世帯主を指す。
資料：Burniaux et al. (1998).

表3.5. 世帯のタイプによる相対的可処分所得と人口比率

総人口
均衡弾力度=0.5

	大人1人				大人2人(以上)			
	子どもあり		子どもなし		子どもあり		子どもなし	
	相対的所得	人口比率	相対的所得	人口比率	相対的所得	人口比率	相対的所得	人口比率
オーストラリア, 1993~1994年の水準	58.5	5.3	78.6	8.3	95.7	46.9	119.8	39.5
1975~1994年の比率の変化	-8.0	2.8	-0.6	12.1	0.4	37.4	-0.1	47.7
カナダ, 1990年の水準	54.6	2.8	79.8	12.1	94.3	37.4	112.5	47.7
1975~1994年の比率の変化	1.7	0.1	-0.4	0.3	0.3	-1.4	-0.2	1.0
デンマーク, 1994年の水準	61.9	4.9	71.1	17.2	104.4	40.7	110.9	37.3
1983~1994年の比率の変化	-2.7	0.6	0.3	3.0	-2.2	-7.7	3.5	4.1
フィンランド, 1995年の水準	77.9	5.5	71.5	16.7	103.1	45.2	108.6	32.7
1986~1995年の比率の変化	1.2	2.0	-0.5	3.5	0.7	-4.9	-1.0	-0.6
フランス, 1990年の水準	70.3	6.3	84.4	10.5	101.2	59.7	108.0	23.4
1979~1990年の比率の変化	-7.9	2.1	-1.3	1.7	1.5	-4.0	-2.1	0.2
ドイツ, 1994年の水準	58.9	3.0	85.0	16.7	97.4	41.9	110.3	38.5
1984~1994年の比率の変化	2.7	1.4	2.7	2.9	-0.9	-3.7	0.0	-0.4
イタリア, 1993年の水準	54.1	1.2	71.1	5.3	93.6	49.6	112.7	43.9
1984~1993年の比率の変化	-4.6	0.6	-4.3	1.1	0.3	-6.1	0.1	4.4
日本, 1994年の水準	57.4	0.5	82.4	6.6	94.2	57.0	121.5	35.8
1984~1994年の比率の変化	-1.2	-0.2	-5.0	1.3	-0.5	-12.5	2.6	11.4
オランダ, 1994年の水準	58.6	3.6	80.0	15.1	95.0	42.8	118.1	38.3
1977~1994年の比率の変化	-3.5	2.1	-10.5	7.4	0.8	-18.4	1.3	8.8
ノルウェー, 1995年の水準	63.1	7.0	38.3	17.9	116.0	44.3	107.3	10.9
1986~1995年の比率の変化	-5.6	2.3	-33.8	4.2	12.2	-4.5	-3.2	-21.9
スウェーデン, 1995年の水準	73.9	7.7	74.5	29.0	103.7	36.2	121.7	27.0
1975~1995年の比率の変化	-11.6	2.2	-1.3	5.5	-2.7	-8.1	8.0	0.3
アメリカ合衆国, 1995年の水準	49.9	6.8	88.4	9.4	94.9	50.0	122.4	33.7
1974~1995年の比率の変化	5.6	1.4	7.0	2.7	-0.9	-9.0	-0.9	4.9

資料:Burniaux *et al.* (1998).

5　世帯員の報酬と仕事への愛着

　労働市場の動向は，社会内での分極化を強める傾向にある（第1章参照）。全体として，所得の不公平性を是正するために報酬の寄与するところを考察することによって，所得分配の動向を形づくっている労働市場の重要性を強調することができる。[8]

　表3.3と3.6に見るように，報酬は，日本とノルウェーの50％以上からオーストラリアとカナダの60％以上の間を変動している十分位数の上位三区分に生じる割合と同様に，所得水準のトップにいる人々に大部分が集中している。フランス，それより程度は少ないがベルギー，日本を除く国々では，十分位数のトップに与えられている報酬の比率は時とともに上昇した。十分位数の下三区分にいる人に与えられる報酬の比率を比較すると，オーストラリアの3.5％からフランスのおよそ11％までの間に分布した。ベルギー，フランス，日本を除くすべての国でこの比率は減少した。十分位数の中央の四区分に生じている報酬比率の減少もまた，過半数の国で記録された。

　個人のレベルで，世帯構成員の雇用状態は――その世帯には仕事に就いている人がいないか，1人であるか，あるいは1人以上であるか――，彼らの福祉の最も重要な決定要因である。定年退職した年代の傾向を可能な限り概説するために，表3.6に示されているデータは，労働年齢にある世帯主（65歳未満）のいる世帯の人々のことを引き合いに出している。驚くことではないが，誰も働いていないような世帯の人々は平均をかなり下回るような所得であり，オーストラリア，カナダ，ノルウェー，アメリカ合衆国に見る総人口の所得の40～50％から，デンマーク，フランス，日本，オランダの60％以上の間に分布している。反対に，2人の働き手がいる世帯は，平均をかなり上回る高い所得に恵まれていた。働き手のいない世帯の相対的所得は，半数の国々で低下した。

　表3.6は，稼ぎ手のいない世帯の比率が増加していることを示している。これらは，イタリア，フィンランド，ノルウェーでは増加率がより小さいのに比して，特にオランダとオーストラリアで急増している。この傾向は，早期に退職した人と無職の人が増えていることと，労働年齢の人々の労働力参加が少ないという事実の両方が影響している。2人かそれ以上の働き手のいる世帯で暮らしている人々の比率の増加によって，この傾向は7ヵ国で同時に見られた。「富む労働者」世帯と「貧しい労働者」世帯の間の社会的な二極分化は（第1章参照），総所得の不公平性が増すことについて重要な意味を持っている。所得の不公平性を拡大する第三の原因は，低い賃金である。

　OECD諸国では，低賃金雇用の高い発生率が，高い貧困率と密接に関係している（図3.3）。この貧困率とは，調整された世帯所得の平均の半分を下回る総所得の世帯で生活している全労働年齢人口の割合と定義されている。しかし，低賃金と貧困の関係は複雑である。惜しみなく福祉の給付を行うことによって，低い貧困率が報酬の圧縮された構造と相対的に低賃金雇用の高い発生を伴うかもしれない。潤沢な福祉財源を持たず，低賃金雇用の率が相対的に高い国でさえ，貧困はしばしば低賃金よりむしろ無給と関係があるといっても差し支えない。

　各国同等の基準で，低賃金と貧困あるいは低い世帯所得の間の重なりを測定することは難しい。そのように実施された数少ない研究の一つは，ヨーロッパのほとんどの国で，常勤雇用で働いている低賃金労働者のうち，貧困であるのは10％より少ないことを示している（Marx and Verbist, 1997）。しかし，低賃金の発生率が高いアメリカ合衆国では，低賃金労

表3.6. 世帯の仕事への愛着の程度による相対的可処分所得と人口比率
生産年齢者の世帯の人口
均衡弾力度=0.5

	働き手なし		働き手1人		働き手2人以上	
	相対的所得	人口比率	相対的所得	人口比率	相対的所得	人口比率
オーストラリア, 1993〜1994年の水準	45.4	13.6	79.9	30.8	121.3	55.6
パーセンテージの変化	3.4	7.6	2.4	-9.6	-2.2	2.0
カナダ, 1990年の水準	47.0	7.9	81.9	25.0	110.9	67.1
パーセンテージの変化	-2.9	2.2	0.9	-0.1	-0.1	-2.2
デンマーク, 1994年の水準	67.0	9.7	84.8	27.9	111.9	62.4
パーセンテージの変化	1.9	0.7	1.2	-0.9	-0.8	0.2
フィンランド, 1995年の水準	58.4	6.9	82.7	20.8	106.7	72.3
パーセンテージの変化	-3.8	4.1	2.0	-1.6	-0.5	-2.5
フランス, 1990年の水準	74.8	9.0	92.0	46.8	116.6	44.2
パーセンテージの変化	-0.2	2.8	0.5	-10.2	-0.7	7.4
ドイツ, 1994年の水準	55.9	11.5	89.3	48.9	122.3	39.6
パーセンテージの変化	-9.5	1.5	-1.2	1.4	3.6	-3.0
イタリア, 1993年の水準	51.0	10.0	77.4	45.2	131.2	44.8
パーセンテージの変化	-1.3	4.6	-5.5	-4.8	6.3	0.2
日本, 1994年の水準	62.7	2.1	88.7	41.4	110.0	56.5
パーセンテージの変化	5.3	0.4	-5.0	-1.8	3.8	1.4
オランダ, 1994年の水準	62.0	14.7	89.7	37.2	119.3	48.1
パーセンテージの変化	-10.9	7.8	0.1	-14.8	1.7	7.0
ノルウェー, 1995年の水準	49.4	11.4	85.7	34.7	115.4	53.9
パーセンテージの変化	2.4	4.7	-0.2	-2.4	-0.1	-2.3
スウェーデン, 1995年の水準	58.2	8.1	80.8	37.3	115.1	54.7
パーセンテージの変化	9.9	3.2	-6.3	1.4	3.0	-4.6
アメリカ合衆国, 1995年の水準	39.6	6.2	82.2	30.2	116.7	63.6
パーセンテージの変化	1.3	1.2	-5.0	-7.0	3.1	5.9

注：相対的可処分所得とは，総人口における平均所得世帯の可処分所得に等しい。
資料：Burniaux et al. (1998).

第3章　所得の分配

図3.3.　低い給与と貧困の発生[1]

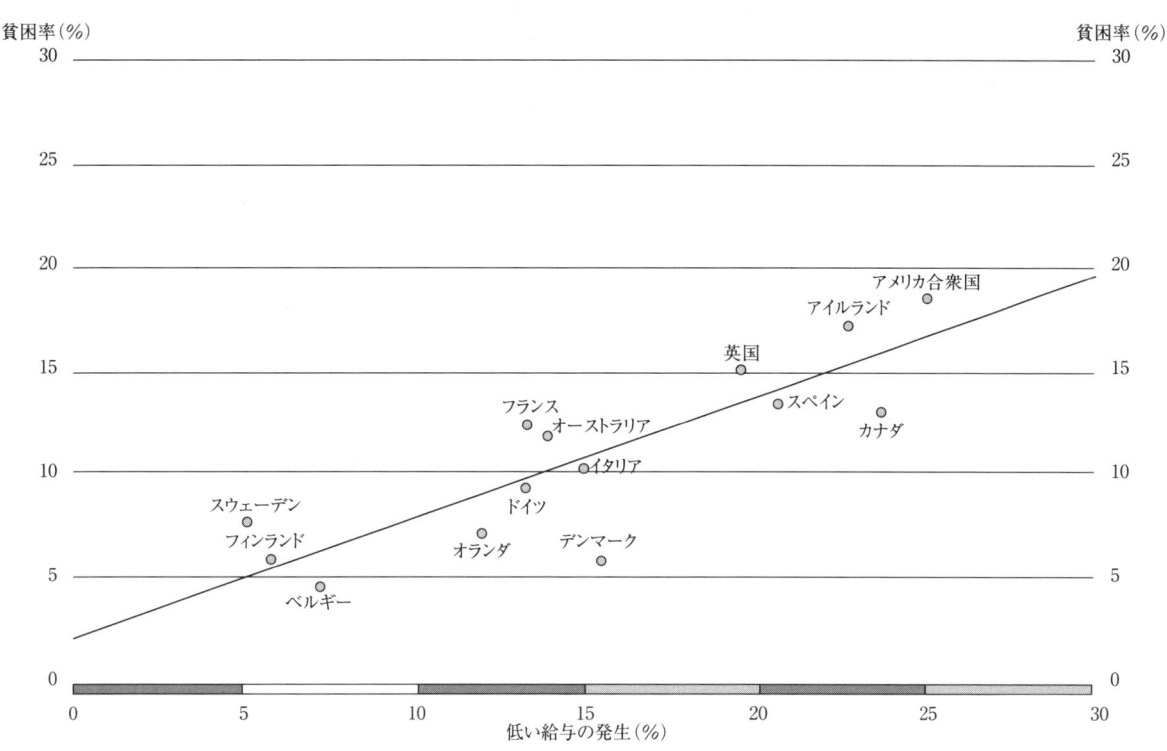

1. 低い給与の発生とは，フルタイム労働者の報酬に対して，平均報酬の3分の2より少ない。データのほとんどは1990年代半ばのものである。貧困比は，(世帯サイズを考慮して調整した)平均世帯所得の50％以下の低い総所得で生活している世帯が16〜65歳の人数（イタリアでは総人数）に占める率である。データのほとんどは1980年代終わりから1990年代初めのものである。

資料：　OECD (1995c); OECD (1996a, Chapter 3); Marx and Verbist (1997); and Secretariat calculations based on data from the European Community Household Panel.

働者の4分の1はいわゆる「貧しい労働者」である。もし，パートタイムの労働者や季節労働者を含む全労働者の年収が計算されるなら，貧困との重なりはかなり高く，アメリカ合衆国に住む年収の低い労働者の3分の1以上が貧しい世帯に暮らしている。

　単に一つの点だけに低賃金労働者に焦点をあてるという統計的測定法は，低賃金労働者が直面する貧困のリスクを過少評価することになる。OECD（1997f）に見るように，多数の人にとっては，高い報酬を得るための飛び石として低賃金の仕事をしているので，低賃金は一時的な現象であるけれど，（それでも）長期的に低賃金となったり無給と低賃金の間を循環してしまう危険が高くなる。このパターンは，特に，まったく働いていない期間においては，貧困のリスクの上昇と関係しやすいように思われる。貧困に陥ったり抜け出たりする変化を容認すると，その発生率もまた上昇する傾向を生じる。たとえば，アメリカ合衆国では，任意の1ヵ月について，フルタイム労働者の4％未満しか貧しい者はいないし，さらに任意の2年間に2ヵ月かそれ以上続く貧困を経験した者は16％しかいない（Shea, 1995）。

　すべての国で，貧困の発生因はまったく収入がない人に高い。しかし，貧しい，あるいはやや貧しい労働者の数もまたかなりの数になる。さらに，家族構成は労働市場の機会とは無関係であるとみなされるので，低賃金雇用と家族所得との関係については，低賃金と生活水準の縮小との関連が過小評価される傾向がある。上述の通り，低賃金の仕事は，家庭形成を

遅らせたり，あるいは独立した世帯を解消して，その代わりに両親や他の親戚と生活するようにさせるかもしれない。貧困絶滅の施策は，雇用の増加に高い優先度を置く一方で，低賃金労働者の報酬を増加させるための成功の基準として，より貧しい状態を救済する方途でもある。

6　退職後の資源

　高齢者は，平均的に，他の人々に比べて以前より高い所得を得ている。しかしそれにもかかわらず，貧困の発生は高い。これらの事実を分析する一つの方法は，退職後に手に入れることができる可処分所得と，個人が労働者として最後の時期に主に得ていた可処分所得を比較することである。[9]

　図3.4は，代替率（ここでは55歳の可処分所得の比率によって分けられた四分位数ごとに算出された67歳の可処分所得の比率と定義した）の二つの測定結果を示している。[10] 一つは可処分所得の**すべての**構成要素を検討したものであり，二つめは**公的所得移転**だけから成るものである。後者は，アメリカ合衆国の0.2以下から，フランス，ドイツ，スウェーデンの0.6以上の間に分布する。代替率が可処分所得の概念に基づいている場合，国による差はかなり低い。ほとんどの国では，これらの比率は0.7の周辺に集まっている。[11]

　代替率の二つの測定結果に見る不一致の程度は，所得の分配次第で一様ではない（図3.4，下図）。四分位数の最下位の組み合わせにとって，公的所得移転だけを基礎としている代替率の国際的な変動の幅は，イタリア，日本，アメリカ合衆国では0.5程度と大変低く，他の国々でも0.7から0.9である。[12] すべての所得源は結びついているので，（ある程度は税込み所得のデータの特徴による）主要な例外としてアメリカ合衆国でも，一般に代替率は0.9あたりの数値に集中する。四分位数の最上位では，社会保障制度の中で，各国特有の変化を平準化している他の所得源の役割は，相当に強力である。社会保障に基づく代替率は，オーストラリアの0.1未満からフランス，ドイツ，スウェーデンの0.4以上の間に分布し，一様ではない。すべての所得源を併せると，これらの比率は0.5から0.9の間にある。

　代替率は十分位数の上位より下位でより高い値なので，公的年金は所得の不公平を**減少さ****せ**ている。しかし，十分位数の上位に属する家族の他の所得源が，所得の分配にさらに影響を及ぼす。富の保有を検討していく中で，同様のパターンが示された（OECD, 1998*h*）。概して，高齢世帯は高いレベルの資産を保有している。しかし，特に，もし相対的に非流動性の保有財産が無視されるとすれば，これらの保有財産は均等に分配されず住民への分配はわずかとなる。さらに，いくつかの国においては，所得の流れの中に家屋価値を位置づける（家屋価値の公平性へ転換）ために必要な財務上の方途が存在していない。

　家族は公的年金の寛大さに順応すると結論できる。もしこれらが低いなら，蓄財（そして今後の家屋価値と退職後の所得）は，より潤沢に公的年金を支給する国より高くなる。しかしながら，このような蓄財能力は，所得の分配に関するさまざまな特徴のために家族によって異なっている。

7　社会政策の反応

　世帯に対する公的所得移転は，直接低所得の世帯に対して向けられるだけではないことを

第3章　所得の分配

図3.4.　すべての組み合わせと所得の分配による置き換え率

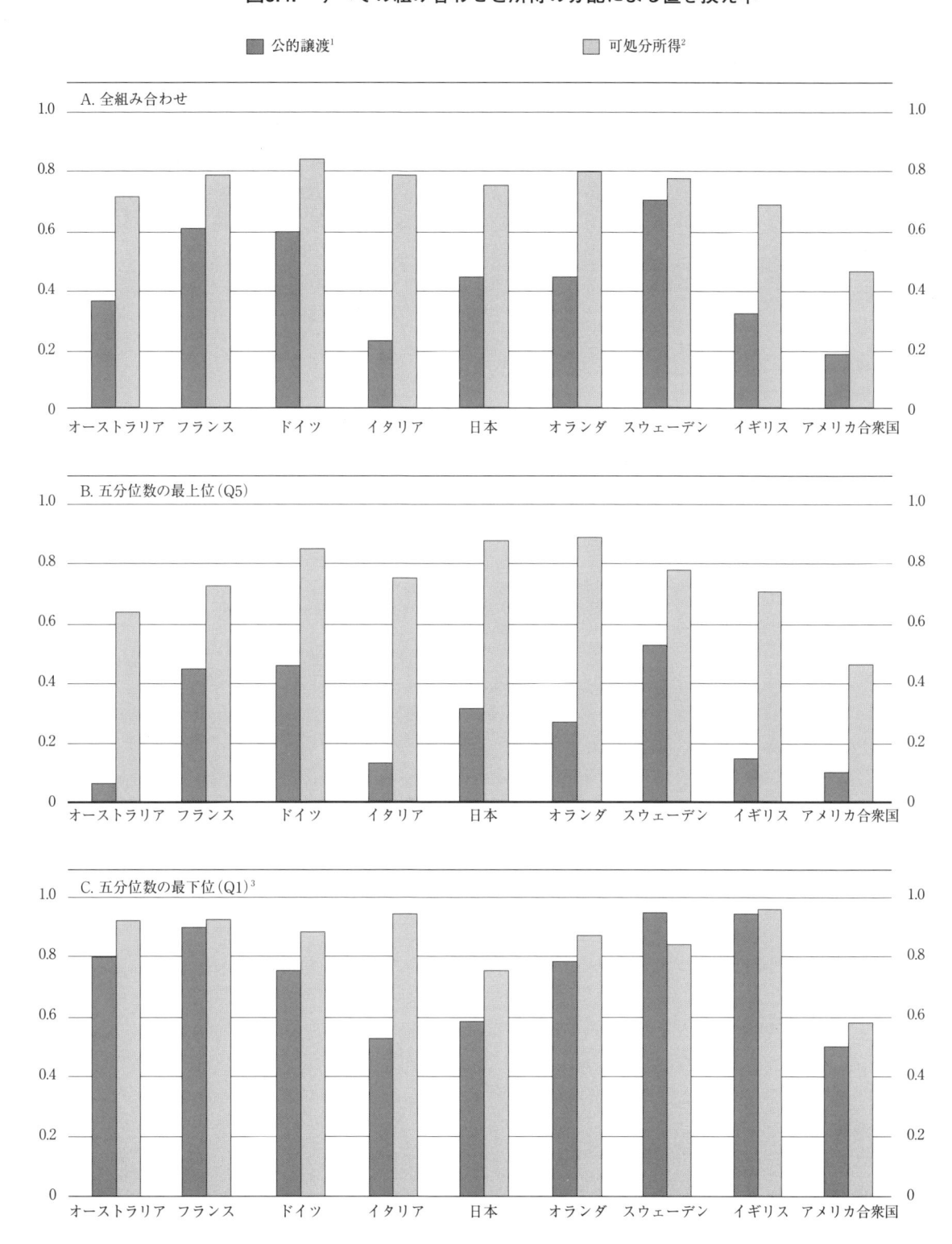

■ 公的譲渡[1]　　　□ 可処分所得[2]

A. 全組み合わせ

B. 五分位数の最上位（Q5）

C. 五分位数の最下位（Q1）[3]

1. 67歳を筆頭者とする世帯の公的譲渡は，55歳の世帯の所得と相関する。
2. 67歳を筆頭者とする世帯の所得は，55歳の世帯の所得と相関する。
3. オーストラリアでは，五分位数の最下位はQ2に該当する。

資料：　OECD（1998*i*）．

これまでの議論で示した。OECD数ヵ国を特徴づけている福祉施策（welfare provision）の普遍的なモデルは，福祉施策のために中程度の所得を得ているクラスからの政治的支持を維持する一方で，再分配の効果を低いものとした。公的所得移転は，ニーズの有無に関わりなく，高齢者に有利な傾向がある。公的年金事業は，高齢者の相対的な地位を改善し，退職者が貧困になる可能性は20〜30年前より低くなるよう保証している。しかし，市場所得の分配に関する動向は，労働年齢の人々の中の他のグループ，特に筆頭者が若い世帯や単親世帯のグループの相対的地位を悪化させている。

このことは，異なる住民グループ間で低所得や貧困が発生する事態に変化をもたらすような社会施策を採用する必要性をさし示している。高齢者の貧困は減少しているが，いくつかの国では重大な状態のままである。全般的な公的年金給付の削減は，いつも必要とされているわけではない。しかし，より裕福な退職者の世帯から，貧困から脱出するニーズのあるグループ（たとえば子どものいる家族）に，諸資源（投下）の方向を変えるという問題が存在している。

注

1. 諸外国の間で一致を見ているものではないが，表3.1に示すようにジニ係数の実質的価値が定義に適合するように集められた国際的なデータに基づいたものとまったく同様なので，所得と住民への補償高の内容に関する定義は，不公平さのレベルについて国相互の比較を信頼性の低いものにしている。たとえば表3.1に示すように，二つのポイントで不公平さの指標を比較することは経済の周期的な状態の違いによって影響を受けるかもしれないが，これらの結果は一般に国際的な研究によって示された結果と広く一致している。方法論や結果についてより詳細な記述が1998年にビュルニオ他（Burniaux et al., 1998）他によって提示されている。
2. さまざまな指示に反対の動きが，分配に関するさまざまな段階の変化に対し，それぞれの指標の感受性の違いを引き合いに出す。
3. いくつかの国について，不公平に関する変遷が図3.2に示され，これらは表3.1に示されたものより長い期間にわたっている（しばしば1970年代半ばから始まった）。
4. 社会において，グループの相対的所得水準の評価は，最終的には，世帯の経済の拡大と規模の認識によって形成される。このように，経済の尺度を持たない仮説は（換言すると融通性1に等しい弾力的尺度），相対的に高齢者の所得水準を高くする結果を生み，それはしばしば平均的な年齢の人たちより高かった。
5. 簡単にいうと，この節は，さまざまな世帯のタイプにまたがる所得の分配における違いを議論したにすぎない。多くの国で，たとえば人種のような住民の他の面での調査が，かなりな，そして持続的に不公平さを示している。
6. この集団における生涯獲得所得が低いと予測してもよいかどうか，OECD（1998a）で議論された。
7. この変化による真の効果は，平均的な世帯のサイズを急速に小さくすることだった。これは特に30％程度に下降したオランダで大きかった。もし経済の指標がある（そして，この章の中で引用されたすべての対策は，これが実状であるとする）なら，その時，世帯のサイズの縮小は1人あたりの資源の減少をもたらすであろう。もし，世帯のサイズと相対的所得の間に相関関係があるなら，これは所得の分配に影響を与えるだろう。
8. この文脈中の「収入」という用語は，「世帯の職業に対して支払われる所得であり，経済の規模を調整しているもの」を記述するために用いられている。そのようにデータは雇用に関連する効果，労働時間や1時間あたりの報酬に反映している。

9. 所得とは，アメリカ合衆国では総所得（つまり課税前の所得）を指すが，一般には，1年ごとの可処分所得，税金と定義されている。定義と限界について，OECD（1998*h*）で広範囲にわたって議論された。
10. その評価には時系列的に個人を追跡したデータを使わなかった。その代わりに，個人を異なる集団と比較した。55歳の集団は，67歳の集団が55歳であった時より豊かなので，ここに示された代替率は下方に傾いている。
11. 例外はアメリカ合衆国であり，この国では所得が課税前を基準に計算されており，他の国と比べて代替率が**低く**誘導されている。
12. オーストラリアの場合，現実には，五分位数の最下位の評価は五分位数の第2位の家族と関連している。五分位数の第1位の家族にとって「測定された」所得は，実際には不均衡なほど低く，このグループに属する自営業者たちによって申告された大きな損失を反映している。

第2部
社会政策の再定義

第4章　新しい人生コースへの政策的挑戦

1　序および主要動向

　この章は，社会政策がどのように人的資源に貢献し得るかについて考察する。人的資源を開発することは，教育や労働省庁の領域のことだけではない。社会政策関連諸省はいくつかの政策的干渉に関して直接責任があるが（たとえば幼児に関するもの），他に対しては付加的に責任を持つ（労働市場に参入するような若い世代）。さらに，社会政策は，ケアや労働が結合されるその程度に影響を与え，さらには労働の供給全体にも影響を与える。ここでは，社会政策を人生全般にわたる一連の介入政策と位置づけている。そして，それは高齢化に関するOECDの研究から生まれたアプローチである。その主な結論は二つある。一つは，政策介入は，最も効果のある点にターゲットを絞るべきであり，そしてそのことにより社会労働市場の不均衡を正すことになる。もう一つは，学習，労働，ケア，余暇に使う時間のバランスをとることである。社会政策の優先度は，以下のようなアプローチによって示される。

- 教育は，人生の初期に集中すべきではなく，教育活動は継続されなくてはならない。
- 幼年期のある種の介入（とりわけ早期の教育プログラム）は，その後の学校生活や成人になってからの生活において不利をもたらす条件を確実に減少させる。
- 学校生活から職業生活に移行することに関連する若年者用の政策が欠けている国もある。労働市場における確固とした足がかりを確保し損ねたために生じる「心の傷」は，何年も若い人々を苦しめる。
- 退職する年齢に達するまでは，人生のある時期に余暇を楽しんだり，生涯教育に従事したり，ケア活動に責任を持つことを人々は望むであろう。社会政策は，人生設計のパターンにおけるこのような自由さを妨げてはならない。とりわけ，労働市場とケア諸活動のバランスをとる親の立場の助力をする政策が必要である。

2　人生コースへのアプローチ

　1960年に，典型的なOECDの諸国[1]において，男性は，人生67年で，そのうち46年は仕事に従事し，残る21年のほとんどは主に幼少期と学校教育期であり，働いていない期間および退職後の期間はわずかであった。今日，男性は，人生74年で，雇用期間は人生の半分（37年）になった。残る37年は以前より長い教育期間と非雇用，そして特に退職後の期間から成る。同様に大きな変化が女性の人生にも起こっている。平均余命が7年増え，雇用期間も同じだけ増えた。外で仕事をして収入を得る雇用期間は，半分になった（24年から12年）。（さらに）退職後の期間が急激に増加した。

第4章 新しい人生コースへの政策的挑戦

社会政策は，これらの長くなった退職後の期間をサポートする。仕事と育児を両方行うかどうかの選択を考慮している国もある。重要な政策課題は，社会政策が異なる年齢グループをバランスよくサポートしているかどうかということにある。加齢についてのOECDの報告の結論は，人生全体にわたる活動のバランスを再形成する必要があることを示している。

3　生涯学習

1996年1月に行われた会合において，OECD諸国の教育担当閣僚は，日々の変化を予測し，これに応答し，経済効果を促進し，さらに社会的な結合度を強化する手段となるすべての人のための生涯学習が目標となることを確認した。この目標を達成するための戦略を議論する中で，教育担当閣僚らは，義務教育（formal education）システムを再構成すべきであるという課題を確認した。彼らは「教育に関する政策が首尾一貫していて経済的に効果があることを確かめるために，社会労働市場，経済および通信諸政策の中で，関係者が協同性を深めること」の必要性を強調した（OECD, 1996f）。加盟各国の労働担当閣僚らはまた1997年の会合で，生涯教育について議論し，このような協同の必要性を支持した（「OECD追記」の報道発表参照）。

生涯学習には，二つの主な理由から社会政策担当閣僚らの関与がなされる。第一は，適切な教育機会が与えられないために労働市場が機能不全を生じ，社会保障給付への依存をもたらすがゆえに。第二には，社会政策は，しばしば生じる問題状況を乗り越えていくためにも，生涯にわたって絶えず能力を獲得していくようなサポートを必要とするがゆえに。

低いレベルの資格しか保持していない成人に対しては，とりわけ社会政策担当者の責任が重い。彼らは，失業や低収入に直面するリスクが高く，そして貧困や社会的排除に直面しがちである。義務教育後の生涯学習に関する近年の投資のあり方次第では，ブルーカラーとホワイトカラーの間の資格能力と経済的成果に関するギャップの拡大が生じている。公的な計画は，この片寄りを相殺するために有効に作用していない。すなわち労働市場のトレーニング・プログラムに参加している人々の数は，低いレベルの教育しか受けていない成人の数より極端に少なく，記録には重複が見られる（OECD, 1997f参照）。

低い技術水準は非雇用と関連し，給付のシステムを必要とすることを当然のこととすると，社会政策には技術的再訓練のため雇用されていない期間をサポートするような，一層柔軟性が求められる。たとえば，適切な教育やトレーニング・コースに参加することは短期的に見れば就職活動を妨げるかもしれないが，長期的には就職活動を促進する。このような事業活動に対する給付を否定することは逆効果であろう。

最近のOECDにおける会合で加盟諸国の労働担当閣僚は，次のような結論を提示している。数ある中で特に，「生涯学習に投資するため，生涯教育の準備をより経済的に効果のあるものとし，その財政運営を単純化すべく，（中略）労働市場状況とは関係なく，生涯教育を受けるニーズを有する個人の早期確認メカニズムを改善するために，個人や雇用者の動機をどのように高めるかを緊急に調査する必要がある。これは，長期の失業や社会的排除（social exclusion）に陥る危険のある個人を確認するために，通常労働市場のプログラムで用いられているものとは異なる基準を開発し，適用することをも含む。」（「OECD追記」の報道発表参照）。これらの中間的な目的を達成するために社会政策が重要な役割を演じる二つの分野としては，i）低年齢児童と家族に対する政策，および，ii）学校生活から労働への移行期

に対する政策がある。

4 幼少期における介入の重要性

　経済的な不利，教育の貧しさ，貧しい地域における居住，若年の母親，単親，母親の低い教育水準や失業は，すべて社会的に，認識上の，あるいは感情に関する，また身体上の福祉の因子であることが確認されている（Brooks-Gunn, 1994）。[2] 子どもの福祉状況は，貧困の中で育てられることによって急激に悪くなる。幼少期の介入によって結果を改善する何らかの方法は，子どもを貧困から守ることである。そして，このことは充分に収入を支援することが欠乏を防ぐことになり得るし，また両親の雇用の機会が増えるという基準の向上が追求されるべきである。両方の選択とも財政出動を伴うものである。この文脈にそって見ていくと，しばしば地方自治体によってなされるネットワークや社会サービスによって低いコストで充分な効果を上げる早期の介入の利点が明白になる。

　政策のねらいは，幼少期の介入によって個人の可能性を高めることにあり，（完全ではないが）三つのカテゴリーに分けられる。それは，i）家庭訪問プログラム，ii）幼少期からの教育，iii）両親に対する職業・教育トレーニングのプログラム，である。

　家庭訪問プログラムは，両親の技術を向上させることに焦点をあてている。それは一般的に健康ケアのアドバイスと一般的な社会サービス・サポートである。訪問は出産前から行われる（低い出生時の体重は，認識能力の減少とかなりの相関関係がある）。このような方法の採用は，比較的ヨーロッパに多く，その他のOECDの地域では少ない。訪問は一般的に月に1～4回の間で行われる。

　幼少期からの教育プログラム（中心の基礎教育プログラムと呼ばれることもある）は，子どもたちに発達（認識，言語，社会など）を刺激する経験を提供するものである。多くのプログラムはまた，プログラムからの肯定的な効果は積極的な家族の協力がないと維持できないという考え方に基づき，両親（あるいはより多くは母親）をも対象にしている。

　両親への職業・教育プログラムは，子どもの周りの経済的・社会的環境を向上させることを目標にしている。多くの国がさまざまな見通しをもってこのような方法を開発し，子どもの人生の結果を変化させるような政策目的を設定している。しかし，いくつかの国々はこれを直接的に受け入れ，他のアプローチの利点と統合している。

　そのような介入の評価は，北米のプログラムに焦点を合わせたものであり，混合的な結果を示している。アメリカ合衆国でAFDC＊プログラムに参加していた母親が福祉サービスから離脱したり，また安定した結婚をしたり，あるいは教育レベルが向上した場合は，結果として，子どもの落第や行動の問題が減少する。急な家族の拡大は，逆効果になることもあるが，しかし，さまざまなプログラムは，これらの結果を常に生じさせるとは限らなかった。たとえば，家庭訪問プログラムを受けていた家族は利用できるサービスを受けようとする［たとえば，アメリカ合衆国ではメディケイド（Medicaid）＊＊とAFDC］が，これらが子どもにとってより良い結果になるという明確な根拠はない（Brooks-Gunn, 1994）。母親の労働市場における地位の向上に焦点をあてたプログラムは，肯定的な結果を示したが，それは有効で質の高い子どものケアができるかどうかによる。

　　＊　Aid to Families with Dependent Childrenの略。米国における被扶養児童家庭扶助制度。
　＊＊　米国における低所得・被保護者向けの医療扶助制度。

一方，早期の教育プログラムは，ほとんどすべての評価で肯定的な結果を示し，学歴が最も低い母親の子どもたちに対して効果が大きいようである。最も包括的な評価（Lazar et al., 1982）によると，プログラムに参加することで子どもが「中程度の遅れ」のカテゴリーになる率が約2分の1に低下した。これらの肯定的な結果は，学童期まで，さらには中学まで持続した。しかし，評価の対象となった多くのプログラムは，規模が小さく，質の高い専門職によるものであった。1960年代に始められた「ヘッドスタート・プログラム（Head Start programme）」のような，より大きな規模のものによると，短期的な効果は明らかであるが，数年にわたる持続性は見られなかった。

概して，幼少期の介入には，肯定的な効果を期待できる。しかし，これらの肯定的な効果は，充実した教育内容の設定と，社会，教育，健康に従事するワーカーの協同による，質の高い（そして費用もかかるが）プログラムによりもたらされるものである。最も大きな効果は最も不利な立場におかれた家族において見出すことができ，対象としたプログラムは，不利な状況が世代を超えて広がるのを防ぐ効果があるといえよう。

5 若者の労働市場への参入

介入により明らかな相違が生じる人生プロセスの第二の部分は，学校教育から労働への移行の時期であろう。OECD諸国内で，1980年代以降，若い世代の雇用や収入についての位置に一般的な悪化が生じてきている（OECD, 1996a）。適切な職業経験を持つことができなかったことは，恒常的な不安感をもたらしている。順調に職を得ることができず，失業状態ないし非雇用へ転落した人々は，それ以降好ましい展望のある職業への道をたどることが難しいことに気づくかもしれない。

1990年から10年間にわたり見ていくと，若い世代が教育に費やす時間が明らかに長くなってきている（OECD, 1997c）。このように教育期間が長くなったことの理由の一つは，多くの国で若い世代のための常勤の雇用が急速に減少したことのためであるが，それには，教育を経済的にもライフスタイルとしても比較的魅力的な選択肢にする経済的支援システムも関連している。若い世代の失業率が高いことは，若い世代が教育期を修了した後でさえ，雇用されにくく，労働市場からドロップアウトする者もいることを示している。図4.1と4.2は，10代あるいは若い世代の成人で教育を受けておらず，また労働にも従事していない人の割合の国際的な変動を示している。スイスでは非常に低率であるが，イタリアでは約20%にまでのぼる。当然ながら，年齢の高いグループの方が割合は高くなる。

ほとんどの若い世代において雇用されるまでの期間が長くなってきており，両親のサポートが法的にも社会的にも当然であるという時期と，若い世代が自立できるようになる時期の間の空白期間が存在している。この期間に若い世代をサポートするシステム（ないし異なる社会的なリスクやグループのために企画されたシステム，とりわけ社会的援助給付）が，重要な社会政策上の問題になる。それに関して三つの傾向が明らかになった。

- 給付要件が家族を養う責任を持つ人に制限されるようになってきた。
- 失業している若い世代への給付は，学業を続けながら利用することができる収入支援になってきている。
- 給付を受けるのは，教育を受ける，仕事をするまたはトレーニング・プログラムを受けるという条件付きである。

図4.1. 15～19歳で学業や労働に従事していない者の割合
年齢集団全体のパーセンテージ

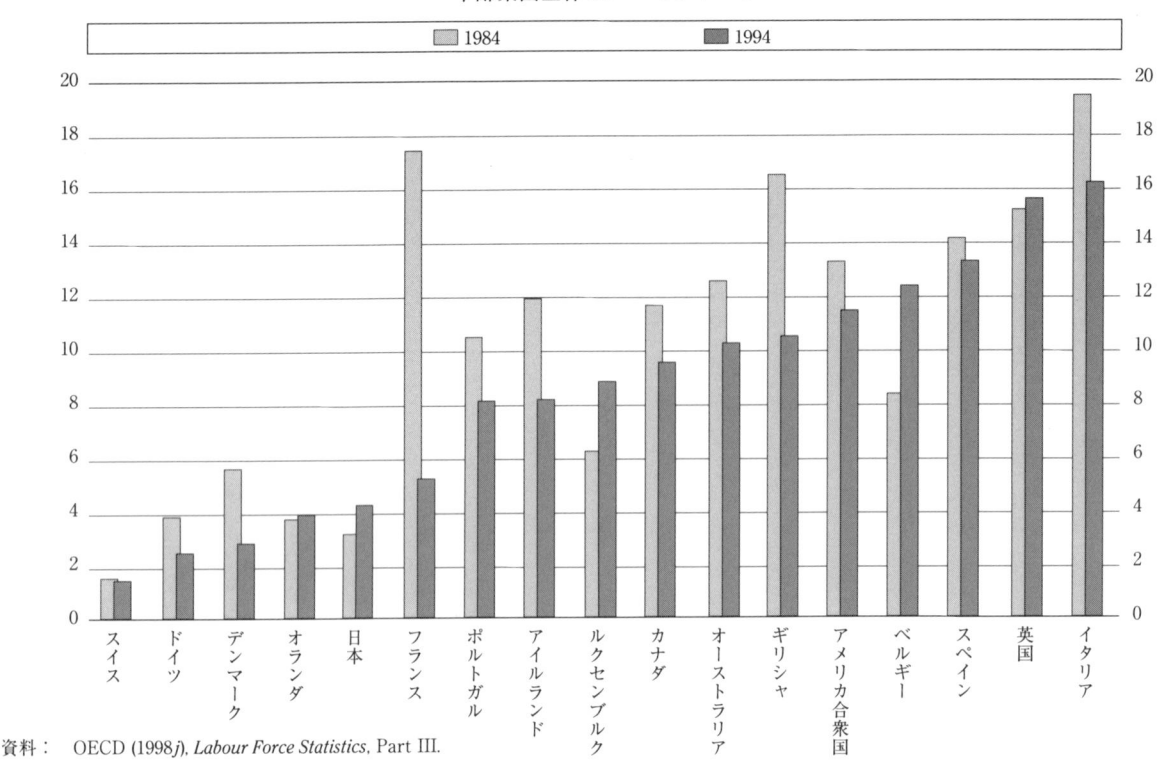

□ 1984　■ 1994

スイス、ドイツ、デンマーク、オランダ、日本、フランス、ポルトガル、アイルランド、ルクセンブルク、カナダ、オーストラリア、ギリシャ、アメリカ合衆国、ベルギー、スペイン、英国、イタリア

資料： OECD (1998j), *Labour Force Statistics*, Part III.

図4.2. 20～24歳で学業や労働に従事していない者の割合
年齢集団全体のパーセンテージ

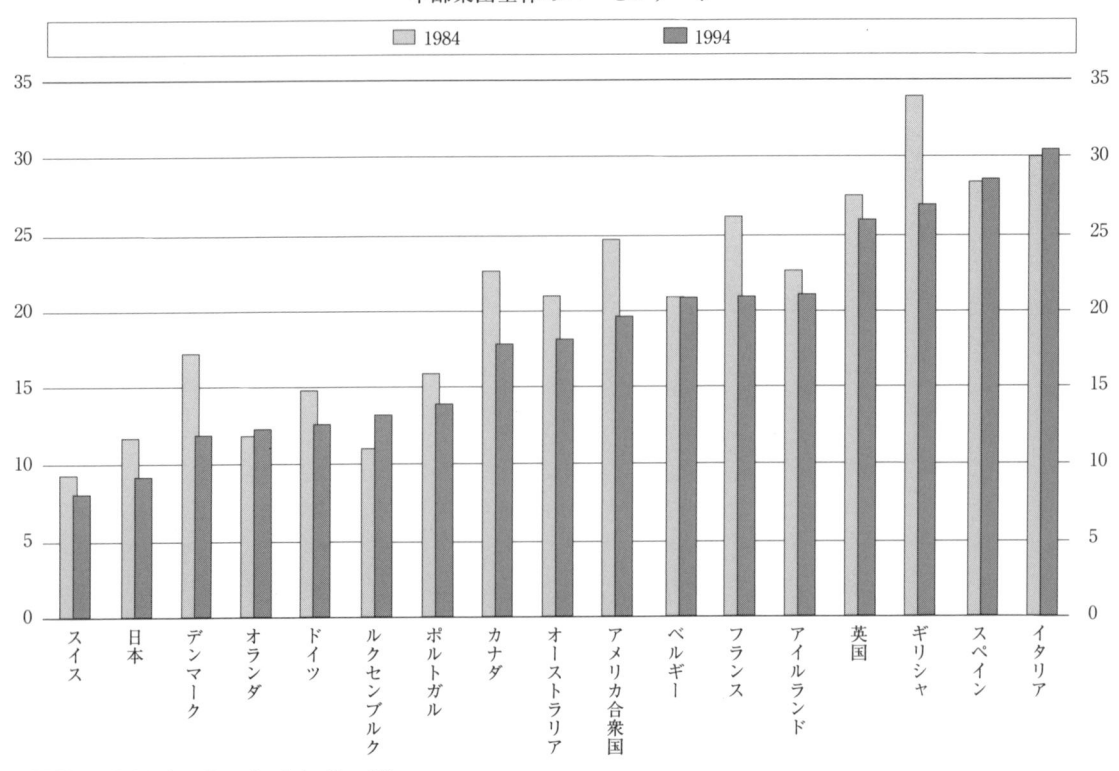

□ 1984　■ 1994

スイス、日本、デンマーク、オランダ、ドイツ、ルクセンブルク、ポルトガル、カナダ、オーストラリア、アメリカ合衆国、ベルギー、フランス、アイルランド、英国、ギリシャ、スペイン、イタリア

資料： OECD (1998j), *Labour Force Statistics*, Part III.

第4章　新しい人生コースへの政策的挑戦

　この三つのうち最初の二つは，教育をあきらめる若い世代へ給付を提供するシステムとして提唱され，短期間の奨励金への移行を目的としている。完全な社会的支援としての給付を受ける条件として，給付を25歳までに制限することが今は一般的である（たとえばフランス，英国）。給付率を減少させることは，奨励金の基金にとって好ましいことである。若い世代の賃金は，成人の賃金より一般に低く，それゆえ給付率も低くなる（たとえばオランダ）。

　第三の傾向は，さまざまな責任機関での若い世代のための政策を実行し，調整する際の問題に関連する。仕事を見つけることができなかった若い世代のための教育，トレーニング，雇用の保障制度のある国が増えてきている。給付を受けるには，しかるべきプログラムに参加することという条件を付けることが一般的である（たとえばデンマーク，ノルウェー，英国）。これは，このようなプログラムを提供する各機関の間に緊張を与える。給付を否定する社会的な傾向やシステムの完全性を保とうとする雇用サービスに関心を持つ給付機関もある。

6　報酬労働と無報酬労働の調和

　女性が労働市場に参加する程度は，文化の様式，社会・経済行動，利用できる育児サービスなど複雑な要素の結果である。この観点から国を四つのカテゴリーに分類できる。

- 子どもを持つことが母親の活動の度合いに影響することがない国々。なぜなら女性は労働市場の場にいることが期待されており，高度な育児サービスが提供されている。このようなケースは，スカンジナビア諸国に見られる。
- 子どもを持つことが，女性の雇用に最小限の影響を与える国。これはフランスなどで見られ，母親の雇用率は第3子までは著しく下がることがない。ここ数年イタリアでも同様であるが，雇用率も出生率も低い。
- 家族生活と職業を両立させることが難しく，結果的に非常勤労働になる国々。このケースは，ドイツ，英国で見られる。
- 第1子が生まれると女性の活動率が低下する国々は，アイルランドやオランダである。

　単親の母親の活動率（表4.1）は，結婚している母親の活動率よりも社会政策の対応力次第である。その率はオーストラリア，ドイツ，オランダ，英国のような国でより低いが，そこでは収入支援政策により，母親は家庭にいて子どもの世話をし，それゆえ必要な時には経済的支援を受けることが合理的であるとされている。これらの国では，給付への長期的依存の拡大が懸念される。オランダやアメリカ合衆国に見られるように，単親の母親が収入のサポートを得られる期間が短くなってきた。単親の母親が労働市場に参入するのを助ける教育やトレーニング・プログラムがオーストラリアやドイツ（最近では英国でも）で紹介されるようになった。行政中心の育児には予算の制約があるため拡大に限度があり，家庭での育児に移行するように勧められている（Millar and Warman, 1996）。デンマークでは，家庭でのケアの補助が導入されていて，家庭で育児をするために仕事をあきらめなくてはいけない両親に育児休暇制度の利用を勧めている。フィンランドでも同様のサービスが提供されている。

　母親が職業に従事するか，育児をするかという選択が必要となる時，二つの社会政策が大きく影響してくる。育児サービス利用の可能性と経済性，および育児休暇をとり労働からの一時的離脱をスムーズにする施策がこれである。

　第2章で示したように，家族サービス（育児も含めて）への支出は，例外的な北欧の国々を除いてはほとんどのOECDの国々において一般的に少ない。しかし，子どものケアにはさ

表4.1. 常勤および非常勤の既婚および単親の母親

(%)

		既婚／同居の母親				単親の母親			
		常勤	非常勤	総雇用率	常勤雇用の割合	常勤	非常勤	総雇用率	常勤雇用の割合
オーストラリア	1994	24	32	56	43	23	20	43	53
オーストリア	1993	28	18	46[1]	61	43	15	58[1]	74
ベルギー	1992	36	22	61	59	52	16	68	76
デンマーク	—	64	20	84	76	59	10	69	86
フィンランド	1993	62	8	70	89	61	4	65	94
フランス	1992	49	20	68	72	67	15	82	82
ドイツ[2]	1992	21	20	41	51	28	12	40	70
アイルランド	1993	—	—	32	—	—	—	23	—
イタリア	1993	29	12	41	71	58	11	69	84
日本	1993	17[3]	20[3]	54[3]	31[3]	53[4]	34[5]	87[6]	61
韓国[7]	1995	—	—	39	—	—	—	49	—
ルクセンブルク	1992	32	13	45	71	61	13	73	82
オランダ	1994	13	39	52	25	16	24	40	40
ニュージーランド	1991	31	27	58	53	17	10	27	63
ノルウェー	1991	40	37	77	52	44	17	61	72
ポルトガル[8]	1991	48	7	55	87	43	7	50	86
スウェーデン	1994	42	38	80	53	41	29	70	59
英国	1990-92	21	41	62	34	17	24	41	41
アメリカ合衆国	1992	45	19	64	70	47	13	60	78

注：週に30時間以下のパートタイム。
1. 13%の結婚している/同居している母親と、20%の育児休暇をとっている単親の母親を除く。
2. 36＋時間
3. 従属する子どもがいるいないに関わらず結婚している/同居している母親のため。
4. 自営業を含む。
5. 家族のための労働を含む。
6. 常勤あるいは非常勤で働く自営業を含む。
7. 韓国統計局からの資料。
8. 単親の母親の定義をして単親で、離婚をしていて、別居をしていて単親で、（ポルトガルの単親の母親という定義で未亡人の母親についてに限ると（ポルトガルは雇用についてない単親の母親は相当数いる。

資料：Bradshaw (1996).

まざまなサポートがなされているので，合計額を把握することは難しい。フランスでは，税金の支出額が重要で（OECD, 1996j 参照），オーストラリアでは子どものケアサービスのために現金が支給されている。英国では，ほとんどの労働手当に「自由に使える領域」が設定されており，子どものケアの純費用を減らすためにも使用できる。

　子どものケアへのアクセスは，国によってさまざまである。アメリカ合衆国やカナダでは，2歳以下の子どものケアのそれぞれ5％，1％，3歳から4歳の子どものケアの2％，35％が公共予算でまかなわれる。オーストラリアでは，2歳以下が2％，3歳から4歳が26％である(Kamerman and Kahn, 1991, 1994a, 1994b; Gornick et. al, 1996; OECD, 1998g も参照）。

　出産休暇および育児休暇に関する政策において，賃金に対する保障の基準や程度は国によってさまざまである。EU諸国の研究で，オランダ，ポルトガル，英国は，法律で定めた産前産後の休暇が最も短く，イタリアが最も長い（CEC, 1989）。EUにおける妊娠に関する労働方針に従って権利が拡大した国もある。しかし，多くの働く母親は，インフォーマル部門や自営業に従事しているために，権利の行使ができないでいる。オーストラリアとカナダには強制的な有給休暇があるが，オーストラリアでは働く女性の10％しかカバーしていない。アメリカ合衆国では，それは強制的ではないが働く女性の25％をカバーしている（Gornick et al., 1996）。

　アイルランドと英国では，出産関連以外については働く人々の家族の責任や両親の義務が規定されていない（Pillinger, 1993）。ただし，アイルランドでは育児休暇の導入意志を表明している。カナダとアメリカ合衆国では，労働契約上はそれらを提供しているといえようが，育児休暇をとる権利がない。オーストラリアでは，公的に規定された出産給付をカバーしてはいるが，拡大された父親の休暇も利用できる。

注

1. この章の図は，15ヵ国の平均をもとにしている。
2. これらの因子は，相互に密接に関連している。米国統計協会は，貧困レベルあるいはそれ以下で生活している子どもは21％であると推計している。6歳以下の子どもでは，23％に達している。6歳未満の子どもの，アフリカ系アメリカ人では半分，ヒスパニック系アメリカ人では40％が，また単親の母親の子どもの60％が貧困レベルで生活していた。

第5章　雇用指向の社会政策実現への課題

1　序および主要動向

　前章で述べたような技能獲得と，予防的介入に一層の重点をおくことは，最終的に雇用が可能な人口を増大させるが，こうした方途は長期を要する対応策といえる。労働市場における未熟練労働者の将来の見通しは明るいものではない。彼らはむしろ，職探しや低賃金といった短期的な問題を軽減するための政策を必要としている。この章では，失業者への援助と，労働者への支援との間のバランスについて考察する。結論は以下の通りである。

- 主要な失業給付の利用しやすさ，継続期間，あるいは水準は，一般的に制限される傾向にある。しかし，失業者に対して，妥当な世帯収入の確保という要望を満たすことは，ほとんど給付の受給要件の大幅な削減をしないことを意味している。
- 失業者だけにというよりむしろ，低賃金労働者に公的資金を投下することによって，雇用を目的として公平さを保つことに関心が集中している。
- 紹介された国のいくつかでは，雇用を条件とした税金控除や給付が，雇用を刺激するのに有効であることを証明している。
- 労働市場の刺激を増大させるいくつかの政策は，それが社会的であろうと財政的なものであろうと，費用がかさむために，対人援助を通して，同時に給付の受給から抜けられるようにしようという強い要請が，価値ある状況に適合する政策上の改革を可能にしてきた。

　給付に依存し，労働市場，さらには社会的排除の対象となっている階層の福祉について，懸念材料が増大してきている。労働市場における人的資源の利用と労働市場への刺激を増大させることに向けられる一般的な対策は，必要不可欠であるが，そのような状況にある人々が直面している問題に対応するのに十分な政策とはいえない。こうした排除を予防する政策は，さまざまな政府機関にまたがって実施されている。社会政策担当省はこの問題に取り組むにあたり，最も密接に携わっている政策機関に対して責任を持っている。8ヵ国における社会的援助システムについてのOECD報告の結果をもとに，本章の第2節では以下のような結論を出している。すなわち，

- 効果的な社会的援助システムとして3本の柱がある。それは，現金給付，社会サービス，そして労働市場サービスである。もしこれらの柱の一つでも適切な援助を提供し得ないとしたら，同様にその他の援助もおそらく効果的に機能しないであろう。
- 現金給付の水準を上げるか，または下げるかについての一般的傾向というものはない。しかしながら，給付は若年層や，非常に短期間のうちに単親世帯を，労働市場活動における被扶養者としてしまう。

第5章　雇用指向の社会政策実現への課題

- 社会的援助は，より伝統的なサービスを提供すると同時に，世帯債務のような，新しい社会問題に取り組まなければならない。
- 給付受給者が再度労働市場に戻ることについての認識は，時として不十分である。もし，公的雇用サービスが，社会的援助の利用者に適切な救済を提供することが不可能であるならば，革新的な制度が必要である。
- （特に政府の各種レベルにおける）社会的援助に関する異なる制度間の財政関係が不適当であると，制度上の刺激に歪みをもたらし，有効な政策手段の妨げとなってしまう。

2　労働報酬の創出

　前章では，人々がケアのような他の社会目的を損なうことなく働けるような労働政策について概説してきた。また生涯学習を振興する政策が，労働力の基礎技術を進歩させることを示してきた。しかしこれらは長期的な方策であり，現実の求職者，および給付の受給者は，はるかに短期的な支援を必要としている。

①　労働意欲増進を目的とした政策

　大部分の人々にとって，財政的な誘因と労働報酬との関係は明確であるが，単親世帯であったり，両親の片方が失業状態にあったり，給付に代わる唯一の現実的な選択がパートタイムの雇用であるといった，潜在的に低い所得しか得られない人々にとっては，その関係性は弱いといえる。税制を改革し，システムを転換させることは，たとえば返済レートの引き下げ，給付の最大受給期間の短縮，適性規則の変更といった，給付システムの主要な指針を修正するか，あるいは雇用条件付給付，または法的最低賃金といったものを通して労働による収入を増大させるか，またはその両方を引き出すこととなる。いずれの場合でも，政府は労働刺激の強化と適正な所得提供との間にある困難な調整に直面することになる。

失業のわな

　そのような調整に伴い，**失業のわな**の問題が明らかとなる。これは，失業に備えたり，福祉給付による収入が労働による所得に近づいた時，あるいはそれを上回った時に起こる。OECDによっても，「もし労働に見合う報酬が得られないならば，人々は働く気持ちを失うであろう」といわれている（1997d）。

　政策上の調整は，主として給付の適正評価と規則，そして仕事に対するやる気という必要条件を引き締めることに集約される（表5.1）。給付の水準と受給期間の減少は，いくつかの例外を除いて，範囲をせばめており，それは，労働刺激の増進という目的によるよりも，財政上の重要性によるところが大きくなってきている。OECDによって示されているように（1997d），返還保険料率は，子どものいる家庭において最も高くなっている。そのようなグループのために，労働刺激を増進させるよう給付の資格要件を制限するということに，国は明らかに非常に消極的である。

貧困のわな

　経済成長を阻む要因となるものはまた，社会的援助や他の資産調査プログラムから生じることもある。これらの調査は，個人または家族の資産について行われ，収入の上昇に応じて

表5.1. 1990年代の失業給付システムにおける変化[1]

	初期の総返還率の変化[2] (UI)[3]	最長受給継続期間の変化 (UI)[3]	より厳格な労働適合条件	より厳格な均衡条件	改革に関する付加情報
オーストラリア	=	=	X	X	1995年7月の政権は、給付の改革を撤回した。1997年の改革で、給付の適格要件は強化され、政府は同時に、制度に従わない人々への罰則を変革した。
オーストリア	43% → 36%	=	=	X	
ベルギー	=	=	X	X	1993年改革：失業期間が「異常に」長期間の場合、2ヵ所からの収入がある世帯構成員についてはUI適格要件を停止した。
カナダ	60% → 55%	50 → 45週	X	X	1996年改革：UI請求の反復期間に伴い、変換率が影響を与え、そして適格要件が厳しくなった。
デンマーク	61% → 55%	2.5 y → 7 y[4]	X	X	1997年現在、最大受給期間は漸次5年間に短縮されている。
フィンランド	54% → 61%	=	X	X	1996年改革：雇用条件のひとつを厳しくし、再資格の選択のひとつが新たな給付の基礎となる。
フランス	57% → 53%	=	=	X	
ドイツ	40% → 38%	=	X	=	
ギリシャ	=	=	=	=	給付は、非常時の手段として、最近では低いレベル（1日あたり2710Dr）に固定されており、30歳以下の人々に対する最大受給期間は短縮されている。
アイルランド	41% → 32%	=	=	=	給付に関連した収益計画化に終息し、（手当の計画化に裏づけされて）長期失業者が仕事に戻るような誘因を増進させ、パートタイムの仕事も合むようになっている。
イタリア	15% → 33%	=	X	=	
オランダ	=	2 y → 1.5 y	X	X	1995年、UIに対する資格条件が、若年労働者に対して強化された。
ニュージーランド	39% → 35%	=	X	X	1991年改革：給付率は減少するが切り下げのポイントは増加した。1996年改革：労働有効性テストは、14歳未満の子どもがいない場合、失業給付を受給している単親者および夫婦に対して強化された。1997年改革：UIについての改革は、パートタイムの労働を取り入れることによって、対象とする給付についての改革は、パートタイムの労働を取り入れることによって、刺激を増加させている。
ノルウェー	=	1.5 y → 3 y[4]	=	X	
スペイン	80% → 70%	=	X	X	1993年に、雇用条件が6ヵ月から12ヵ月と倍になった。1994年改革：失業給付に課税されるようになった。1995年改革：ある一定範囲内で、農業労働者に対してUI適格要件が緩和された。
スウェーデン	90% → 75%	=	X	X	1993年改革：失業者は、UIについての再資格を得るために、研修を受ける立場としての権利を有するようになった。

第5章　雇用指向の社会政策実現への課題

表5.1. 1990年代の失業給付システムにおける変化[1]（前頁より続く）

	初期の総返還率の変化[2] (UI)[3]	最長受給継続期間の変化 (UI)[3]	より厳格な労働適合条件	より厳格な均衡条件	改革に関する付加情報
スイス	80% → 70%	250 d → 400 d	=	X	1996年、1997年の改革で、適格要件が強化された。
英国	24% → 22%	12 m → 6 m	X	X	給付は物価にそって増加する。このことは平均の収益に比例して減少することを合意している。
アメリカ合衆国		=	=	=	他の援助給付への変更には、労働経験の義務条件が含まれるようになった。

1. UIは失業保険給付、RRは返還率を指している。「=」は変革が行われなかったこと、「×」は変革が行われたことの統計を示している。
2. 数値は、扶養配偶者のいる国の失業者の、失職した最初の月の返還率を示している。
3. 失業保険給付のない国については、数値は、保証所得計画を示している。mは月をyは年をdは日を指す。
4. 活発な労働市場プログラムの参与を通して、法定期間の延長には、失業保険給付の再資格の取得の可能性を制限することが付随されている。したがって期間の有効な制限は、ほとんど影響していない。

資料：OECD database on taxes and benefits; various issues of *OECD Economic Surveys*; and OECD (1998g).

給付は減らされる。税金と社会保障拠出の支払に結びついているこれらの給付の急激な減少は，非常に高い限界有効税率（Marginal Effective Tax Rates, METRs）*に通じることになり，これは給付受給者の働こうという意志に否定的な影響を与えることになりかねない（**貧困というわな**）。高いMETRsは主として単親で，低収入の世帯に集中している（OECD, 1996*a*）。

　高いMETRsは労働刺激にマイナスの影響を与えると国が考える場合には，いくつかの異なる種類の基準設定がなされる。たとえば，受給者の資産が増加した場合に，給付の減少率を低下させる（オーストラリア，ニュージーランド），低収入の場合個人の所得税率を低下させる（デンマーク，ニュージーランド），非課税収入の収益を導入したり，援助給付を減少するのに先だって生計を立てることができる金額をさらに増額する（オーストラリア，カナダ，フランス，アイルランド，オランダ，ニュージーランド，英国），などが含まれる。オーストラリアにおける家族資産に基づく資産調査システムから個人の状況に応じたシステムにしようとする動きは，また給付受給世帯における雇用を奨励しようという目的によって動機づけられてきている。失業している夫婦のうちどちらかがパートタイムの仕事に就くか，低賃金のフルタイムの仕事に就くかした場合，世帯としての収入が増加するからである。

労働による収入の補填

　雇用条件付きの税金控除や給付は，低賃金の職における収入を補うものである。このような給付の主要な特徴は，所得が検証されるということ，また，雇用されている人に対してのみ支払が可能であることである。所得の上昇につれて段階的に廃止されていき，もっぱら低賃金労働者を対象としている。このような給付は，OECD諸国のうちの6ヵ国（カナダ，アイルランド，イタリア，ニュージーランド，英国，およびアメリカ合衆国）で現在利用可能であり，その外観は多様である。これらの政策のほとんどは子どものいる家族に限られている（表5.2）。これらの機構については，交付の仕組み（税または給付システムのどちらを通すか），対象とする給付受給者（たとえば資産調査を通して），管理コスト，（保険料の支払をしている）有資格者と（制度に従わない）非資格者の参加の程度などが異なっている。

　取り引きには必然的に労働収入についての補填の問題が含まれる。つまり，労働者およびその世帯が賃金分配を増加させるためのMETRsを拡大するか，低所得者に対する所得補填を減少させるか，ということである。改革は低賃金労働者にとっての労働刺激を増加させることができるが，一方ではより高い賃金分配を得ている労働者の労働刺激を必然的に減退させることになる。アメリカ合衆国でのいくつかの研究によると，改革によって誘発された前者のグループによる労働業績の増加が，後者のグループの労働の減少に概ね等しいことを示している（OECD, 1996*a*）。労働による正味の効果にもかかわらず，改革を導入するのには，社会的，そして長期的な労働市場における十分な理由が存在している。それは，さもなければ労働市場から締め出されてしまう人々への雇用を助長することと，一般的には低賃金労働者の救済をすることである。

　しかし，雇用条件付きの給付は万能薬ではない。費用の問題と，賃金分配をさらに上げる高いMETRsを徐々に上昇させる必要性のために，給付は，賃金の中央値，つまり比較的賃金の分配が集中しているところに近い賃金の値から引き出されなければならない。したがっ

　＊　課税基準を増やした時に適用される税率（1単位あたり）。

第5章 雇用指向の社会政策実現への課題

表5.2. 雇用条件に応じた税控除および給付システムの主要な特徴[1]

	カナダ	アイルランド	イタリア	ニュージーランド	英国	アメリカ合衆国
	児童税控除（労働所得補助）	家族収入補助	被用者に対する家族給付[2]	単独の家族税控除（導入）	家族控除	所得税控除
費用	21.90万アイルランド=33.90万ドル	2,190万アイルランドポンド	5兆7,630億リラ=37億6,000万ドル	2億1,000万ニュージーランドドル	110億ポンド=17億ドル	267億ドル
受給者数	70万	11,847	—	15万	50万	190万
平均受給額		1,850アイルランドポンド	—	27ニュージーランドドル	2,400ポンド	1,450ドル
責任を持つ部局	税務行政	社会保障行政	社会保障行政	税務行政	社会保障行政	税務行政
最大給付	1年につき1,605カナダドル：第1子 1年につき3,405カナダドル：第2子 1年につき3,330カナダドル：それ以上の子	3	1年につき276万リラ	子ども1人あたり1週間につき15ニュージーランドドル	1週間につき67.8ポンド[4]	その年によって2,152/3,556/323ドル
最低所得	3,750カナダドル	なし	5		なし	—
比率段階	8%	なし	なし		なし	34/40/7.65%
段階的廃止の始まる所得	20,921カナダドル	即応	159億8,400万リラ	20,000ニュージーランドドルと27,000ニュージーランドドルの間の18%、30%以上[6]	1週間につき73ポンド	その年によって11,610/11,610/5,280ドル
取り消し率	総所得の10%	総所得の60%（1998年10月より純所得税額）	総所得の10%		総所得の70%	総所得の16.0/21.1/7.7%
適格要件のための最低労働時間	制限なし	19時間	制限なし[7]		30時間あるいはそれ以上のうちの16時間	制限なし
適格とされる家族類型	子どものいる家族	子どものいる家族[8]	失業扶助受給家族[7]	子どものいる家族実質的に子どものいない家族		第一形態は1人の子どもの家族、第二形態は2人もしくはそれ以上の子どもがいる家族、第三形態は子どもがいない家族

1. 権利を有するための規則については、ニュージーランド（IFTC, 1997年）アイルランドおよびアメリカ合衆国（1996年）を除いて1995年のものを用いている。費用と受給者数については、ニュージーランドのIFTCの数値は1994年計画のものである。アイルランドは1997年、イタリアは1993年、アイルランドおよびアメリカ合衆国は1994年、英国は1990年、現在ニュージーランドで用いられているのは最低世帯収入保障（GMFI）であり、これは雇用条件つき給付つ計画するものである。1998〜1999年に計画が完全に実現されるときの予測値である。現在ニュージーランドで用いられているのは最低世帯収入保障（GMFI）であり、これは雇用条件つき給付つ計画するものである。最大給付額は1週間あたり約110ニュージーランドドルになる。世帯収入間の相違により、これが支払われ続けるが予定である。GMFIは20時間を超える労働をしている夫婦、および30時間を超える労働をしている単親世帯、すべての適格世帯が家族給付を受給している場合の最低賃金は6.25ニュージーランドドルである。単親世帯受給額は約110ニュージーランドドル、320ニュージーランドドル、夫婦のどちらかだけが稼いでいる場合は実質的に小額（約30ニュージーランドドル）となる。この制度は5000人近くの受給者があり、税務行政機関を通して運営されている。アメリカ合衆国のEITCについての数値は、プログラム費用の総額（税負債の減少）を含んでいる。
2. 支給額は、支払う前の世帯収入を起点として、5アイルランドポンドをもって子ども一人あたり20アイルランドポンドが追加される。1998年10月からの支払いによる。上記の数値は11歳未満のみの続行である。
3. イタリアでは、通常年齢による。
4. IFTCおよび家族補助のみ。
5. イタリアでは扶養配偶者と子どもの差が1,657アイルランドポンドを起点として、毎週127アイルランドポンドの支出額要素（税負債の減少）を含んでいる。
6. 世帯収入が少なくとも70%の年金収入ではない。
7. アイルランドにはこの他の雇用条件つき給付がある。パートタイム職による誘発がある。1週間あたり24時間以下しか働いていない（15ヵ月かそれ以上の）長期失業者に対して開かれている。均一料金の支払（独身者に対して1週間あたり40アイルランドポンド、夫婦のどちらかが稼いでいる世帯に対しては67アイルランドポンド）は、資産調査を始めた月から新しい仕事を始めた失業者（1年かそれ以上）、または自営業をまた始めた失業者（1年以上）の長期失業者、23歳またはそれ以上、3年目には50%、2年目には25%が援助を受ける単親、または単親世帯の75%が初年度を受け取る。
8. 労働復帰手当は、新しい仕事を始めた失業者（1年かそれ以上）、または自営業をまた始めた失業者に、3年目には25%が援助する単親、または単親世帯の75%が初年度を受ける。

資料：United Kingdom, Department of Social Security (1994); United States, Department of the Treasury, United States House of Representatives (1994); and information supplied by national authorities; and OECD (1998g).

て，雇用条件付き給付は，現行の賃金分配のあり方が比較的不公平であり，給付の水準が平均賃金と比較して相当低く保たれている国々において，最も成功する傾向がある。賃金の分配の幅が広いほど，潜在的な給付受給者の数がより多いといえる。このことは，これらの政策の財政的コストと明確な関わりを持っている。

② 未熟練労働者に対する需要刺激政策

税と給付のシステムは，また，失業した労働者にかかる経費が雇用上の障壁として作用する場合に，労働の需要の構造に影響を与えることになる。多くの国々では，未熟練労働の経費について手取り賃金を減少させることなく低減する目的で，**賃金補助給付金**を導入してきた。長期間に及ぶ失業者が，最も一般的にその対象となるグループである（OECD, 1997f）。評価調書は，多くの賃金補助給付金が過重な負担と，排他的な結果という影響を被っていることを示している（OECD, 1996d）[1]。その補助は補完的な効果もまたかなり大きいが，しかし公平性と有効性に基づいて正当化されることが多い。つまり長期の失業者に有利になるように，失業者の「行列を移動調整する」ことは，社会的な排除を予防し，労働者に効果的な供給を増加させることによって，賃金を適度に保つ一因となるのである。オーストラリアにおける，長期失業者のための助成金についての近年の経験は，雇用者による労働者雇用を奨励するために，（少なくとも賃金の30〜50％にあたる）相応のものが必要があることを示している。

いくつかのヨーロッパの国々，とくにベルギー，フランス，オランダでは，所得水準のより低い水準の限度内において，全体の労働経費を減じるという概括的な目標を設定したプログラムを選択してきた（表5.3）。収支のバランスは，支払給与税の発生率が主に長期にわたって低賃金である労働において低下することを示唆している。しかし，賃金交渉の過程と失業への課税の効果についての実証的な研究による説明では，労働者への税が賃金圧力を増大し，そのために短期間での失業が増大するというもっともな事実が見られるという結論が下されている（OECD, 1995a）。多くの国では，負担の大部分がより低い支払に転化した結果として，雇用者の社会保障拠出は後退している（図5.1）。いくつかの国（たとえば英国，アイルランド）では，支払給与税の範囲をより拡大させてきた（CEC, 1997）。しかし，このような政策は先立つ歳入から見て，非常に費用がかかる場合があり，一般に，財政上のマイナスを埋め合わせるために，他の増税を必要とするか，公的支出を削減することになる。

③ 「出口へのルート」についての考察

労働への刺激を増大させるために給付支出を削減することは，厳しい社会的影響をもたらすかもしれない。未熟練労働者の雇用機会を増大させるための他の手段としては，公的予算において高い経費を確保することである。しかし，比較的低い財政的な経費でも，労働についてのいくつかの障害を取り除くことは可能である。改革に向けての新しい動向は，いかに人々を給付の受給から脱却させ，有給の労働に就かせるかについての考察から生じてきた。たとえば；

- **生活給付**（*transition cost*）**の継続性**　しばしば給付は前もって支払われ，また支払小切手の現金化はそれよりも遅れがちである。雇用生活を始めると，家族はある期間何らの収入もなしにやっていかなければならないことになる。そこで仕事が見つかった後も，限られた期間何らかの給付の支払が続けられることにより，有給の職の獲得によって生

第5章 雇用指向の社会政策実現への課題

表5.3. 低賃金層への援助における雇用者の社会保障拠出の構造化された縮小

	影響されるグループ	方策の特徴	影響される労働者数	年間総費用
ベルギー				
1994年4月1日から	1995年においてはAPWの58%の収入がある労働者	雇用者の拠出額の縮小は、総賃金に反比例して、50～10%間を変動する。	1995年では労働力の10%	GDPの0.12%に等しい社会保障受領額の不足分
マライベル施策、1981年以降（最終変更は1997年4月）	肉体労働者	恒久的な縮小額における労働者1人あたりのAPW所得において、TLCの1.4%から3.2%の間を変動し、その事業体の総労働力における肉体労働者の割合によっている。	1995年では労働力の16%	1995年、GDPの0.19%に等しい社会保障受領額の不足分
フランス				
家族拠出からの課税控除（1993年7月より）	最低賃金（SMIC）1.3倍の所得がある労働者（1995年のAPWの82.3%）	最低賃金レベルが1.2倍で、すべて課税控除となり（TLCの3.7%）、最低賃金の1.3倍で半分が課税控除（TLCの91.8%）となる。	1995年1月以降では、労働力の約18%	1995年、GDPの0.2%に等しい社会保障受領額の不足分
1995年9月以降の漸減	最低賃金の1.2倍の所得がある労働者（1995年のAPWの76%）	最低賃金レベルでTLCの8.7%となる。最低賃金の1.2倍で0となる。課税控除の上に累積される。	導入以降、労働力の約14%	1995年、GDPの0.05%に等しい社会保障受領額の不足分
1996年10月1日以降の上記2方策の統一	最低賃金の1.33倍の所得がある労働者（1995年のAPWの84.3%）	最低賃金レベルでTLCの12.4%の縮小、最低賃金の1.33倍で0となる。	概算で、労働力の約20%	1996年、概算で、GDPの0.47%に等しい社会保障受領額の不足分
オランダ				
1996年1月1日以降のSPAK政策	法定最低賃金の115%の所得がある労働者（1995年のAPWの60.5%）	雇用者の拠出額は恒久的に縮小される（1996年のTLCの0.33%、1997年のTLCの5.2%）。1998年にこの制度の範囲が目下議論されている。長期失業者と見習い工については、1997年のTLCが4年間適用される（1997年のTLCの16.9%）。総賃金が最低賃金の115%以上になった後は、税金の控除の半分は、最高で2年間（労働者が同じ雇用者のもとにいた場合）継続する。	労働力の13%が対象	概算で、1996年のGDPの0.10%、1997年のGDPの約0.15%に等しい税支出 長期失業者おとよび見習い職人に対する追加加入の減少分を含んだ場合、税の支出は、1996年のGDPの0.24%、1997年のGDPの0.29%に相当する。

APW：Average Production Worker（平均的生産労働者）
TLC：Total Labour Cost（総労働費）
資料：National submissions; OECD (1996), *Tax/Benefit Position of Production Workers*.

図5.1. OECD諸国における支払給与税の構造（1995年）[1]

支払給与税がAPW所得における総労働経費の25％以上に相当する国

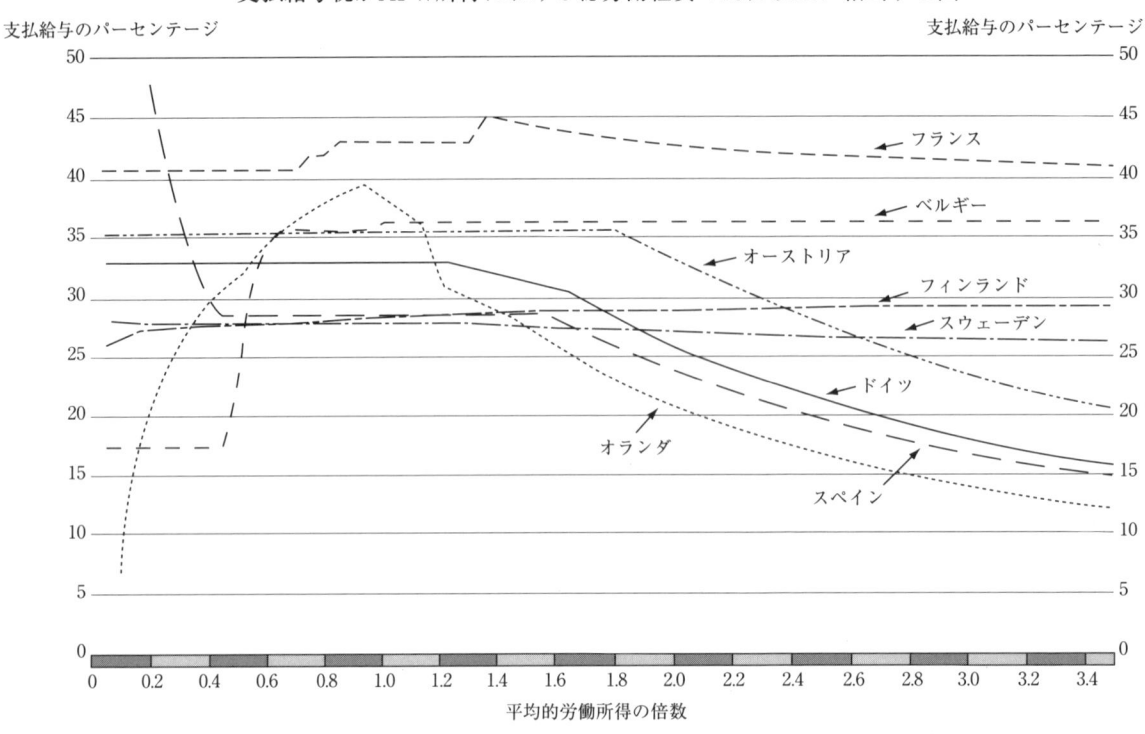

（フランス、ベルギー、オーストリア、フィンランド、スウェーデン、ドイツ、オランダ、スペイン）

支払給与税がAPW所得における総労働経費の25％に満たない国

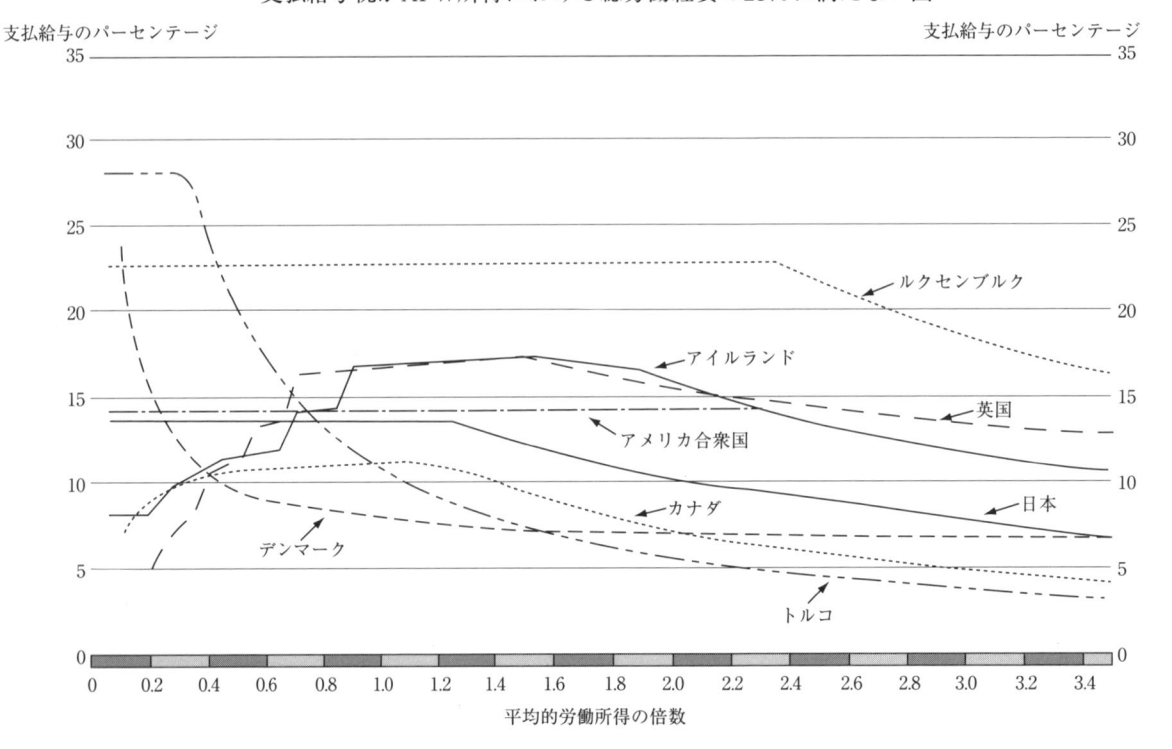

（ルクセンブルク、アイルランド、英国、アメリカ合衆国、カナダ、日本、デンマーク、トルコ）

縦軸：支払給与のパーセンテージ
横軸：平均的労働所得の倍数

1. 支払い給与税は，雇用者と非雇用者の社会保険拠出金の合計として算出される。
   所得のレベルの如何に関わらず，支払給与税が総労働経費の一定の割合に相当している国は，グラフに示してない。

資料： OECD tax equations.

じる現金の流出を減少させようとする（たとえばアイルランド，ニュージーランド）。
- **支給の柔軟性**（*benefit flexibility*）　将来の給付金の一部を一時金として受けとることができるようにすることは仕事の準備をする機会を与えることとなる。適する道具を整えたり，面接のための衣服を買うことができる（たとえばオーストラリア）。
- **給付保障**（*passported benefit*）　給付の中には仕事がない場合にだけ支払われるものがある。仕事を始めるということは，結果として医療保障，債権者からの保護，無料の学校給食を失うことになりかねない。そこで給付を，雇用状態よりむしろ収入取得状態に応じたものにすると，それにより付随する阻害要因が減少する（たとえば英国，アメリカ合衆国）。
- **臨時雇用**（*casual work*）　労働市場への接触不足により，給付受給からの脱却が困難になったりする。依然として多くの給付は，何らの仕事もしていないか，あるいは労働から得られた収入が結果として失った給付額と一致した場合に支払われる。ある程度の臨時労働を許可することは，労働の領域との接触を維持することを助ける（たとえばベルギー）。

④　結論

　労働に対する刺激を増大させ，また一方で低賃金労働に関連する公平性の拡大に取り組むための二つの方策がある。まず第一は，雇用を確保できた低賃金労働者に所得を保障するために，雇用条件付き給付を実施する一方で，雇用に拍車をかけるように賃金格差を増大するにまかせることである。第二は，潜在的失業の影響を消却するための賃金助成金の支給または支払給与税の削減と並んで，収入の不平等を限定的なものとするために最低賃金（wage floor）を用い，また給付の水準を労働から得られる収入の水準より幾分低く設定する（OECD, 1997d）。どちらも，たとえゆるやかでも，未熟練労働者の雇用見通しの増進を約束するものである。

　両方の政策的手法を統合するには，失業者同様，雇用されている人々へ助成を実施することを通して，社会的保障が雇用と共存できるようにするという点に重きをおくことである。この「雇用指向の社会政策」には，効率と公正とのバランスを保つための方途としてかなりの可能性がある。OECD諸国の労働担当閣僚は，1997年の会合でOECDに対して，このような政策の選択を続けるとともに一段と深めてほしいと要求し，当該政策に対する支持を表明した。

3　排除に対抗する政策

　「社会的に疎外された者」，「アウトサイダー」，「低所得層」，「給付依存者」，「新貧困者」など，多様なレッテルがあるが，多くのOECD諸国では，労働市場と社会への十分な参加を阻む明白な障壁に直面している階層が地域社会内に存在していることを懸念している。よく知られているように，給付への依存状態は遅かれ早かれ，財政上の手痛い欠損状態におかれるという結果を招く。住所や雇用記録の欠如のために，公的サービスへのアクセスを拒絶されることもある。家庭はもはや，彼ら自身の運命をコントロールできないのである。健康状態は，貧しい食事と生活水準によって損なわれるかもしれない。退職後は，雇用に基づいた公的年金政策が寄与しなかったことで，最低限の給付への依存を継続することとなる。子ど

もたちは，社会的労働における通常の状態の実体を知らずに成長し，そのことは世代を超えて不利な立場が伝えられる危険を増大させることになる。いくつかの国では，恵まれない地区や，あるいは地域でさえも，現代の経済から引き離されてしまい，マクロ経済の環境にけ何らの改善をも利用できなくなってしまう。

いくつかの国々（ベルギー，メキシコ，オランダ）では，とりわけ都市の再生，社会サービスへのアクセスの改善や移民の統合のための政策を組み入れたという，反貧困の方策を発展させてきた。フランス政府によって公表された**排除と戦うプログラム**（programme de lutte contre les exclusions）には，「働く権利」，「住宅権」，教育，文化，ヘルスケアの機会，「スポーツや旅行の機会の平等の保障」，「個人が市民権をより一層行使できるようにすること」など，多岐にわたる項目の下に採用される措置が位置づけられている。しかしながら，最も直接的には社会的排除への対応に関係しており，それゆえに多くの国で重要性が増してきた政策領域は，社会扶助である。

社会扶助政策は単に，また主に貧困の防止を扱っているわけではない。現金は社会扶助による救済を求める家族にとって，最も緊急に必要なものであるが，その必要性の根本的な原因に取り組まなければ，このシステムが繰り返し利用されることになる。そもそも家族が社会扶助に依存することを余儀なくさせた，多様な社会のそして労働市場の問題に対処する努力の如何が，その不都合な状態の長期にわたる持続の可否を左右する。

いくつかの国では，社会扶助は，社会保険制度が人口のほとんどの割合をカバーするようになるに従って，受け取る人がいよいよ少なくなる残余的援助になるように計画されている。一方，他に財源を持たない国では，労役場や救貧法に相当するものがすべてで，公的扶助に落ち込むのを回避するために何らかのことがなされるのみである。しかし，援助を受ける人々は労働市場における失敗に関連して，ますます増加してきており，社会扶助の新しいクライエントとなる人々（若い人々，単親世帯，長期失業者）は，給付の受給をあまり不名誉なことと感じなくなってきているようである。社会扶助の受給に行き着くような社会的な危険はもはやめずらしいことではなく，ありふれたことなのである。OECD加盟国の住民のかなり高率かつ拡大傾向にある割合が，年間何らかの点で社会扶助に頼っており，そのうち相当数が長期間の援助を必要としている（Pearson, 1999 forthcoming）。

社会扶助政策は，三つの柱に基づいている。この3本の柱のうちの一つでもその妥当性が保障されなければ，結局のところ他の二つの有効性を損なうこととなる。

- **現金給付**（*cash assistance*）　これは，救済を求める家族にとって適切な生活基準を保障するレベルに設定されなければならない。それは個々の事情や生活上の地域的要因による費用に応じて変化する。しかしまた，労働市場に（再び）参加していくことによって，家族が自律を取り戻すことに結びつくようなレベルに設定されなければならない。前節で述べたように，長期にわたる給付への依存を回避するように意図された政策は，社会扶助のクライエントの状況を詳述する際にも特に重要である。
- **社会的援助**（*social help*）　家族は障害や家がないこと，中毒といった基本的な社会問題のために，しばしば現金給付を求める。対人的社会サービスの供給者は，しばしば現金給付の受給者に深く関わることになる。
- **労働市場への再加入**（*labour market reinsertion*）　社会扶助を求めている家族が彼らの自律を取り戻すことができる最も効果的な方法は，十分に稼ぐことを通して自活することである。社会扶助のクライエントは，しばしば仕事ができる状態にないが，さまざま

第5章 雇用指向の社会政策実現への課題

な理由のために，仕事ができる状態になるために必要なサービスを受けることが困難である。

① 現金給付：充足性と意欲のバランスをとること

すべてのOECD諸国に共通の，社会扶助の支払水準の一般的傾向は存在しない。一方では，支払の寛大さを制限しているよく知られたケースがある。たとえば，オランダと英国における平均賃金に関連した支払水準の下落や，アメリカ合衆国における，AFDCプログラム，あるいは州の運営する新TANFプログラム＊に対する権利放棄のもとでの，（しばしば給付水準の引き下げと組み合わされた）支払期間の制限などである。しかし，いくつかの都市において，あるいは慈善団体を通したものを除いて，伝統的に社会扶助がほとんどない南ヨーロッパでは今なお，現金給付を導入したり増加させていく傾向がある。ポルトガルには保障された最低支給があり（1997年7月以降），スペインでの支給は現在バレアレスを除いたすべての地域をカバーしている。イタリアでは新しい最低支給額が導入されるであろう。フランスでは，最低限度の給付の政策についての報告概説が，いくらか価値を高める何らかの必要性があると結論づけている。

② 社会的支柱：相互性に向かう動き

伝統的な社会扶助を受けているクライエントは，障害や，家がないこと，中毒，元配偶者からの保護の必要性などといった，社会的な問題を抱えていた。伝統的な対応は，一般的に国または地方行政によって運営される社会サービスであった。そのようなサービスへの圧力が増してきている地域がある。統計データは信頼できないが，二つのOECDの報告書（OECD, 1998 c and d）に名をつらねる諸国のほとんどで，社会扶助機関の職員によって（新しく住居を与える必要性に関してだけでなく，身体的な避難所の不足という意味での）ホームレスの増加が報告されている。

容易に確認できる社会問題にかなり限定してマイナス面を考える伝統的な見方は，社会扶助の取り扱いの変化によって徐々に衰えてきている。多くの場合，社会的な援助対応は労働市場の再活性化より重要ではないとされる。それ以外のケースでは，社会的貧困が，管理し得ない世帯の負債のような新しい形態をとる（これについては，ベルギー，フランス，オランダにおいて新しい対応策がとられ始めている）。

いくつかの国では，人間は社会的に責任あるマナーにのっとって振る舞う能力に欠けるという考えが強くなってきている。社会扶助は個人の振る舞いについて確実性のあるあり方を保存するように**条件づけてきた**。多くの国で政策は**相互性**へと向かっている。援助（現金，そしてサービスの両方の形において）は援助の受給者の努力を条件としている。実践例としては，給付受給者と支給機関の間で形成された再統合の努力についての合意（たとえばルクセンブルク），「労働福祉事業（workfare）」制度（特に若い人々に対してのもの，デンマーク，アメリカ合衆国ではより一般的である），アメリカ合衆国のいくつかの州の綱領における社会的責任ある態度（たとえば福祉援助を受けている間は子どもを持たない）など，多岐に及んでいる。

＊ Temporary Assistance to Needy Families の略。要援護家族への一時的扶助。

③ 労働市場の支柱：最終的な目標としての自助

社会扶助から離脱するためには，その家族が自活するようになることが必要である。単親世帯にとって，このことは，新しいパートナーシップを形成することの結果として生じるかもしれない。他のタイプの世帯にとっては，社会扶助からの離脱は，収入が増加することを意味する。通常これは，有給の仕事に就くことを意味する。しかし，その周知の重要性にもかかわらず，社会扶助政策は労働市場への復帰を確実にすることに常に重点をおいているわけではない。社会扶助の受給者は，問題解決への助けにはならない制度上の構造にあまりに頻繁に直面させられてきた。

国によっては働くために利用する資格要件が厳しくなってきている。

- **単親世帯** 単親世帯の給付依存率の高さについて，懸念が高まっている。オランダでは，一番小さい子どもが5歳以上であれば（以前は同様のケースで12歳以上であった），仕事を探さなければならない。ノルウェーでは，単親世帯に対する給付の受給期間を3年に厳しく制限した（しかし，給付の支払を増加することによって，この変化の「埋め合わせ」をしている）。アメリカ合衆国では，現在福祉は期間が限られており，いくつかの州では，出産の14週間後には職探しの活動をすることを求めている。他の国（オーストラリア，アイルランド，英国）では，職探しは，たとえば一番小さい子どもが最初に入学する時など，労働市場への復帰を考えるであろう人に対する雇用サービスの支給によって奨励されている。
- **若年層** オランダ，英国，（公表された改革によれば）オーストラリア，ニュージーランドでは，若い人々への給付は制限されてきている。さらには，給付の受給要件を満たすために，労働市場プログラムにおいて若年層の参加を要するより大規模な準備対応がなされつつある。そのような制限は，しかし，しばしば若年層の雇用の向上に向けられた措置の増加に関連づけられている。

公的雇用サービス（public employment service, PES）は，求職者に対する労働市場サービスの主要な供給者である。しかしいかなる理由にせよ，かなりの数の国々で，PES（またはそれに相当するもの）は，社会扶助機関の職員からすると，再建プログラムに十分な努力が注がれているとは感じられないものである。ベルギー，アイルランド，オランダ，ノルウェー，スウェーデンにおける社会扶助機関は，伝統的にPESによって提供されてきたサービスの提供を始めた。社会扶助機関によって出資された再建プログラムは，上記のすべての国で共通であり，職を仲介するサービスを提供している場合もある。「サービスを獲得する側」（社会扶助機関の職員やケースマネージャー）と「サービスを提供する側」（PES，あるいは他の雇用サービスの提供者）の間の分裂をある程度許容する向きもあり，これらの関係する国の中では，雇用サービスと社会扶助機関の間の関係を組織化する最善の方法については議論が続いている（Pearson, 1999 forthcoming）。

④ 制度上の一貫性

ほとんどの社会政策は，クライエントにサービスか現金給付のどちらかを提供する**何らか**の制度と結びつきを持っている。しかしいくつかの制度は，サービスと現金給付，中央政府と地方自治体，雇用と社会サービスのどちらにも関連している。これらのサービスの調整の不履行は，結果として，ある機関から他の機関へとクライアントをたらい回しにし，誇りを

傷つけ，力を失わせることとなる。統一のとれた財政的な構造の構築がなされないことが，「貸し出しを探し回る」態度（ある制度があるクライエントのための経済的責任を他に転嫁しようとするような），いくつかの活動への非生産的な偏重，他への低水準の投資という結果を導く。[2]

多くの国で，社会扶助の提供，時には財政における地方自治体の役割が顕著となっている。自治体にとって，従事させられる経済的な事情には二つの要素がある。第一は，地方自治体は地域の状況を考慮に入れることができるので，政策をその地域のニーズに合わせることができるということである。たとえばオランダは，以前よりかなり大きな政策上の自由を地方自治体に与えている。しかし，地方行政の自由裁量は，地域が異なると，同等の状況にある人々の扱われ方が異なるということに結果し，このことはスウェーデンが最近，地方の決定権を縮小させた理由の一つである。

地方自治体を用いる第二の理由は，財政的な圧力が地方自治体に対して，より厳しく規則にのっとった適性資格要件を実施し，社会扶助の登録を減少させるための基準を運用することを奨励しているためである。オランダでは，地方の財政的自治権を増大させる動きがある。さらにより劇的に，アメリカ合衆国では社会扶助の支払は完全に州に移しかえられ，もし州が社会扶助を必要とするクライエントを減少させるという目的を達成することができない場合は，連邦政府からの助成金は大幅に減額されることになる。このことは，激しい再統合の動きを引き起こしたが，現在のところ，政策が社会扶助のクライエントについての労働市場の見通しを改善することに成功したかどうか判断するには時期尚早である。

⑤　結論

貧困は十分な現金給付を支給することで，（少なくとも短期的には）防ぐことができる。しかし，現金給付だけでは，給付への依存と社会的排除に取り組むのに十分ではない。多くの国々は，社会，特に労働への再統合において支援を求める社会扶助のクライエントの必要性に適切に取り組まなかった。多かれ少なかれこのことは新しい社会扶助の取り扱いに適応できないという事態を引き起こした。多くの受給者は仕事がないということ以上の「問題」をほとんど持っておらず，援助給付を取り扱うことを要求されているソーシャルワーカーに，はっきりした重大な変化を求めている。そしてまた，このことは支援と雇用機関の間，また中央と地方の政府の間の関係の調和をとることにおける制度上の失敗を反映しているのである。

注

1. もし雇用者が，助成金が交付されるプログラムの関係者を，助成金が出ない状態でともかく雇用した場合，非常に大きな損失が起こってくる。解職は，商品市場での競争を通した経済においては，零落，あるいは通常の雇用から他所へ押し出されることを意味している。結局のところ，補助が与えられた労働者が雇用者によって引き受けられた時には，その企業における雇用に純粋な影響を与えることなく，助成金がない状態で雇われた労働者に「置き換えられる」という交換が起こったということである。
2. 最近オランダあるいはニュージーランドで公表されたように，一つの対応策として，たとえば，労働市場サービスと所得支払サービスを一つの事業所に合併するというものがある。

第6章　保健とケアサービスの改善における政策課題

1　序および主要動向

　保健事業経費の増加率の抑制は，1970年代半ばまでほとんどの国において保健政策を圧迫していた。たしかに，経費抑制の必要性は加盟国におけるかなり重要な課題になっていたので，経費抑制自体が目的であるかのごとくしばしば誤解されていた。さらに近年になって，一般的には住民の健康状態に対するさまざまな経費抑制政策の影響に関して，問題点が生じてきている。これらの問題を適切に解決するため，各国はヘルスケアに対するより統合的なアプローチを考慮した政策決定を徐々に新たな方向に位置づけ，同時に四つの目標をめざすようになった。すなわち今まで以上に**公平**であること，**一層のエンパワメント**（内在能力の発揮・向上），**効率性**を増大させること，**効果**を高めることである。このことはヘルスケアの新しい枠組みといっても差し支えないだろう。次の1000年紀に向けての挑戦は，以下の項目を同時に追求していくことである。

- ヘルスケア・システムの財政および提供における公平性の改善と同様に，弱い立場の集団に影響を及ぼすような，健康状態の**公平性**について今なお存在する格差の是正。
- 医療サービスにおける患者と医療関係者の選択肢を増やし，**内発性をより一層強化する**こと。
- 資源利用における**効率性**の達成。
- 保健事業の成果改善における**効果**の増大。

　同様な課題が長期的なケア政策にもあてはまる。さらに長期的なケアは医療の介入とケアのニーズの間の適切なバランスを確保しなければならない。適切でない制度上の構造は，不必要に経費のかさむケアシステムへとつながる。

　本章において検証された分析的研究は，以下のような政策的結論を示唆している。

- ヘルスケア・システムを，個人のニーズに焦点が合うように新たに方向づけることは，病気の予防や治療のために真の利益をもたらすであろう。
- ヘルスケア・システムに対する患者の満足度を改善することは現実的な期待感を生み，さまざまな医療関係者の行動に伴う責任性の高揚につながる。
- 改善結果の測定方法を開発することは，国家レベルの保健政策がもたらす影響を監視したり，評価したりするのに不可欠である。1回の健康診断の影響ないし定期的診断の影響と密接に関連する住民の健康状態の簡略化した測定や一連の（評価）指標が求められている。
- 実証主義的研究に基づいてケアの質を改善することに焦点をあてることはより大きな効率性を高めることになる。

第6章　保健とケアサービスの改善における政策課題

- 予防と治療は，今まで以上に住民の健康に重点をおきながら，より一層統合されなければならない。
- 貧困者や被生活保護者に焦点をあてる政策は，不健康状態の決定要因の一部である。社会的要因に真剣に取り組まなければ，効果はほとんど期待できないであろう。
- 誰もが同じように長期ケアを利用できるようにすることが望ましい。ケアについてはバランスの再構築の必要があり，施設ケアと地域ケアとの統合が，ホームヘルプ・ネットワークの促進とともに，達成されなければならない。

2　ヘルスケア・システムにおける効率性の測定

　純然たる市場原理は，さまざまな理由からヘルスケア・システムに対して効果的に作用していない。ヘルスケア・システム内の関係者間の情報の共有不足が，以前に問題点として指摘されていたが，それを補正する適切な対策がとられないでいた（Arrow, 1963; Cutler, 1996）。人々は治療的対応を求めがちであり，提供者は経費のかかる治療を提供しがちである。それは，保険が介在するという理由によるとともに（倫理的問題状況），保険業者が病気になりそうもない人々のみを保険に加入させようとしている（逆の選択）という理由による。価格は，表示的役割を果たすべきものであるが，保険があるため，そして医療介入の実際の成果がしばしばわからないため，不当に歪められている。さらに人々は，病気の時に医療ケア価格の交渉能力を発揮できず，そのため医療提供者に市場において過度の力を持つことを許してしまっている。

　この問題に取り組むため，政府としては二つのタイプの政策に依拠している。第一に，政府は大部分の人口のケアにかかる費用を共同で負担し，価格の構造の全体をコントロールする一つの方法として，公的医療基金計画（publicly funded programme）を利用することができる。第二に，政府は，価格や量を管理することによって，ヘルスケアの提供者を規制することができる。[1] これらの干渉には，非効率的な結果をもたらしたり，国民の一部に莫大な医療費の負担を求める危険のある行き過ぎた国家干渉の危険が潜んでおり，この状況を調整しバランスを保つ必要がある。各国は，ヘルスケア産業において具体化された動機を規制し，変更することを通して，さまざまな価格規制の方法を試みてきた。

①　世界各国の経費管理の基準

価格管理

　多くの国々〔1970年代初頭からメディケア（Medicare）*計画をスタートさせたアメリカ合衆国，カナダ，その後の欧州諸国を含めて〕では，医療サービスの公的価格は，経費の全面的な増大を遅らせるために凍結された。**持続的生産のための価格管理**（用品やサービスの払い戻し価格は政府や公的機関で決められている）はサービス料金システムと共通性を持つ。このシステムではサービス料金は支払人と受取人との交渉で決められている。この種のシステムはサービス提供者の過度な利益を抑制する利点があり，サービス提供者は払い戻し率を越えた支払を受けることはない。

　これらの政策は短期間の費用を抑制するのに効果的であることがしばしば証明されてい

---

*　米国における高齢者・障害者年金受給者・人工透析患者向けの健康保険。

る。しかし，提供者は収入減を補うために対抗措置を用いてきた。たとえば，サービスの提供料を増やしたり，価格凍結を避けるために提供するサービスの質を変えたりした。新製品が市場に入ると，製品の混合状態が変化することによりその範囲は価格凍結を避けられるところまで広げられる。しかし，この潜在的な不利益は**参考価格**（しばしば薬価分野で使われている）によって避けることができる。つまり参考認定を受けた患者に対するすべての用品やサービスについて，払い戻し価格の最高限度額を設定することができる。

生産数量管理と包括的予算

OECDの報告書（1998 g, h）によれば，生産高の管理方法は価格管理方法ほどには加盟国において普及していない。（保健とケア領域の）需要と供給を左右する最も古くから用いられている方法は，医学部入学許可を通じてヘルスケア専門職員の**供給を統制**することであり，病院数もしくは病床数の制限や縮小，または高度技術設備の使用制限をすることであった。

生産高の管理は，逆に価格管理を含む**包括的予算の上限**と結びついていることがある（たとえばドイツのブルン改革）。この管理方式は，病院において一般的であり（ボックス6.1参照），ヘルスクリニックの予算を組むことによって一級ケアレベルで使われている国もあれば，患者数に応じて支払われる全体額が決められている患者頭割り支払制度（capitated payment system）によって価格を管理している国もある。包括的な予算政策は，ヘルスケア部門における予期しない価格の上昇から各国を保護している。しかし，そのような予算の上限は，サービス提供者が提供されるサービスを増やすための動機づけ要因と結びつけて考えなければならない。そうでなければ，動機づけ要因は，サービスレベルを低下させることになってしまうからである。さらに固定的かつ包括的な予算は，諸要因のからまった変動または地域の経済変動に適切に対応しないかもしれない。このことは病院や診療所に対する不十分な資金供給やケアの窮屈な割当や患者の順番待ちにつながるかもしれない。（たとえばOECD, 1998 g 参照）さらに各国は，すべてのタイプのサービスについて包括的予算を組むことはめったにしない。したがって，サービス提供者は制約を受けない部門に価格の増大を転じようとする気持ちに駆られる。ある場合には，望んでいる通りになることもある。このことは第2章で述べたように，外来患者ケアの支出額の保健総支出額に占める割合が増加を示している。

② ミクロ経済管理

上述の管理は，ヘルスケアの基本的な市場の特質を変えることはない。長期的には，合理的な決定や価格意識を促進させるミクロ経済の誘因を利用することが，ケアの価格と質の調和をとる最も効果的な方法である。

組織改革と見張り役としての医師の役目

見張り役は，委託システムの設立から成り立っていて，委託システムにおいて主治医は専門的医療施設への入所を管理する門番のような役目を果たしている。そして，その施設は，委託契約をしていない患者には利用できない。OECDの報告書（1995 e）によれば，外来患者ケア担当の門番役の医師は，入院患者のケアの支出を減らす際の重要な役割を果たしている。2次・3次のケア利用を調整することによってヘルスケア資源の合理的利用を図る際の主治医の役割は重要である。

ボックス6.1. 病院の資金供給システム

病院はすべての事業にかかる年間予算を，**定額交付金**（block grant）（または包括的予算）として受け取る。これは，1980年代に，多くの「統合的」医療システムでの主要な支払方法になった。主な資金供給者は，公的医療基金機関と政府である。この方法を採用している国は，英国（最近の改正まで），カナダ，オーストラリア，デンマーク，フィンランド（自治体のある種の直接請求を伴う），アイルランド，ニュージーランド，ノルウェー，スウェーデンであり，たとえば，フランス，スペインでは他のシステムで社会保障の一環として見られるような公立病院の分野においても一般的に用いられている。デンマークとスウェーデンでは，定額交付金は，病院の臨床部門のレベルで支給される。定額資金供給は病院の支出を抑制する直接的手段にはなるが，病院側にとって効率的な改良を促すための刺激になることはほとんどない。というのも，資金供給は，病院が生み出すものの量や質を条件としていないからである。もし，資金供給基準が過去の経費に応じて設定されたり，予算の節約部分が付加税の形で回収されるようなことがあれば，不当誘因を生じさせかねない。

ベッド・デイ支払方式（bed-day payment）は，占有ベッド数あたりの均一料金を病院に提供する。この方法は，主に公的資金によるシステムや公的供給者と民間供給者を混入したシステムで見られる（たとえば，ドイツ，フランスの場合〈民間病院〉，オーストリア，ベルギー，スペインの場合〈民間病院といくつかの公立病院〉）。しかし，供給元は，初期（通常治療が発生する期間）にかかる費用を回復期のローコストで相殺するために，患者の回復を遅くし入院期間を長引かせようとする誘因に直面することになる。定額交付金の場合と同様，資金供与の決定は治療方法全般に関わるコストの情報を組み込んではいない。

サービス支払方式（fee-for-service）は，しばしばベッド・デイ支払方式と結びつく。これらは，日本，スイスのいくつかの州，多くの国々の個人病院，それからごく最近までのアメリカ合衆国における病院業務に対する主要な支払方法である。すなわち，主に民間の供給元や多くの保険会社で行われているシステムである。専門医は通常，サービス報酬に基づいて支払を受ける。とりわけ病院外で働いた時はそうだが，公立病院内の仕事に対しても適用されることがある（たとえばベルギー）。このシステムの下では，（他の手段によって経費を抑制するよう要求する）大局的な統制力はより弱く，サービス供給の量，質，価格を引き上げようという刺激に直面することになる。アメリカ合衆国では，このシステムが，価格より質を基礎にする供給者と高価な技術の過度な普及との間に発生する競争の一因となっている。

症例支払方式（payments-per-case）は，病状と標準治療コストによって，設定されている。このシステムの最もよく知られている例は，1983年にアメリカ合衆国メディカル・プログラムに導入されたDRG（診断上関連グループ方式）である。以後，症例をベースにしたシステムが，アメリカ合衆国医療システムの他の分野にも波及した。そして，18のOECD諸国でもこのシステムが実行されたり検討されたりしている。これらの方法は，上述の方法よりも生産ベースの報酬に近くなり，そのためサービス量を増やそうとする供給者の刺激を制限している。それらは回転を速くする（つまり入院期間を減らす）という誘因を与えるが，しかし，病院サービスを「一元化しない」で，可能な場合には，もっと高い報酬が得られる診断グループに患者を「格上げしている」といったリスクもある。

資料： OECD (1995e).

主要国の大多数は，その取り組みは多様であるが，このシステムを採用してきた（表6.1）。患者が専門医や病院を直接利用することを抑制するために，患者や提供者へのペナルティーという形での金銭上の方途を採用している国もある。委託システムがあまりにもいい加減な場合には，2次・3次レベルのヘルスケア資源の合理的な利用は保証の限りではない。システムがあまりにも厳しい場合には，必要な治療を遅らせることにより患者に脅威を与えることになる。しかし，何が「適切な」委託かまたは「不適切な」委託かについての統一した見解を見出すことはできない。

表6.1. OECD諸国における委託システム

	規定	制御	選択
オーストラリア	R		
オーストリア	R		
ベルギー	X	—	—
カナダ	R		
チェコ共和国	X	—	—
デンマーク	R(a)[1]	H	F
フィンランド	R(a)	X	L
フランス	X		
ドイツ	R		
ギリシャ	R	n.a.	L
ハンガリー	R(a, b)[2]	G, H	L
アイスランド	X		
アイルランド	R		
イタリア	R		
日本	X		
韓国	R(b)	G, H	F
ルクセンブルク	X[3]	n.a.	F
メキシコ	n.a.		
オランダ	R[4]	[5]	F
ニュージーランド	R		
ノルウェー	R	G	L
ポーランド	n.a.		
ポルトガル	R(a)	G	L
スペイン	R		
スウェーデン	R		
スイス	[6]	n.a.	n.a.
トルコ	R		
英国	R		F
アメリカ合衆国	X		

n.a.: 回答なし。×は委託システムなし（他の受診制限方策はあるかもしれないが）を意味する。
1. デンマークでは，1グループの患者は一般開業医に登録しなければならない。2グループの患者は一般開業医への登録権利はあるが，登録義務はない。2グループ以下の者は委託なしに，より高額な共同支払をする。
2. 委託なしに受診できる特別な場合（たとえば産婦人科，眼科，耳鼻咽喉科）。
3. 診察回数の制限により受診が調整されている。
4. 調整は提供者と購入者の交渉により行われる。
5. 購入者にはコントロールシステムがある。
6. 患者は低額保険料の委託システムの選択もできる。
  規定：2次診療受診の調整
  R: 委託システム採用
    a): 委託なしの受診は法律で禁止されている
    b): 委託なしの受診は可能だが，費用は患者の自己負担
  制御：委託の適切さの監視
  G: 一般開業医による監視
  H: 保健専門職による監視
  選択：主治医による2次診察の選択
  F: 自由
  L: 制限あり
資料：　OECD。

支払制度の変化

奨励金の影響に改良を加えた方法としては，米国の「予想診断支払制度（Prospective Payment System）」*（しばしば診断上関連グループ方式〔DRG〕と呼ばれている）のようなシステムがあり，それは費用を管理したり，効果を査定したりすることによって，買い手側に積極的な効果をもたらす（OECD, 1995e）。

この制度は，包括的予算を持つ国々やサービス料金システムを持つ国々の両方によって利用されている。病院の総支出の上限が決まっているので，各国は資金を治療の度合いに応じて一つの病院から別の病院へと移動させている（たとえばデンマーク，フランス）。従来のサービス支払方式やありきたりのベッド・デイ支払方式を用いている国では，「混合的ケース方式」が上記の支払方式にとって代わっている（たとえばオーストラリア，韓国）。

共同支払方式

近年，ほとんどすべてのOECD諸国は，特に医薬分野において，**費用分担政策**を多く用いるようになっており（OECD, 1998g参照），共同支払や共同保険を通してケアのコストを利用者に支払わせることで，利用者のヘルスケア・サービスのコストに対する意識を高めたり，不必要なシステムの利用を控えるようにしている。サービス費用の**全額**を患者負担にすることも一般的になっている。たとえば，多くの国は保険の適用を受ける薬剤リストを変えたり，薬剤のいくつかを保険適用範囲から削除したり，歯科や視力ケアのようなサービスを保険から削除している。多くの国々では，弱者層に補助的保険給付を提供しているが，医療処置の全額費用を個人に移すことによる健康への長期的な効果についてはまだ知られていない。

競争原理方式

1990年からの10年間のほとんどのヘルスケア改善に準市場原理が導入されている。その中には，購入者と提供者を分けることや，消費者のための購入者間の競争や，購入者との契約を獲得するための提供者間の競争が含まれている。こうしたタイプの市場原理は，消費者選択の改善を考慮したものであり，合理的な政策決定の要素が効率性の増大を伴うシステムに再導入されている。英国は，競争原理に基づくGP（一般診療医）すなわち「予算管理家庭医（fundholder）」**制度を実施している。初期のデータによると，いくつかの部門（特に選任外科）の効率性の上昇が見られ，薬剤処方についてのコストには，予算管理GPでない人と比較して，減少が見られた（OECD, 1992）。しかし，経営に関わる費用や，GPの患者とそうでない患者の間が不公平であるという認識も実質的に増大している。この状況に対応して英国はさらに協力的なモデル（設定）をめざしている。

利用者に対して，内容説明をして選択させる方法を与えないで，ただ選択させるのみという名目だけの権限を与えることは，効率性の改善を促進することにはならない。たとえばオランダは，多くの消費者を引きつけるために保険料を引き下げるよう，疾病保険基金（sickness fund）に圧力を加える政策を実施している。ところが，実際には基金の乗り替えをする消費者はほとんどいない。これは，消費者への情報提供不足を反映しているかもしれない。

健康保険の基金による低リスク利用者の選択，いわゆる「クリームの上澄みすくいとり

---

* 米国における診療報酬支払方式の一つ。DRGとはDiagnostic Related Groupsの略で診断群別患者分類の意。DRGに基づいて疾病を分類し，ウエイト化することで，実際にかかる費用とは関係なく予定定額支払とする仕組み。

** 国民保険サービス（NHS）の機構の下で，契約に基づいて一定人数の登録者に対して必要なすべての医療サービスを提供・紹介する医師の制度。

(cream skimming)」は，保険基金の競争が始まる場合に重要となってくる。この問題は，最近アメリカ合衆国においてかなり注目されており，そこではヘルスケア市場の競争は，実際には選択の減少につながっている。この問題は，公的に管理されたシステムでは起こりにくく，そこでは保険会社の参入や業務規制が市場に参入するすべての人々に対して自由な活動の場を平等に与えている。英国では，購入者が健康，不健康に関係なく地域住民のための公平な頭割りの基金を与えられている限りにおいては，提供者間の競争が公平性を害するとは見なされていない。

出来高払方式が競争原理を促進するかもしれない。例として，いくつかの国（たとえばオーストラリア，ニュージーランド）ではある種の測定「基準」を用いてきた。その基準とは，比較による競争基準である。英国は，個人の治療費を詳細に記す「参考費用」の明細を開発しつつある。さまざまな提供者に同じ基準で経費を公表させることによって，その新しい方途は非効率的なものを取り除くための手段となるであろう。

③　尺度に関する総括的効果

　各国は，コストを抑制し，競争原理によって効率性を高めるために，マクロおよびミクロの経済尺度を導入し続けているが，効果をあてにしている提供者のために質の指標の開発に全力を注ぐべきである（ボックス6.2参照）。第一に，利用者の満足度や効果の質に関する情報を入手することは，利用者がより多くの情報に基礎づけられることになり，選択をする際の手助けとなるであろう。各国は患者頭割り支払制度（capitated payment system）の方向に向かっているので，この種の情報は，提供者にサービスの成果および質を改善させる誘因を与えることになるであろう。第二に，この測定システムが，もしプライマリー・ケア（一次医療）や疾病予防に重点をおくことと結びつくならば，ヘルスケア・システムへの国家の投資に対して国家が受けとる代価の改善に役立つものとなるであろう。

ボックス6.2．改革の影響を評価すること
——予算内で質の高いケアを供給している国の政策例——

　1992年，**カナダ**の連邦および州の保健担当閣僚は，ヘルスケアにおける質の向上のための国家戦略を承認した。諸努力は，国家レベルのNGOや連邦及び州や地方政府間の協同プロジェクトにより，ヘルスケアの質や妥当性，有効性を高めるためになされた。進行中の努力の一部は，ヘルスケアの介入評価システムの進展を含んでいる。地方，州および連邦政府は，1996年中に実施された国家レベルの評議過程において，プライマリー・ヘルスケア*改革を協同して進めた。保健担当閣僚は，革新的なアプローチである「ファーストライン（第一線）」のケアに対して強い支持を表明した。近年において，州と地方や個人の法的管轄は，プライマリー・ヘルスケア改革の計画化や実施の段階でさまざまである。いくつかの発案は，次のことを含んでいる。すなわち，医師の支払方法をサービス支払方式から均等割りに変えること。また，それらの方法自体を改革したり組み合わせたりして支払方法を変えることである。

　＊　1970年のアルマ・アタ（Alma-Ata）の国際会議で定式化された，プライマリー・ケア（一次医療）に保健・公衆衛生の実践を加えた総合的な概念。

フィンランドでは，施設ケアを減らしホームヘルプサービスや在宅生活を可能にする諸サービスを増やすことによりケアのバランスを変えるという全国規模のプログラムが，1990年代初頭から実施された。この行動プログラムは，初期の段階ではコストに枠づけをする方法として意図されたものではなく，むしろ多くの病院のベッド数を減少させ，利用者や患者の生活の質を改善するための方法であった（フィンランドは，OECD諸国の中では，人口に対するベッド数の割合が最も高い国の一つであった）。しかし，そのことが，ヘルスケア財源に関する直接的な危機を防いでいるのである。

　アイルランドにおいては，指示的薬（提供）目標計画（the Indicative Drug Target Scheme）が，薬価の急速な増加への対応を紹介している。この計画は，年齢や性にウエイトを置く平均的な処方コストを基本にした支出目標を医者たちに提供した。このことは，製剤コストの増加を緩やかにした。医者たちにその目標に従うという動機づけを与えるために，節約の一部が，開発プロジェクトの実施のために医者に返還されるのである。このようにして，過去において薬に費やされた金が今はプライマリー・ケア（一次医療）や予防活動に向けられている。

3　有効性：結果指向の政策決定動向

　政府は，メディカルケアに費やした財源の見返りに，何を受けとることができるのか。加盟国において住民に提供されたヘルスケアサービスの実際の成果は，伝統的に投入量と生産高に焦点をあててきたヘルスケア・システムによって評価されることはない。評価基準の範囲は，政策決定者が現存の基金をどのようにして特定の計画，サービス，治療，医療技術に割りあてるかを決定する際に役立つよう開発された（表6.2）。

　これらの評価方法のほとんどは，住民の健康状態の包括的な指標と見なすことができる。その指標は住民の健康状態に加えて社会的要因，環境的要因およびライフスタイルの要因という幅広い範囲からなる。ヘルスケア・システムがいかにうまく機能しているかを正確に判断するためには，生活の質的指標は，量的指標と同様に，必要不可欠である。さらなる一連の指標は，メディカルケアの介入と健康との連携が確立された「メディカルシステムの実施状況」を評価するために開発されている。これらの指標は，メディカルケアの質やヘルスケア介入に伴うリスクレベルを立証することに一層の焦点をあてている。

　OECD諸国内に，たとえば財源分配，賃金決定，ヘルスケア投資の優先順位の決定などの政策選択の指針となる情報に関するデータを利用することが望ましいとの見解が広く見られる。しかし，成果の評価方法の開発進度はまことに遅々としたものであった。その理由は，主に「財政面以外の適切な成果」の評価（健康増進を示すのに使われる）が煩雑であることや，そのような評価に潜む方法論にある。

　いくつかの試みがなされ，健康と密接に関連した生活の質（health-related quality of life）を生存や寿命のデータと結びつけて考え，それによって疾病と死亡の局面を一つの混在した評価に合わせようとしている。最も一般的な尺度となるのは，質の維持を保つ生活年数（quality-adjusted life years, QALYs）であり，それは異なる医学的治療の費用に対する効果の測定をする際に，主として用いられている。近年，QALY方法論はまた，住民の疾病およ

び死亡の実例を，さまざまなタイプの健康予測〔障害から自由な平均余命，健康を調整した平均余命，健康に生活できる年数，障害を調整した生活年数（DALYs）を含む〕のような健康状態の指標の集合に関連させていくために用いられる。

　これらの評価は，異なるタイプのヘルスプログラムの効果や実践を評価したり，ヘルスニーズを比較評価するために開発されているが，その中で使用されている概念や定義についての基準を欠いている。そのような基準のもとでの健康の定義（あるいはその欠如）は，同一の住民に対する幅広い調査結果を生み出している。健康の概念を個人の特徴に限定している基準もあれば，社会的役割を含んだより広い定義を採用しているものもある。多くの基準は，患者または調査の回答者が異なる介入やプログラムのために生活年数を調節するため，さまざまな健康状態の価値の評価に頼っている。しかし，これらの価値自体は住民の間では多種多様な形態をとる。

　成果の評価は，介入効果や安全性を測定するために，診断上および治療上のサービスや手当についての臨床実験において伝統的に用いられてきた。これらの研究は「実質的な健康状態の介入効果測定基準」として，厳密な成果の定義を用いている。そして，それらの結果は臨床医が個々の患者のケアについて決定するに足る根拠を提示している。たとえば，癌，心血管疾患用の抗凝固剤，妊娠・出産中の女性や新生児のケアといった分野における研究がなされている。臨床治療指針や最善の治療プロトコール（実施要綱）の開発に用いられてきた。

　国家レベルでは，薬剤や新医療技術普及の管理に役立てるために，効果の分析も用いられている。たとえば，1990年代初頭には，オーストラリアやカナダではどの薬剤を薬剤効能計画に含めるべきか（保険適応とするか）についての決定に，効能分析が取り入れられた。

　メディカルサービス管理の分散の増大（地方分権の推進）により説明責任（accountability）の重要性が増している。保健成果の指標は，そのシステムにおいてさまざまな医療関係者の治療を監視する手立てとして用いることができる。医療関係者は，地域住民の健康を最大限に高める責任を持った地域の健康に関する権威であるとともに，政府や保険者と契約を交わ

表6.2. 家族の健康状態の評価尺度

測定範囲	測定尺度の例
生活の量	・平均余命 ・標準死亡率 ・早期死亡率：潜在喪失年数
生活の質	・機能障害，生活障害，社会的不利 ・精神的健康 ・健康に関連した生活の質
合成健康尺度 （生活の量と質の合成）	・生活の質を調整した寿命（QALYs） ・障害等を被らない平均余命〔健康平均寿命〕（DFLEs） ・健康を調整した平均余命（HALEs） ・障害を調整した寿命（DALYs）
システムの質および実績	・治療により被った不利益（たとえば院内感染） ・ヘルスケアにより検査可能なリスクレベル（たとえば血圧） ・患者の満足感 ・介入効果の評価（たとえば免疫性獲得） ・回避可能死亡率

QALYs: Quality-adjusted Life Years
DFLEs: Disability-free Life Expectancies
HALEs: Health-adjusted Life Expectancies
DALYs: Disability-adjusted Life Years
資料：　OECD.

す提供者でなければならない。各国は，これらの成果の評価と結びついた奨励金支払制度（incentive and payment scheme）をつくり始めている。その制度においては，ヘルスケア・システムの提供者には，患者の救済において成し遂げたものに基づいて奨励金が支払われることになっている。

「提供されたケアの質」は，利用者の期待が増したこと，診療や質における多様性に対する意識が高まったことによって，重要な実績の一翼を担っている。ケアの質を評価する指標は，臨床のケアの諸層，および次々に変わる健康状態に影響を与える諸問題を明らかにする質の諸層を監視できる。ケアの質は，健康に関して次のように定義される。すなわち，質の高いケアは健康についての好ましい変化を生み出したり，健康の衰えを遅らせるものであり，質の低いケアは病気を予防できずに実際は衰えを早めたりするものである。したがって，これらの指標は，効果を目標とした計画の貴重な成果であるということがわかる。指標は，特定の保健介入の成果を示す直接的な指標に向けて第一歩を与えることになる。

OECDに提出された報告書において，各国の専門家たちはこれらのタイプの尺度や指標の開発における重要な活動について報告している。指標の一般的なタイプは，保健介入の結果，健康の衰えをもたらすような不測の事態を測定するものである。たとえば，院内感染，手術後の感染症，外科や産婦人科におけるその他の合併症などがそうである。そのような指標はケアのプロセスにおける短所を指摘し，改善を促すかもしれない。その他のケアの質の指標は，免疫率や乳癌あるいは子宮癌の「（生体への）吸収率」のようなヘルスケア介入率を確認するプロセス測定を含んでいる。

将来の成果に関する評価基準の進歩

成果の評価基準が求められているにもかかわらず，その基準が一連の政策に適用される前に克服すべき方法論や論理面からの多くの問題が存在している。各国の専門家たちは，OECDに対して，どのようにこれらの問題を克服するかについて多くの勧告をしている。まず第一に，住民の健康状態の一般的な基準についての専門家たちの一致した意見では，基本的なデータ，特に障害や疾病についてのデータ比較ができない場合には，加盟国の健康面接調査において，選択された中からの一致した条件に関する最近の研究を進展させるため，さらに進んだ研究が必要となる。[2] 第二は，国の健康調査における健康手帳や保健の実用的な器具の使用を監視しながら，障害や精神衛生などの健康状態を記述する際の**一般的な用語**のみならず，健康状態の記述方法についての**標準的な基準**を定義する作業から始めるべきである。その結果生じる一連の問題点は主要国の保健調査に組み入れられるであろう。

現在のところ，健康状態の合成指標を引き出すのに必要とされる有効なシステムのための，最も適切な方法や取り組みに関する共通の見解はほとんどない。それゆえ，健康状態についての包括的な記述作業が，有効なシステムのための方法，またその選択についての研究に先立って行われるべきである。当分は，単純明解で有効な暫定的システムが使われるべきである。最初は，国家間の比較のための，比較可能な健康の予測や健康が維持された場合の平均余命の予測の研究に焦点があてられるであろう。

4　公衆の「内在能力の発揮・向上（empowerment）」

効率的で効果的なヘルスケアを阻害する構造的な障害の一つは，患者が必要と思っていた

りあるいは受けたいと思っているサービスに関して，患者たちが影響力を持たないことである。医者は，自分たちが患者を最善の状態にするために十分な知識を有し，またそのために行動するという前提に立ち，長い期間を要しヘルスケアにおける「権威」としての地位を確立してきた。患者の役割は，受身的であって治療にはほとんど影響力を持たず，医者の助言を受ける以外の選択肢はほとんど持っていない。このような医者と患者の不均衡な関係は，多くのOECD諸国において優越性の強い医療行為の姿を残すという結果をもたらしている。

　社会の風潮（高学歴，専門雑誌などを媒体とした医療情報の入手の手軽さ）は，いくつかの国で医師中心の医療行為への取り組みに圧力をかけている。患者は質の良いケアや，特に（治療方法の選択を含めて）臨床治療の決定に発言権を持つことを求めている。[3]

　患者への権限付与に応じた医療の事例が明らかになっている。十分な説明を受けた患者は，純粋な温情主義的対応に直面した場合よりも，必要に応じた行動の変化を受け入れやすい。このように，患者への権限付与は予防を目標にした改革方針に必要な要素となる。さらに医師は，患者の好みについての知識を欠いているが，患者は健康のさまざまな面（たとえば痛み対障害）にどのように重きを置くかや危険への忌避についても（その対応について）多様性を持っている。したがって，ヘルスケアの方法を選択することに対する大きな影響力は，それゆえに，患者自身が感じている健康状態をより良くすることができる。

　しかし，患者への権限付与は，個人の効果的な治療方法を保証する以上の結果をもたらす。より多くの説明を受けた人々は保健政策についての質問がしやすくなる。たとえば，同じ病気にかかっている患者のグループ（アルツハイマーや喘息患者のような）は，臨床研究やより適切な治療方法の組み立てにおける優先順位のつけ方について，医師に影響力を及ぼすために，医師と話し合いを始めている。そのような話し合いをあえて制度化することによって，患者グループへ効果的で影響力の強い資源が意識せずとも提供されるようになる。このような思い切った行動のいくつかは，低い支出でより効果的な治療をもたらす（たとえば急性小児喘息の治療）。院内感染の減少，新生児死亡率や出産障害の減少に対する国の取り組みは，一部は患者グループがそれらを重要な問題として捉えたことに因るであろう。

　医療の質への影響に加え，患者グループはメディカルケアが行われる環境をやわらげ，人間性を回復しようとしている。スウェーデンの改革運動は，病院において患者が適切に取り扱われるべきであると主張した。フランスでは，公立病院の共同病室の廃止による，いわゆる「**人間性回復の病院**（l'humanisation des hôpitaux）」が叫ばれている。英国では，基金を保有する一般開業医が，古びた施設を一新することによって，増え続ける患者の期待に応えている。

　医療行為の決定に対する影響力行使を望む患者に対する医療方針決定者の反応は，ヘルスケアの財政面における患者のさまざまな役割を反映して変化しつつある。「患者憲章（Patient Charter）」は，OECD諸国においては病院や国家レベルで標準になっている。「患者憲章」は情報入手をたやすくし，治療方法の選択権の獲得を促進し，医師を上回るより大きな選択権を確立している。しかし，これらの改善点の多くは非常に新しいため，まだ評価される段階にまで至っていない。

5　ヘルスケアにおける公平性

　ヘルスケアの公平さの定義には多くの側面がある。ここでの論議は次の3点に焦点をあて

る。まず最初に、**ヘルスケアの財政上の公平さ**に関連するが、ヘルスケアに対する支払は、個人の支払能力と密接な関係を持つべきことを意味する。第二に、**ヘルスケアの分配の公平性**は、人々がサービスの必要性に基づいてヘルスケアを受けることができ、同じレベルの必要性を持つ人は同じようにサービスを受けられるということである（Van Doorslaer and Wagstaff, 1993）。第三は、国民に対して、**等しく良い健康状態を保持し健康サービスが提供される「公平性」**についてである。

1960年代以降、公平性の実現に向けた努力により、OECD諸国の大半において、その人口をカバーする、ほとんど共通といってよい健康保険制度が確立している（表6.3）。しかしながら、1995年の入院患者については、アメリカ合衆国で46％、メキシコでは69％の人々が公的対応の適用範囲に入るという例外状況にある。[4] 健康増進の拡大は、人々の間に存在している健康に関する不公平性に、まだ十分取り組んでいるとはいえない状況である。

① 財政上の公平性

OECDの報告書（1998g）は、ヘルスケア財政における公平性には二つの重要な問題が残っていると述べている。第一に、メキシコ、トルコ、アメリカ合衆国はそれぞれの国民が内に抱える不公平な保健医療の問題領域について報告している。第二に、多くの国が公平な経費の負担の影響、特に弱い立場の人々への影響に関心をはらっている。たとえば、ベルギー

表6.3. OECD諸国におけるヘルスケア適応の人口比率（1960年および1995年）

	1960	1995
オーストラリア	100	100
オーストリア	78	99
ベルギー	58	99
カナダ	68	100
チェコ共和国	100	100
デンマーク	95	100
フィンランド	55	100
フランス	76.3	99.5
ドイツ	85	92.2
ギリシャ	30	100
ハンガリー	n.a.	99
アイスランド	100	100
アイルランド	85	100
イタリア	87	100
日本	88	100
韓国	0	100
ルクセンブルク	90	100
メキシコ	n.a.	69
オランダ	71	71.8
ニュージーランド	100	100
ノルウェー	100	100
ポーランド	n.a.	n.a.
ポルトガル	18	100
スペイン	54	99.5
スウェーデン	100	100
スイス	74	99.5
トルコ	5.8	n.a.
英国	100	100
アメリカ合衆国[1]	20	46

1. 民間健康保険は含まない。民間保険加入率は、近年およそ85％に上昇している。
資料： Diskette OECD Health Data 1997.

とフランスは相互支払制度が，貧しい人々のケアへのアクセス能力に逆の影響を与えているかもしれないと報告している。

一般的な適用を決めていないOECD諸国では，最近，特に保険の対象になっていない人々に対して，ヘルスケアの適用を広げる方策をとっている。それは，多くの国で現在，弱者や高齢者の自己負担を免除するという方向をたどっている。たとえば，ドイツでは，収入の割合によって相互支払額を調整しており，フィンランドの社会福祉システムは，低所得者に対して利用料金の部分で補助をしている。

経費負担には基本的に二つの目的がある。「1）ヘルスケア・システムのための基金を調達すること，2）過剰なサービスを減少させ，適切なサービスによって健康状態の低下を予防すること」がこれである（OECD, 1995e）。しかしながら，研究によると，サービス需要の減少につながり，それは低所得層に影響し，高収入層の人々は民間保険に加入することになる。したがって，多くの国では低所得者，高齢者および子どもに対して経費負担を免除している。これは，「利用の合理化（rationalisation of usage）」とは逆の方向をたどり，所得世代という最初の，唯一のゴールからは離れていくことになる。

一部の国では財政上の必要に基づいて，長期ケアの財政基盤を提起している。アメリカ合衆国において，高齢者がメディケイド（Medicaid）による援助を受けようとするならば，「限度以下での利用」に合うように，財産が非常に少なくなければならない（Sloan et al., 1996）。英国ではまた，最高限度額が用いられている。測定法として，再分配の原理に基づいた基本的な**優先度**は，公的支出を調整することによって効果を持つことがある。財源の損失を避けるために，子どもや配偶者への早期の資源分配が行われることがある。公的援助から成る公的資金による施設内ケアは，一般的に多くの良いケアを受けられると考えられているが，在宅ケアの方が経費が低くてすみ適切なケアがなされている。長期ケア時における自己の財産は保護されており，中間施設を選択する際に使用される。しかし，その財産は政府に吸収されることもある（たとえば配偶者の死の後）。

② **ケアサービス提供の公平さ**

人々が必要なサービスを必要な時に得られる時，公平な医療ケア提供が存在するといえる。しかしながら，この公平性を測定することは簡単ではない。異なった社会・経済グループによるサービスの消費についての情報があるとはいえ，そのようなサービスの必要性の測定はさらにむずかしい。たとえば，ニーズ（すなわち疾病状態）に合わせたサービスの利用に基づく研究は，予防医学効果の過大評価につながるかもしれない。人々は病気である場合もそうでない場合も病院へ行くので，実際の消費パターンに基づいた研究には偏りが見られる。

サービス提供の公平性を測定する別の方法は，収入グループごとの疾病状態を調べることである。この方法は一般的には，疾病状態の広がりは均等ではないことを示している。すなわち，収入の少ないグループでは疾病状態にある程度が高い（Van Doorslaer and Wagstaff, 1993）。しかしながら，疾病状態のデータを公平性の測定に利用するのはむずかしい。第一に，健康調査は，しばしば主観的な認識に基づいていることが多く，客観的チェックが不足しており，不健康な状態の測定を困難にしている。第二に，人々の医学的知識の増加により自己の疾病への認識が高まっている。最後に，疾病状態についての医学的データは，そのデータがより効率的に集められた国においてより高い不健康状態を示す可能性があるため，その状況を誤って伝えているのかもしれない（Sen, 1998）。

第6章　保健とケアサービスの改善における政策課題

　ヘルスケア提供における公平性については，時折地理的な問題があげられる。たとえば，韓国，日本，イタリア，ポルトガルでは，ヘルスケア提供システムの不公平性が，特に貧しい地方農村地域の人々がケアへアクセスする場合にあり得ると報告している。医師の分布は，資源が地域をまたがって公平に分配されることに重点をおいた政策にもかかわらず，大都市へ偏ってしまっていて，その利用には多くの障害がある。第一に，地方に住む人々が医者にかかるためには遠距離を移動しなければならず，そのことが治療を受けるにあたっての物理的な障害となっている。第二に，ケア提供者についての選択肢を持たない場合が考えられるが，これは提供者によってなされる決定に対して，患者が疑問を投げかけにくいということを意味する。

　国は，より効果的なヘルスケア資源の配分を助けるために，多くの方法を実施してきた。それには農山村部や遠隔地の人々のケア・アクセスを改善することや，無料で健康診断プログラムを実施することによって予防ヘルスケアをより普及させることが含まれる。たとえば，多くの国では，子ども（北欧とドイツでは18歳以下の子ども）に対する無料の健康と疾病予防のケアおよび妊婦へのケアを実施している。また，子どものヘルスケア対策として，学校を基盤とした抵抗力の増強と集団検診プログラムを実施している。

　地理的な広がりは，長期ケアの利用に対して中心的な役割を果たすと同時に，当然ながら，ケアの提供に対しての分散的傾向をもたらしている。最近多くの国で行われている改革（たとえば1992年のスウェーデンのエーデル改革）は，管理面で多くの変化をもたらしている。社会的な政策の決定における挑戦の一つは，中央のレベルでの決定（たとえばブロック交付金の決定）が，地方レベルでの大きな不平等を引き起こさないようにすることである。たとえば，フランスでは同程度の依存状態に対する助力の相違は，この領域にある10の要因により変化させられる（Joel, 1997）。しかしながら，分配の分散化のため，そのような不公平さを減少させるのはむずかしい。長期ケアは主として税金で運営される時，財政的にはしばしば地方自治体の責任においてなされるが，支払はブロック交付金を通じてなされる。

　しかしながら，後述するように，ヘルスケアにおける公平な財源とサービスの公平性を達成することは，強固な健康状態の不公平さを減少させるためには十分でないかもしれない。研究によると，社会経済と人口統計学的な要素が，人々の健康状態について環境，行動，ライフスタイルの要素と同じように，重要な役割を果たしている（Evans et al., 1994）。

③　健康状態の公平性

　多くのOECD諸国で，包括的で普遍的な健康状態を提供していくことが健康問題を改善していく重要なステップであると信じられている。現在多くの国で研究されている健康状態のレベルは，さまざまな方法で測定されており，家計所得，教育レベル，および職業状態が低位にある層において健康状態の低さが示されている。社会経済的変数による健康に関するいくつかの予測[5]は，——しばしば障害または自己覚知による健康測定に基づいて——相対的に貧しかったり学歴が低い人々を見ると短命であったり，その生涯を機能障害（disability）や社会的不利（handicapped）を担って過ごしている場合が多いことを示している（Robine et al., 1997）。たとえば，カナダでは富裕者と貧困者の間には，総平均余命では6.3年，職業的に障害を被らない平均余命では14.3年のギャップがある（Wilkins and Adams, 1983）。

　最近，学校での予防ケアプログラムと低収入状態の妊婦の出産前のケアを通して健康に対する不平等さを減少させることを目的にした，多くの「目標達成」プログラムを実施してい

る（OECD, 1998g参照）。さらに，WHOの「すべての人々に健康を」のキャッチフレーズのもとに，多くの公的ヘルスケア政策の目的や目標が打ち出されている。ヘルスケア・システムと同様に，個人的なヘルスケア提供者のための抵抗力増強目標やスクリーニング・プログラムを設定することにより，健康状態の公平性が達成されることが望まれている。

しかしながら，これらの進歩が真に達成されるまでには長い道のりがある。多くのOECD諸国がヘルスケア・システムは治療的アプローチに焦点をしぼりすぎているとしている。人々は病気になった時診察を受けるが，医師は患者に健康診断や予防ケアを受けることを勧めてはいない。

さらにこの批評を理解するために，公衆衛生アプローチと医療ケアアプローチの区別をつけることが重要である。ラスカー（Lasker, 1998）によると，医学の分野では生物学的メカニズムを考えることによって病気に取り組み，公衆衛生分野では疾病の原因となる，環境・社会・行動から来る危険因子を明確にすることにより，住民レベルでそれらの危険因子を減少させようとする。効果的な公衆衛生政策のためには，医学と公衆衛生の2本柱のコーディネーション（共同作業）がなくてはならない。

住民ベースのアプローチは人々の集団を見つめ，共通した特性を明らかにし，これらの特性を基盤とし，住民に対する諸政策をターゲットとする（ボックス6.3参照）。このアプローチは，以下のようなこれら住民が必要とする諸サービスを提供することによる住民の特別健康増進プログラムの施策化を伴う。それを列挙すると，人々のニーズに対応する，整った住居，教育，雇用，収入および栄養などがある。また，効果的な保健衛生による疾病予防，突発的疾患に対するモニタリング，予防，健康教育が含まれる。すなわち人々に不健康な行動とは何かについての教育・指導のサービスである。このアプローチは，特定された住民の病気の原因について，住民ベースのアプローチを通じて知り得た情報を適用することにより，個人の疾病の発生見込率を減少させるための抵抗力を増進強化する効果的健康プログラムを形成する。

貧困によって健康状態が低下するのであれば，ヘルスケアが医療支給よりも多くなくてはならない。たとえば，政策策定者はヘルスケア担当者や医師が，患者の収入や住宅援助について，より広い範囲の活動をするように奨励すべきである。国は，ケア提供者が協力して特定の人々の公衆衛生促進について働きかけるべきであり，サービスを受けにくい人々がその利用に際して他に不都合な事柄があるかもしれないことを知らなければならない。もしサービスが，受給者と一般的には何の関係もない提供者によってなされるならば，患者を落胆させるかもしれない。アメリカ合衆国では，低所得者医療扶助制度プログラムの変更を考えている諸州は，対応するヘルスケア提供者は，彼らが関わる低所得住民の言語能力を増進させるか，あるいは翻訳サービスを提供するかを義務づけられている。これは，恵まれない住民集団への関わりを容易にし，適切な文化的アプローチにつながるかもしれない。

一つの大きな欠点は，分配やアクセスの公平性を超えた公平化政策を追求することは多大な経費が必要となる可能性があることである。最初の公的支払の不平等さや給付返済に関する法律は，低健康状態グループに対してより多くの財源が必要となり，社会における利用可能な限度額の総合計が減少する。普遍的システムにおけるそのような戦略の問題は，特に支出が増大しその大部分の経費負担は中産階級に課せられている。

> **ボックス6.3. OECD諸国における住民ベース（population-based）の施策**
>
> 　住民ベースのアプローチは，個々の介護エピソードに左右されない。その代わり，**リスクを負っている状態にある集団**に関与している要因を減らし，「治療」より「ケア」と予防を強調するという政策に**ターゲットを変更**し，それに焦点を合わせている。危険な状態にある集団は，全人口のいくつかの部分を構成している。（たとえば，自分で健康ニーズが適切に満たせない，もしくはそれに対応できないような人々，すなわち喫煙のような危険を伴う行動を習慣的に行っている人々とか，不利な立場におかれている人々や慢性病者のように）。
>
> 　広範囲の保健政策への取り組みを呼びかけるために，いくつかの国では，保健政策に関連のある教育，社会サービス，司法，住居，雇用を監督する国立機関の統合を始めている。危険因子，社会経済因子，環境因子に特に重点を置いた健康状態の尺度や指標に関する開発や収集資料は，人々に対してリスクや目標をより明確にするために使用されている。
>
> 　**オーストラリア**では五つの優先分野が選ばれた。心疾患，ガン，外傷，糖尿病，精神衛生である。これら五つの優先分野の目標は，明細に記されている。予防，初期介入，治療，進行中の医療技術に対する指標や戦略の確認に焦点を合わせるだけでなく，健康上の不平等のレベルを下げ，健康に関する政策を進めるための関係分野の相互的活動強化に重点をおいている。
>
> 　**カナダ**は，1994年に住民の健康アプローチの枠組みと戦略を採用し，「**カナダ国民の健康に関するレポート**」で詳しく説明している。この事業の一部として，カナダの保健省は，政策やプログラムが与える健康へのインパクトを評価する手段を開発するために，他の連邦諸省と協働することになるとしている。
>
> 　1994年，**ニュージーランド**公衆衛生委員会は，六つの公衆衛生の目標を定めた。目的，結果の指標，および戦略は，健康の決定因子，各分野でのまたは諸分野協同の戦略的提携，および公衆衛生基盤の強化に焦点を合わせて準備されてきた。
>
> 　**英国**の1998年の白書は，「NHS（National Health Services）を越えて多くの因子によって影響を受ける人々の総体的な健康状態を改善するという包括的目標を反映するような」健康面での改善を検討する作業の枠組みを制定した。たとえば，冠動脈性心臓疾患を一つの例にすると，死亡率や（喫煙，ダイエット，運動などの）危険因子の変化は，女性，少数民族といった異なった集団においてより詳細にモニターされるであろう。1999年から，健康改善施策は，実践評価として進められている。

6　虚弱高齢者へのケア供給

　ほとんどの国で，65歳以上の高齢者の5～7％は施設内で生活している（表6.4）。この状態は近年劇的に変化したわけではなく，むしろ施設内ケア数の増加は，高齢者人口の増大によるものである（施設収容の年齢適合比率はいくつかの国々で低下している）。高齢者が利用できる施設は，国内で，また国によって異なっている。緊急用の医療ケアを備えたホテルのような住居と一般の医療看護ケアを主体としたナーシングホームとの間には，設立の全経緯が関与している（Pacolet, 1997）。日本，オランダ，そしてより程度は低いがフランスで

表6.4. ケアシステムの比較

	長期ケアの総支出 (1992～1995年) %GDP[1]	長期ケアの公的支出 (1992～1995年) %GDP[1]	施設内の65歳以上の人口分類 総%[2]	家庭内で公的援助を受ける65歳以上の人口分類 総%[3]	施設間の民間病床数 総%[2]	長期ケアの施設内における総公的支出の概算 総%[4]
オーストラリア	0.90	0.73	6.8	11.7	26	73
オーストリア	1.4	n.a.	4.9	24	n.a.	n.a.
ベルギー	1.21	0.66	6.4	4.5	49	53
カナダ	1.08	0.76	6.2 to 7.5	17	38	67
デンマーク	n.a.	2.24	7	20.3	n.a.	80
フィンランド	1.12	0.89	5.3 to 7.6	14	12	86
フランス	n.a.	0.50	6.5	6.1	32	59
ドイツ	n.a.	0.82	6.8	9.6	33	48
ギリシャ	0.17*	n.a.	5	n.a.	n.a.	n.a.
アイルランド	0.86*	n.a.	3.5	3.5	47	n.a.
イタリア	0.58*	n.a.	3.9	3.0	33	n.a.
日本[5]	n.a.	0.15/0.62	6.0 (3.0 NH)[6]	5	n.a.	n.a.
オランダ	2.70	1.80	8.8 (2.7 NH)[6]	12	n.a.	76
ノルウェー	≡ 2.80	2.80	6.6	17	10	63
ポルトガル	0.39*	n.a.	n.a.	n.a.	n.a.	n.a.
スペイン	0.56*	n.a.	2.8	2	n.a.	n.a.
スウェーデン	≡ 2.7	2.7	8.7	11.2	n.a.	n.a.
スイス	0.75*	n.a.	n.a.	n.a.	n.a.	n.a.
英国	1.30	1.00	5.1	5.5	44	70
アメリカ合衆国	1.32	0.70	5.7	16	100	67

n.a.: データなし。

1. 長期ケアは高齢者が自宅あるいは施設内で自立した人生を送るために必要なケアである。ここでは公的な援助に限る。在宅ケアは医学的ケアを除いた保健婦によるホームケアサービスを含んでいる。施設内ケアは医学的費用を除いた、ケア滞在に関連した費用とすべてのセルフケア活動への援助が含まれている。これらの定義は、二つの異なった情報から提供されており、均一ではない。情報の大部分はPacolet (1997) と他の国家財源から得られた（資料として表1.8参照）。さらに、他の国での*印の情報は Markus Schneider 他 (1994) から得られた。Gesundheitssysteme im internationalen vergleich, BASYS. データは著者による 1992～1994年の資料を参照する。
2. 施設選択の概念によって、評価の判断は変更するかもしれない。（保護施設、高齢者用ホテル、メディカルホーム）通常、明確にされている概念は介護付住宅だけを含むべきである。デンマークでは、67歳以上の高齢者と日常生活における公的援助の割合。
3. 地域における支持的援助に対応する高齢者と日常生活における公的援助の割合。
4. 1995年人口調整による施設における現在の長期ケア保険による追加基金は0.62%であり、高齢者のための現在の基金は0.15%である（入院費用は含まない）。
5. いくつかの居住施設が病院の中で提供されている。データはナーシングホーム（狭義）よりなる。

第6章　保健とケアサービスの改善における政策課題

は，基本的に病院が住宅としての機能を合わせ持っている。

施設収容の年間経費の平均は，1人あたりGDPの平均1〜1.5倍の範囲にある。この合計は必要なケア財源としては不足している。ホームヘルプは，国によって異なるが，人口の5〜17%の人が利用可能である。その費用は平均して1人あたりの収入の10分の1から2分の1にあたり，非常に幅がある。

ケアシステムの発達した国では，ほとんどの重度の障害のある人は，家庭または施設で何らかの援助を受けている（OECD, 1994b and 1996b）。

①　長期ケアに対する将来的展望

典型的なOECD国での長期ケアの費用総額は，GDPの1.5%未満である。保健経費と比べて長期ケア経費を変化させる主たる要素は，人口統計学的要素および分布的要素である。長期ケアに対する総経費は，寿命と将来の健康の程度によって左右される。いくつかの研究によると，障害のある高齢者からダイナミックな可能性が見出されている。たとえば，マントンら（Manton et al., 1997）は障害の程度を減少させることが，確実に，将来の依存率に楽観的な見解をもたらすことを示している。この改善は援助を必要とする人口と2028年までの18〜64歳の人口との間に一定の比率で生じると述べている。これは，今までの研究から得られたものとは異なった諸相である（Wiener et al., 1994）。OECDの担当責任者（Jacobzone et al., 1998）によると，高齢者の健康状態を相対的に改良することによって高齢化の潜在的な影響を部分的に埋め合わせることができるとしている。これらの効果がマントンら（1997）が述べているほど強くなくとも，経費はGDPの成長よりも多少なりとも早く増えることだろう。

②　ヘルスケアの実施と使用のための適切な刺激の提供

長期ケア政策は，家族，需要，状態の3種類の複雑な相互作用を通じて実現される。個人的または公的ケアは，家庭内で提供されるケアを部分的に代替するものである。家族は，行政的に高い経費がかかるとしても，最小の経費（経済的のみならず，利便性がなければならないが）で賄うことを望むだろう。たとえば，共同支払がより低額ならば，彼らは施設ケアを求めるかもしれない。多くの場合，彼ら自身の家庭での習慣を残すため相対的な価格を考慮に入れる。

カナダ（Carrière and Pelletier, 1995）とベルギー（Crevitts and de Donder, 1995）での実証的な研究の結果，年齢，結婚状態，収入，利用可能な援助が，施設でのケアへの需要において重要な役割を果たすことを示している。娘や息子の存在は，施設援助（institutional aid）に依存する割合を減少させている（Dick et al., 1992）。年齢と配偶者の有無はドイツと合衆国で同じような効果を示している（Himes et al., 1997）。施設内ケアの利用は，患者の活動や損傷の大きさについてケア提供者が判断を行っている。その上，施設を必要とする人々への公的援助の現状は，アメリカ合衆国の場合で示されたように多くの要求に対して施設支援のために市場を受け入れることができるようになっている（Reschovsky, 1996）。

ケアのより良いバランスと統合を達成させる方法を考えることが必要である。社会的な権威と健康管理団体はしばしば個人の真の欲求を満たす適切な計画なしで，並んで協力して取り組んでいる。医療設定下でのサービスの提供は，多くの場合，より高価である。両方のタイプのサービスが異なる施設で行われている場合はより困難であり，そのような状況は加盟国の多く，たとえば英国，ハンガリー，フランス，カナダ，イタリアで見られる（OECD,

1998g参照)。単一化された社会保障計画の紹介は，ドイツにおけるこの問題を軽減したように見える。

　地域ケアの転換が経費軽減につながったことが複数の研究により示されている。アメリカ合衆国での研究（Jacobzone, 1999 forthcoming）では，最終的には収支のバランスがとれていることを示している。二つの要素がこの結果を説明している。第一に，家庭でのサービスを求める要求にはかなり幅がある（Lagergren, 1997）。第二に援助の経費は，施設の設定によるものではなく，機能不全の度合によっている（Browne et al., 1995）。依存度の高い人（援助の必要な人）は，家庭内あるいは施設内のどちらで援助を受けるかに関わらず同じ程度の経費が必要である。よりニーズに基づいた援助を実施するために，施設，フォーム（型，内容）について再度調整していくことを意味している。

　基本的なフレームワークやケアサービスの指標を明らかにしていくことは，財政や保険内でのより効率的な財政運営をすることとなる。アメリカ合衆国で開発されたRUG（資源効用集合）尺度＊は，長期ケアに対する経費の指標として，他の国で利用され始めている。ドイツとフランスでは，障害の度合いによる標準尺度を使用することによって在宅ケアを許可する際の判定基準としている。

③　他の社会政策との統合

　国はさまざまな柔軟性のある財源の組み合わせによる実験を行っている。いくつかのケースでは，ケアの提供における個人の選択を，個々の貯蓄勘定次第でより柔軟にすることが考えられている。他方，アメリカ合衆国では財源の強化を図る実験を行っている。PACEプログラムは，自宅でケアを受けられるようにするための包括的なサービスを提供することで長期ケアを受ける患者のニーズに取り組んでいる。対照的に，他の国では社会的な保護システムを拡大させる方を選んでいる。ドイツと日本では，長期ケア保険の公的制度が，その財源と特定サービスとともに制定されている。ノルウェー，スウェーデンおよび最近ではオーストリアにおいて，公的な長期ケア制度が確立されている。

　援助の必要な高齢者ケアの複雑な問題の改善には，さまざまなレベル——公と民，中央と地方——における共同が必要である。これらのパートナーシップは，地方レベルでのケア制度と財政間，基金の公的制度とケア制度間を結びつけていくことができる。基金を提供する中央政府と管理ケア制度を持つ地方行政間でのさまざまなレベルの交渉も行われるかもしれない。委任システムの結果として，統一された管理体制が地域の責任性を促進し，「ケースマネジメント技法」を用いて高齢者の継続ケアが行われることになる。

　可能な時はいつでも，たとえ制度上の困難性があっても公的あるいは民間で，疾病保険か年金システムによる財源の共同利用が可能になるよう評価がなされるべきである。人が依存的（援助が必要）になると，その人の健康ニーズと日常生活は変化するだろう。したがって，その変化のシステムは，ある一定のポイントのニーズに従って考慮されるべきである。一部の患者は，疾病保険によって救急医療ケアが受けられるようになっている。しかし，ホームケアや長期ケアではそれは賄われないにもかかわらず，後者はより低経費でより必要性が高い場合が多い。

　＊　長期ケアに対する経費の指標として米国で開発された。

注

1. 実際は，二つの行動がともに働いているだろう。人口増加のリスクは公的システムにおけるヘルスケア提供の経費と量に影響を与えるだろう。
2. そのような仕事は今後3年間ECのBIOMED 2計画がたてられ，WHO EUROHISプロジェクトによって実行されている。
3. アメリカ合衆国では，それらの原理は経営者よりも，医療過誤の訴えや追跡を通じて法律家によるものが発達している。
4. アメリカ合衆国の人口の約40％が何らかの形で任意の健康保険でカバーされている。普通，雇用者による特別税措置が行われる。それは，不利な条件を制限して個々人で支払うより低い掛け金を支払うようになっている。
5. 第1章で健康状態を測定するための多くの議論がなされている。

第7章　結論：達成された諸目標と残された課題

　本報告書で前述してきた社会政策を推進させようとする力は，OECD諸国の多くでは周知のこととなっている。就労機会確保の援助，人口動向に応じたヘルスケア，医療と長期ケアのより良いバランスといった必要な改革の一般的な方向性についても，深刻な議論の的にはなっていない（もちろん，このような目的を達成する最善の方法が，国によって異なるのはいうまでもない）。しかし，このように目的に関しては，ほぼ各国間における同意が見られるにもかかわらず，各国が当該政策内容を改革していこうとするその程度については大きな違いがある。本節では，必要な改革を実行する際の主な障害と，そのような障害の克服に成功した事例について再検討する。

1　公平性と効率とのバランス調整

　OECDレポート（1998g）によれば，公平性と効率のバランスが明らかに不適切であるケースが多い。たとえば，OECD諸国の多くは，社会的支出を厳密に調整し，特に生産年齢層の労働意欲を高めながら，同時に自国における社会的排除や貧困の度合いを緩和したいと考えている。同様な傾向は，社会サービスの供給に関しても生じている。前章では，ヘルスケアへの公的資金投入を重点的に行い，公平性を維持し，人口構造内の各集団の多様な健康状態問題に取り組む必要があることに言及した。しかし，健康上の問題の原因を取り除くのはきわめて困難ではあるが，比較的不利を被ることがなくより簡単に援助ができる集団に資金を振り向けることによって，全体的な健康状態を大幅に改善できる可能性はある。

　公平性への配慮から，社会保障給付額が減額されることはほとんどない。減額されるケースがあるとすれば公的退職年金であるが，失業保険では減額される割合がより少なくなる。公的退職年金の減額は，主に所得に応じた第二段階の所得比例年金に集中し，負担金を多く支払ってきた人ほど影響が大きくなりやすい。年金給付の第一段階は，受給資格を有する高齢者全員に十分なレベルの扶助を行うことを目的としている。これはふつう所得格差による影響を受けず，貧困軽減というこの制度の目的を反映している。また，失業保険の受給条件を厳しくし受給期間を短縮してきた国は多いが，失業扶助と社会扶助給付金についてはほとんど変更されていない。

　経済発展に伴う対策として，年金給付の条件や適用範囲を見直そうとしてきた国（たとえば過渡期にある東ヨーロッパ諸国の多くや，ギリシャ）もあれば，オーストラリアやアイルランドなどのように定額給付金を引き上げてきた国もある。

　一般に，給付水準を低下させることに抵抗が大きいのとは対照的に，受給資格を厳しく制限することについては非常に積極的である。受給資格者判定の絶対的基準は，障害，疾病，失業とされている。しかし，この基準が極端に厳格で融通性のない規則として適用されるな

第7章 結論：達成された諸目標と残された課題

らば，社会的排除の発生を減らそうとする多くの国の目標とは裏腹に，社会扶助が必要であるにもかかわらず受けられない人々が出てくるおそれもある。扶助が受けられていない人々がどのような状況にあるかについては，どの国においてもほとんど明らかにされていない。

状況分析の枠組みの改善は，より多くの国々で政策決定に役立つ可能性がある。給付水準の低下を支持する人々は，所得格差が大きいほうが望ましいという立場を取るわけではない。労働意欲を向上させて不正受給を減らせば勤労収入も増え，長期的に見れば所得格差が小さくなる可能性があると考えられているのである。こうした短期的な影響と長期的な影響の違いを明らかにすることは困難であるが，特に社会的に最も弱い立場の人々が，所得が減ることで社会や労働市場から排除されてしまう可能性の見極めには困難がある。しかし，その効果を測定する適切な枠組みがないため，短期的な公平性の改善だけを目的とした解決方法を選ぶことになるという危険性がある。

2　政策間の相互関係性の重視

政策を実施するにあたりその費用効率を高める方法としては，その社会的成果と，多くの目標を達成するためのいくつかの社会政策による波及効果との間に認められる多様な相互関係を十分に理解し，活用するあり方がある。

このような社会政策との相互関係の例として，次のようなものがある。
- 雇用状況の改善，所得の増加，適切な住宅供給が，健康により良い結果をもたらす。
- 労働年齢層の雇用が促進されれば，通常は退職後の所得が増加する。
- 特に人格形成期における栄養状態や住宅事情に関し，国民全体の生活水準を向上させることにより，健康が改善して寿命が延び，結果的に労働力が強化される。
- 高齢者の長期ケア制度によって若年層の住宅事情に影響が生じる可能性がある。高年齢層にさしかかる人々の住宅事情や所得の状況によって長期療養型ケアの選択肢が制限される可能性もある。

現代においては，社会的諸施策が複雑にからまりあっており，社会政策の監督や管理責任を多数の閣僚や省庁で分担している。そのため，複数のレベルの行政が関与する可能性があり，さらに非政府組織や民間の供給主体（退職年金やヘルスケア部門などのように）が関与することも考えられる。

しかし，複数のグループ間の調整による潜在的なメリットは誰もが認めているところであるが，政策統合がもたらすメリットを効率的に活かす方法については，依然として明確ではない。政策の成功例として，次のようなものがあげられる：
- 第5章で概説したように，多くの国では，最低所得保障，労働市場統合の促進，および社会的援助（保健福祉サービスと対人サービス）をより効果的に組み合わせることにより，社会的排除の問題の解決に努力している。その中でも，二つの方法が成功をおさめている。第一は，さまざまな機関が関わる共通目標を入念に設定していくことであり，ベルギーで作成された「貧困に関する報告書」（OECD, 1998d）がその好例である。このレポートは，さまざまな行政レベルでの，政策の適用範囲と異なる行政レベルによる政策間の矛盾による欠陥を確認することとともに，適切な政策効果について合意を得る目的でも用いられている。第二は，一つの組織に責任をすべて集中させる方法であり，その組織が他の組織から適切なサービスを購入するというものである。

- 高齢者を対象とする長期ケア・サービスは，いくつかのOECD諸国の重点政策である。このサービスがヘルスケア・サービス，社会サービス，および居住の場の提供を含むことはいうまでもない。また，さまざまな行政レベルと同様に，非営利部門も関与していることが多い。サービスの内容は個別のニーズに合ったものとする必要があり，しかも長期的なニーズに対応できるものでなければならない。さらに，効果的な政策は，サービス調整者（たとえば地域の開業医や「高齢者医療コーディネイト・チーム」が運営する医療ネットワーク）や，またその他諸政策とさまざまな関係者の働きを整合化させることへの多大な努力のおかげである。
- ヘルスケア・サービスの提供から，健康の促進を達成してゆくにあたり，政策相互の関係を適切に考慮することが主要な問題である。理論上は，保健医療**以外**のサービス（たとえば居住の場の提供）に対して一定の予算を投じるのであれば，長期ケア・サービスに良い結果をもたらすことは容易に考えられるが，予算を際限なくそのようなやり方で使うことには，依然として困難がつきまとう。スウェーデンのFINSAM実験（ボックス7.1参照）は，ある程度成功を収めた実験例である。しかし，地方行政のレベルで予算の組み換えは限定的であるのに対して，政府間の作業部会と政策作成に関する「健康影響報告（health impact statement）」を通じて，政策作成および実施の初期段階で他の政策の健康面に関する結果を考慮する動きが見られる。
- 雇用政策（国家責任であることが多い）と障害者のリハビリテーション（地方行政が管理し，財政措置をすることが多い）とを結びつけると，経費の削減を生じ，また適用範囲の改善も見られる。

このような成功例は，いくつかの異なった方法を組み合わせた場合でも，政策の一貫性の達成が，次のような多くの顕著な諸過程によって助けられていくことを示している：
- 達成したい主な政策目標に関する明確な説明。
- 主要な関係者間の合意を確立し，目標を達成させることの重要性をコミュニティに受け入れさせる。

ボックス7.1. スウェーデンのFINSAM実験

　スウェーデンのFINSAM実験は，五つの地方行政区（およびこれらの地方行政区内の自治体）に，疾病給付とリハビリテーションの弁済に対して共同責任を与えた。地方行政区は，無資格者の割合を減らしたり，リハビリを奨励することによって現金給付に対する需要を減らすことをねらうという方途で，**社会保険基金**を配分することができた。その結果，それは，健康事業，社会保険や地方の社会サービスの調整を必要とした。

　公式報告書によると，この実験により社会保険の支払額（疾病給付金のみならず，病人が得ることになったかもしれない重度障害手当まで）が節約された。その額は，1993年から1995年の間にリハビリテーションに費やされた総額の1億5,400万スウェーデンクローネより多かった。これらの節約は，関連社会保険費のおよそ9％に達した。スウェーデンの無資格者の割合は平均して2.1％増加したのに対して，実験地域の無資格者の割合は1993年から1995年の間に2.5％減った。保健支出への影響は，評価することはより困難であることを証明した。そのことは，コスト節約には何らかの制限があるようなことを示唆しているように思われる。

- 次のどちらか：
  —— 異なる機関が政策目標の達成に向かって努力する際の，それぞれの役割と責任に関する理解の共有。
  —— 一つの機関で実施する政策の明確な責任。通常，資金の割り当てが柔軟にできる必要がある。
- 政策効果の調整範囲。

3　社会契約の再導入

公的給付の種類と水準に対する人々の期待が非常に強いため，社会的諸施策を根本的に改革するのは困難である。社会給付の中には，直接的に所得の代替の機能を果たしてきたと思われるものもある。社会的給付金の減少は，「社会賃金」の減少を補おうとする労働者にとって，経済的に大きな苦難を強いることになると考えられる。

政策改革に着手しようとしている国では，改革が達成できる方策はよく知られているが，社会政策を担当する閣僚の権限が及ばないものばかりである。たとえば，ニュージーランドとスウェーデンでは，財政危機により社会保障の見直しが進むようになり，他の多くの国々でも，迫り来る高齢化の危機によって年金改革が受け入れられたのである。その他にも，急進的な変化（北欧諸国における医療サービスの定額自己負担など）は，より広い社会的状況（高齢者の生活水準向上など）の中で理解が進んだという事実がある。

社会的施策に関する三国間交渉も，多くの国々（スウェーデン，ノルウェー，オーストリアなど）に大きな影響を与える。これは，少数与党の国では政策改革に関する合意を得る方法として有力である。それと同時に，社会政策を進める上で，関連組織が主要な役割を果たすことになると，その組織のメンバー（「インサイダー」）のニーズや願望のみを反映する政策となってしまい，既存の雇用協定から外れている人々（「アウトサイダー」）のニーズがなおざりにされる危険がある。したがって，行政部門が果たすべき大きな責任は，「正直な仲介者（honest broker）」の役割を果たすこと，社会的に排除されている失業者の利益を守ること，現在の社会制度の構造および財政的負担を引き継ぐ次世代の利益を完全に代弁することである。

4　民間部門，非営利部門，およびボランタリー部門の活用

少ない財政負担で多くの施策を遂行しなければならない政府は，非政府組織のネットワークと技術のより効率的な利用が可能である。すでに，公的部門が担当していた従来の活動を，徐々に民間部門や非営利部門に外部委託している政府もあり，費用効果や競争入札による利益をもたらしている。

公的部門が提供しているサービスに加え，さらに質の高いサービスを求める人もいるため，民間からの社会的出費が，医療保険や退職年金など多くの分野で重要性を増している（Adema and Einerhand 1998; Esping-Anderson 1997）。医療や教育といった社会政策分野では，（すでにアメリカ合衆国で見られるように）民間部門同士の競争が激しくなる可能性がある。[1]　疾病手当について見ると，疾患の初期段階における公的給付を縮小したことで，雇用者が疾病予防の措置を講ずることとなった。その結果，公的費用が節約できたし，さら

に職場の安全と健康な環境を保証することに意欲的になり，その結果，長期欠勤も少なくなったのである。民間部門の組織は，公的な社会福祉組織よりもニーズを充足する点で大きな働きをすることがある。失業者が職を得る場合には，いくつかの関連する事業者を利用できる点で特に役立つこともあり得る。

　外部責任という形で，民間部門，非営利部門，ボランティア部門などに依頼して社会的施策を推進するようになり，質の高い相互関連が重要性を増してきている。つまり，ヘルスケアや長期のケアサービスに関わる非政府機関が，服務規定を備え，専門的な水準を維持することが要求されるようになっているのである。民間の退職年金など，その他の場合には，広範囲に及ぶ規定と監視機構が必要であり，利用者の満足すべき福祉を維持するための投資規模とその重要性が反映されなければならない。

5　建設的な公的部門：権限委譲と分権化[2]

　国民は，これまで以上に多様で斬新なサービスを行政に求めている。その一方，国家負債や不均衡な財政によって，行政のとるべき方策は限られているのが現状である。このような窮状を打開する一つの方策としては，すでに前の節で述べたように，民間，非営利，ボランティアの各部門の役割を強化することである。さらに一般的にいえることであるが，公的サービスの改革において大切なことは，受給者である一般大衆のニーズに見合ったサービスの能率，効率，質がもたらす**効果**にこれまで以上に注目していくことである。

　このような手法は，保健医療改革において見られる。たとえば，現在，OECD諸国のほとんどの国が質的基準に関しての委員会を設けており，「消費者の権利に関する法案（consumer bills of rights）」を確立しようとしている国もある。公が義務を負うサービスの質に関する公的基準（たとえば英国における市民憲章）が，行政の透明性の徹底はもちろんのこと，行政の能率への評価，国民の期待に対する努力の程度を判断する尺度を提供し得る。以上のような傾向が，きわめて中央集権化した構造から，内政権の委譲や地方分権化した状態へと変革することを促しているようにも思われる。

　分野によっては，受給者優先型の行政への改革に成功した事例もある。たとえば，行政サービスの利用のしやすさ，事業や意思決定の透明性，苦情処理といった分野では，行政サービスの中でフィードバック・メカニズムを採用している。社会保護の分野では，サービスを提供する機関と政策を推進する機関を分離することにより，その前者の力をサービスの改善に集中させることが可能となっている（たとえばオーストラリア，ニュージーランド，英国）。しかし，政策立案と政策実施の機能を正式に分離すること自体に危険性が伴うし，事業からフィードバックをする仕組みを強化できない限り，政策が現実的に効果を発揮できないことになる。また，さらにサービスを大きく統合しようとして，全行政レベルを含め，「なんでも屋」的な組織をめざしている国々もある。

　他には，その方法や範囲は異なっているものの，「権限委譲（devolution）」や「地方分権（decentralisation）」の一方ないし両方で能率や効率の高い行政をめざす動きも目立ってきている。ここでいう「権限委譲」とは，中央行政府内における権限の委譲であり，地方分権とは地方政府への権限の委譲である。

　保健医療福祉の分野では，社会的諸計画における地方分権化の事例が多く見られる（表7.1およびOECD, 1997g）。社会保障の広範な計画において，社会扶助における資産調査の重

第7章 結論：達成された諸目標と残された課題

表7.1. OECD諸国の分野別の権限委譲の状況

	社会扶助について地方自治体の役割	ヘルスケア・サービスについて地方自治体の役割	長期医療型ケア・サービスについて地方自治体の役割	地方自治体へのその他の権限委譲	民間への役割委譲
オーストラリア		**行政区分** ・全体として、州および準州政府が一般的にサービス供給機関を設置 **財源調整** ・社会保険制度（連邦）により国民の大半を保障	**行政区分** ・サービスの提供：全般的に地方政府、ごく少数の施設看護は州政府 **財源調整** ・主に州政府（さらに連邦政府） ・行政（おもに行政以外の部門）のすべてのレベルで分担		・強制加入方式の個人年金制度
オーストリア（各州）	・社会扶助法	**行政区分** ・全体として、州が一般的にサービス提供機関を設置 **財源調整** ・社会保険制度（連邦）により国民の大半を保障	**行政区分** ・州政府は社会福祉サービスの給付の責任あり **財源調整** ・州政府により追加給付（対象は長期医療型ケア・サービス）可能		
ベルギー	・利用認可 ・必要な場合には追加拠出	**行政区分** ・地方政府（病院の認可など）とコミュニティ（予防検診など）が負担	**行政区分** ・地方政府（施設の認可など）とコミュニティ（予防検診など） ・公立社会扶助センター		・ヘルスケア事業費に対する非営利医療基金の役割が大
カナダ	・給付および資格判定基準の決定（国の基準はなし）	**行政区分** ・全体として、州および準州政府がサービス供給の責任 **財源調整** ・州および準州政府の個人健康保険制度あり（ただし一般財源からの拠出大）、カナダ保健法に基づいた事業計画の遵守により、連邦が助成	**行政区分** ・全国的な自治基準に基づき、全体的に州および準州政府がサービス供給に責任 **財源調整** ・州および準州政府の個人健康保険制度があり（ただし一般財源からの拠出大）、連邦政府が助成 ・地方自治体への権限移譲をしている傾向あり（行政および財政の両方）		・民間保険企画の促進
チェコ共和国	・中央政府の給付を代行 ・責任の規制：国の法律に従った権限		**行政区分** ・中央政府の権限縮小でサービス供給に関する地方政府の役割が増大 **財源調整** ・地域社会、都市部、および地区の機関からサービス費用の拠出。中央政府からの一括補助金の助成あり		・任意加入方式による補助的な年金制度

表7.1. OECD諸国の分野別の権限委譲の状況（前頁より続く）

	社会扶助について 地方自治体の役割	ヘルスケア・サービスについて 地方自治体の役割	長期医療型ケア・サービスについて 地方自治体の役割	地方自治体への その他の権限委譲	民間への役割委譲
デンマーク	・金銭扶助の負担は中央政府と地方政府が50対50の比率	行政区分 ・地方政府が運営 財源調整 ・保健医療払戻制度は地方レベル。中央政府より地方税から定額助成	行政区分 ・地方自治体は長期療養型ケア・サービスの供給に対して責任 財源調整 ・地方自治体は長期保健福祉サービスの拠出責任		・強制加入方式の個人年金制度
フィンランド	・住宅手当の給付（中央政府が助成。ただし地方自治体ごとの請求申立てで手続きあり） ・地域により差異はあるものの全般的に均質	行政区分 ・プライマリー・ケア・サービスや立案に関して地方自治体に大きな権限あり 財源調整 ・地方税から拠出（定期に従い国税からも拠出）	行政区分 ・地方政府：サービスの監督および改善 地方自治体：必要なケアを整える 財源調整 ・地方自治体は総事業費の約半分を拠出		・個人年金制度の段階的実施
フランス			行政区分 ・地方政府の下部組織が高齢者や他のサービス受給者に対する一般社会扶助		
ドイツ	・中央政府および地方政府が事業費増加分を負担	行政区分 ・連邦投資ならびに州政府および地方政府を通じて規制の浸透 財源調整 ・医療機関の設備投資に対して州政府が補助金を拠出	行政区分 ・設備投資により州政府が補助金を拠出 ・長期療養型ケア・サービスの対象者に対して地方自治体が補助 財源調整 ・社会扶助制度から長期保健福祉サービスの対象外となる事業費を拠出		・法整備により個人年金制度を促進。保健福祉サービス拡充に必要な財源確保（主に長期療養型ケア・サービス）を自治体疾病基金が監督
ギリシャ	・サービスの拡充により事業費改善の見込み		行政区分 財源調整 ・州の扶助と事業費負担の権限を自治体およびオープンケア・センターに委譲		
ハンガリー	・国家予算／納税者の負担分増加の見込み	行政区分 ・地方政府が医療機関および外来診療所の大部分を監督	行政区分 ・地方政府がケアの大部分を提供		・新たな年金制度の一部を民間に委託
アイスランド		行政区分 ・8つの分野の各保健審査会が健事項を管理・運営 財源調整 ・1992年の総事業費の20%を地方政府が負担			

第7章　結論：達成された諸目標と残された課題

表7.1. OECD諸国の分野別の権限委譲の状況（前頁より続く）

	社会扶助について 地方自治体の役割	ヘルスケア・サービスについて 地方自治体の役割	長期医療療養型ケア・サービスについて 地方自治体の役割	地方自治体への その他の権限移譲	民間への役割委譲
アイルランド		**行政区分** ・八つの衛生局とヘルスケア・サービスの供給 **財源調整** ・国の財源から保健局へ拠出	**行政区分** **財源調整** ・保健局が長期医療療養型ケア・サービスの供給とその事業資金を負担	・賃貸／抵当補債権の委譲を検討する行政権の委譲を検討中。現在は地方自治体への補償福祉手当計画に基づいて管理	・個人年金制度の促進
イタリア	・地域と町／市の地方自治体がそれぞれ独自の扶助事業 ・中央政府が国家基準の策定と最小限の給付のための基金を検討中	**行政区分** ・地区保健単位（USL）による公立医療機関の管理および他の供給主体と請負契約 **財源調整** ・登録医師に対するサービス事業費をUSLが負担 ・各地域、各USL理事会、医療機関理事会が全事業費を負担	**行政区分** **財源調整** ・地区保健単位：ケアの組織化および関連する財源の監督		
日本	・中央政府と地方自治体が原則3：1の割合で事業費を負担	**行政区分** ・都道府県といくつかの地方自治体が保健センター等を運営 **財源調整** ・中央政府と地方政府が全事業費を負担	**行政区分** ・長期保健福祉サービスは地方自治体が主導 ・中央政府、都道府県および地方自治体も政策立案を分担 **財源調整** ・都道府県が在宅介護、デイケア・センター等の助成金を負担		・個人年金制度
韓国	・原則50：50の割合で事業費を負担	**行政区分** ・公的保健所は道と市（韓国の行政単位）が運営 **財源調整**			・個人年金制度
ルクセンブルク	・社会扶助は小規模自治体の社会扶助事務所に申立て（一時的な前払い可能。ただし最終決定は国家団結財団）地方政府が事業費の10％を負担				
メキシコ				・住宅事業を州政府に委譲	・新たな強制加入方式の個人年金制度
オランダ					・個人年金制度の促進

表7.1. OECD諸国の分野別の権限委譲の状況（前頁より続く）

	社会扶助について 地方自治体の役割	ヘルスケア・サービスについて 地方自治体の役割	長期医療型ケア・サービスについて 地方自治体の役割	地方自治体への その他の権限委譲	民間への役割委譲
ニュージーランド		**行政区分 財源調整** ・保健基金がサービス供給主体の事業費を負担（中央政府が拠出）			・個人年金制度の促進（税制面で優遇措置なし） ・社会扶助に対する社会保障給付の基準額が最近撤廃され、福祉ボランティアの役割が増加（現物支給）
ノルウェー	・通例、社会福祉サービスに関する最終的な決定は、国の方針に従う。また財源調整の責任は中央政府（国が負担する事業費を中央政府毎に指示する地方自治体毎に指示する地方自治体が設定）	**行政区分 財源調整** ・地方政府が医療機関を監督 ・1997年は地方政府が35%、中央政府が55%の事業費を負担 ・医療機関のサービスに加え、組織的介護および在宅介護サービスにも地方政府が拠出	**行政区分 財源調整** ・地方自治体は地域共同体および各組織の扶助の調整および事業資金の負担に関する基本的な法的義務あり（地方税および中央政府の定額助成金から助成）		
ポーランド	・中央政府、地方政府NGO組織間の連携強化を模索中（最低限の給付金の確保、地方分権、地方自治の支援の均衡化）	**行政区分** ・49の首長が地域の政策立案と400のZOZ（保健および社会福祉センター）の組織、監督 **財源調整** ・財務省が首長に対して直接に拠出。首長がZOZの事業費を負担。厚生省が協力。	**行政区分 財源調整** ・グミナ(Gmina)：多目的な給付金の給付（助成金を与える中央政府からの委託）とスズ等（自己責任あり）の供給 **財源調整** ・グミナや各ゲミナが社会サービスの事業費を負担。ただし保健サービスの大部分は中央政府	・地方の住宅政策推進においてグミナの役割が増大	・新たな年金制度に3番目の個人年金制度あり
ポルトガル		**行政区分** ・国の保健サービス制度の範囲内で、5つの地域が保健制度の監督（地域保健所、医療機関との連携） **財源調整** ・税金から事業費を拠出（直接税または中央政府の助成金）	**行政区分 財源調整** ・国の保健サービス **財源調整** ・税金から事業費を拠出（直接税または中央政府の助成金）		
スロバキア共和国			・社会福祉制度の範囲内で高齢者に対して地方自治体が助成（事業費は主に中央政府が負担）		・個人年金制度の立法化
スペイン		**行政区分** ・地域ごとの保健サービス（国の制度の範囲内）			

第7章 結論：達成された諸目標と残された課題

表7.1. OECD諸国の分野別の権限委譲の状況（前頁より続く）

	社会扶助について 地方自治体の役割	ヘルスケア・サービスについて 地方自治体の役割	長期医療型ケア・サービスについて 地方自治体の役割	地方自治体への その他の権限移譲	民間への役割委譲
スウェーデン	・地方自治体は国の基準を遵守。ただし給付水準は地域によりさまざま。国の主導で給付金を一定割合で均等配分。給付金の財源は主に地方所得税。ただし中央政府から定額助成あり	**行政区分** ・地方政府議会および3ヵ所の地方自治体（議会とは別組織）が入院患者ケア、外来患者ケア等に対する責任。他地域では環境衛生等を地方自治体が監督する場合あり **財源調整** ・地方政府議会（地方自治体の場合あり）が税を徴収（全事業費の70%）	**行政区分** ・高齢者へのケアの提供と事業費負担は地方自治体に責任（政府が一般補助金の形で中央政府が助成）	・1994年移行、住宅手当を州が全額負担。地方社会保険事務所に州が監督責任	
スイス	・給付金や資格の条件は各州や州の中でもさまざま。連邦全土で最低額の給付発議権。州およびコミューンが事業費負担	**行政区分** ・州：保健サービス、予防健診など **財源調整** ・分担率を下げるために各州は強制加入の医療保険制度にある程度拠出可能（連邦政府の助成あり）	**行政区分** ・州またはコミューン：高齢者、住宅介護など **財源調整** ・すべての保険制度（医療、高齢者、障害者など）が十分な効果をあげていない場合に限り、州またはコミューン給付金を増額可能		
トルコ		**行政区分** ・一般的にサービスは小集落単位で運営			・個人年金制度の促進を検討中
英国		**財源調整** ・地方保健機構を拠出。地区担当機関への監督さらに地区担当機関は医療機関へ拠出	**行政区分** ・地方自治体はケアに対する最高監督機関。さらに供給主体として運営 ・地方自治体は社会福祉サービスに責任 **財源調整** ・長期療養型ケア・サービスの分野で中央政府が地方自治体に助成。地方自治体は独自の裁量で事業費を増額可能		・個人年金制度の促進
アメリカ合衆国	・低所得世帯、大部分の住宅扶助、医療扶助などに対する一時的な助成に関する国の基準なし・各州や地方政府により大きな差異	**行政区分** ・連邦政府や州・地方政府が各自で政策を決定 **財源調整** ・メディケイド（低所得者医療扶助制度）と児童福祉：税金から拠出。連邦政府と事業費分担	**行政区分** ・地方自治体はケアに対する最高監督機関。さらに供給主体として運営 ・地方自治体は社会福祉サービスに責任 **財源調整** ・メディケイド：現金から拠出。連邦政府と事業費分担		・個人年金制度の促進

注：ゴシックで示された箇所の説明は、権限委譲とは相反する内容となっている。

要性が増してくるならば（第5章参照），必然的に地方政府の監督と責任の重要性が増大することになる。多くのOECD諸国では，このような社会扶助の手法が確立している（OECD, 1998*g*）。[3] 地方の責任が拡大したことにより，メキシコやポーランドにおいて住宅扶助が導入され，アイルランドでは中央政府から地方政府への責任の委譲が積極的に検討されている。スウェーデンのエーデル改革（the Ädel Reform）（1992年）によって，長期ケア施設やデイケア施設の運営権が州議会から地方自治体へと委譲され，巡回看護サービスや他のヘルスケア・サービスの担当機関が州から地方自治体へとさらに委譲される可能性が生まれた。州立医療機関における高齢者介護事業費の責任も州から地方自治体へと委譲されつつある（OECD, 1998*g*）。

アメリカ合衆国では，1996年の自己責任および労働機会均等法（the Personal Responsibility and Work Opportunities Act）によって，福祉事業に対する権限を大幅に州へと委譲した。年単位の定額助成金を受け入れることによって，各州は受給資格の決定や助成金の監督権に関して柔軟性や自主性を増大させた。さらに各州には，民間企業に対して広範なサービスの責任を委譲する権限が生まれた。受給資格の裁量権や労働者の再教育事業もこれに含まれている。アメリカ合衆国ではメディケイドの責任の委譲も進んでいる。メディケイドの事業費に関する連邦や州の規制を5年間「自由裁量」とした結果，各州が保険未加入者に対して自由に受給資格を与える権限を持ったり，メディケイドの範囲内で固定的経費支払システムの実験をする自由が生まれた。健康維持組織（Health Maintenance Organisations）に対する1人あたりの補助金が変更されたのもその例である。

地方自治体への権限委譲には非常に複雑な財政的調整作業が必要となるので，政策決定における地方政府の自治の実現が阻害されてしまう。サービスに対する定額助成金の導入は，監督責任の権限委譲や地方自治体独自の政策決定を可能とする一つの方法である。地方政府にとっては定額助成金がもはや与えられた権利とはいえない以上，事業費が増大した場合の追加負担や調整を求めることができないため，地方政府の事業費を中央政府に負担させる効果が最低限のものとなる。地方政府に対する定額助成金を固定化し，地方の財源を増大させ，保健福祉サービスを実施しているところが数ヵ国ある。

しかし，定額助成金には落とし穴がある。地方自治の拡大によって国の政策に一貫性を欠き，公的給付の最低基準に大きな格差が生まれる可能性がある。公的な保健事業を地方政府が行う場合，公衆衛生の普及に迅速に対応したり，住民のための教育事業をよりきめ細やかに実施できるようになるが，場合によっては全国的な協力体制の不備や事業・施策における格差が生まれるのである。

6　家族変容への対応

第1章で述べたように，家族のあり方には社会政策に関連して大変重要な多くの変化が生じてきた。女性の就労をもっと促進したいという願いと，女性の就労が子どもたちの被養育機会を減少させるのではないかという懸念の間で悩んでいる政府もある。その結果，政策の方針は一貫性のないものになってくる。たとえば，単親家族の親たちは職を探すように要求されるのではなく，それを奨励される。児童養育給付は，児童が公的にケアされている場合には支給されるが，私的なケアの場合には支給されない。

もっと経済的に自立したいという女性の願い，世帯の生活水準の向上，教育水準の上昇，

そしてサービス分野での雇用の増大，これらすべてが有給の仕事への女性の参入増加に寄与している。結婚の不安定性の増大と並んで男性の雇用不安の増大もまた，女性を，家族と彼女たち自身の経済的保障として有給の仕事に駆り立てているのである。女性たちがこうした雇用収入を等しく得ているわけではなく，多くの単親家族の親たちは今も主要な所得を雇用よりも社会保障に頼っているのである。

　特に重要なことは単親（主に女性）家族の貧困率が高いことである。各国においては単親世帯の貧困率を低下させるために三つの戦略が採用されてきた。すなわち就職する者への奨励金の増額（福祉的対応の制限を含む），特に単親の親たちのために立案された積極的な施策による雇用計画の拡大，そして子どもの扶養義務に応じた配慮の拡大，の三つである。ちょうど10年ほど前にオーストラリアで導入された有資格児童の年齢引き下げ（16歳未満へ）という規制が今では広く受け入れられているのではあるが，単親に対する新しい福祉（たとえばアメリカ合衆国とノルウェーにおける）は現段階ではほとんど試みられていない。ほとんどの北欧諸国は，単親の児童に対して無条件の所得援助をするのではなく，子どものケアや親への給付のような他の施策を行って，彼女らが労働市場での活動と家族の責任を両立させるよう支援している。多くの国々は，親の不在がもたらす状況を改善すべく彼らの子どもたちに対する扶養義務をもっと果たすようにかなりの資源を投入しているが，成功した国もあればそうでない国もある。結果的に，義務を果たさない親に対し彼らの義務の不履行を許容する役をしている政府もある。もっとも，こうした方法によって単親家族の親たちを援助しようというのが政府の本来のねらいではあるが。

　多くの配慮と政府の支出が子どものケアの機会を増やすために投入されてきたが，ほとんどの国々では小さい子どものための施設不足が依然として深刻であり，多くの国ではもう少し大きい子どものための放課後のケア拡充が今も行われている。私的な施設が，（コストの低い援助対応を提供すると同時に）その足らない部分をさまざまな形で埋め合わせしているのである。親に対する給付の拡大によって，親たちの中には小さい子どもたちを家庭でケアする者も出てくるであろう。父親たちによる育児休暇の取得は増加しつつあるとはいうものの相対的にはまだ少ない。いくつかの国は，子どもが病気になった時に休職期間を増やしたり，母親が小さい子どものケアのために一時的に有給の仕事を休んだ時も（限られた意味ではあるが）年金の権利が継続する，といった仕事と家庭の間で交錯する政策を増やしている。また，いくつかの国では婚姻を解消したかつての配偶者の年金の権利が注目され始めている——年金の権利は，適切な保護された財産譲渡において公正に取り扱われないならば，特に高齢者の貧困を招きやすいであろう。

　予防策は十分に注目されるに至っていない。家族計画と性教育の改善は多くの国々で十代の妊娠を減少させるのに役立ってきた。子どもの発達初期における干渉は人格と教育の発達に重要でポジティブなインパクトを与えることができる——反対に，子どもの発達初期における介入不足は問題を生涯にわたって引きずらせることになる。十分な栄養，しかるべき住居，そして安定した家族環境もまた人々の健康と全体的な幸福に大いに寄与するものである。家族に対するカウンセリングや葛藤解決の方法は関係破壊の影響を小さくすることができる。家族援助における人的な社会的サービスとその提供者の伝統的な役割を無視することも，その影響の結果を長期にわたらせることになる。

7 社会的保障に関するグローバリゼーションの現状

　グローバリゼーションによる競争はしばしば社会的保障のシステムに対する脅威と見なされている。すなわち，高度の社会的保障の提供主体が，社会的水準がより低く，それゆえ低コストの保護をなし得る競争相手に負けてしまうという結果が生じる。つまり彼らは現在の社会的保障を縮小するか，ビジネスの力に抗して業務遂行をなすことを好まなければ活動領域を変えざるを得ないといわれている。そうなれば国々は雇用維持のために社会的保障対応を縮小するため，グローバリゼーションは「最低水準への競争」になってしまうであろう。

　グローバリゼーションは確かに社会的保障システムに対してインパクトを与えるが，それがもたらす影響はこうした心配性の人々が思っているより小さいものである。

　保護的対応の位置の変化　グローバルなより大なる競争はある産業では失業を，別の産業では新たな就業を生み出すであろう。もし失業が生活困難をもたらすようであれば，グローバルな競争が反発を受けたとしても驚くにはあたらないであろう。しかしながら，社会的保障制度は失業した人々が新たな仕事を探している間は彼らの所得のすべてを保障することができる。社会政策も転職した労働者が新しい職場に再び順応するように手助けする役割を担っている。だから，グローバリゼーションは社会的保障に対する需要を**増加させる**という結果をもたらすであろう。[4] 効率よく行政運営が行われている現代の福祉国家は，ビジネスの場としてもその国の魅力を高めることで，変化や新しい労働慣行に対する反発を弱めることができる。反対に，適切で効果的な社会福祉制度を維持できない国々は保護主義者たちの圧力を受けやすくなるであろう。

　労働コストの上昇　より厳しい競争は生産コストの違いを露呈する。しかしながら，第2章で述べたように，より高い社会的保障の費用が一般的により高い労働コストを必然的に伴うものであるかどうか，という点についてはいかなる意見の一致も見ていない（もっとも，低収入しか得られない人々に対して不利な結果の可能性があることは広く認められているが）。さらに，労働水準全般の研究によると，労働者の基本的な権利を尊重しないことが競争の上で有利になるという証拠は何もない，という結論を類推できる（OECD, 1996i）。たとえ政府が公的に提供される社会的保障の範囲を縮小することによって労働コストを下げようとするとしても，それが成功するかどうかは労働者と雇い主の対応如何によるであろう。たとえば，直接雇い主に責任（およびコスト）を転嫁したとしても，直接的な影響は何もないであろう。──政府に対する社会的貢献（拠出金）は減っても，全体的な労働コストは下がらないであろう。同様に，労働者たちが自分で備えをするように責任を任され，社会的保障の縮小を賃金の増額で埋め合わせることができたとしても，その場合にもいかなる影響も存在しない。公的に管理されたプログラムは効率的で，低コストの社会保障を提供できる。グローバリゼーションは，社会的保障を効率的に構造化するための新しい理由にはなるが，必ずしも保護のレベルを下げるための理論的根拠とはならない。

　労働市場における利点　第1章で概観した，未熟練労働に対する相対的な需要の低下の正確な原因は不明のままである。しかし，それは低労働コストの諸国から仕掛けられた競争のためである，という一つの仮説がある。たとえ存在するにしてもこのような影響はきわめて小さいようだ，ということを手近な証拠が示唆している。[5] とはいえ，研究者たちの中には，グローバリゼーションの影響を新しい技術の導入のような他の要因によって解決することは

第7章 結論：達成された諸目標と残された課題

不可能である，と主張する人たちがいる。理由はどうであれ，国は貿易の拡大と技術の発達によってもたらされた全体的な繁栄から利益を得ていない人々の集団をどのように扱うかというジレンマに直面している。社会的保障政策はこのような集団の要求を満足させるように新たに方向づけされる必要がある。

　福祉財政　第2章で述べたように，グローバリゼーションはいくつかの税の基礎をより流動的にそしてより課税しにくくする。加えて，労働にかかる税の負担は，もしもグローバリゼーションがそれまでに資本が稼いだ経済利益を食いつぶすようであれば，労働者にもっと重くのしかかるであろう。次いで，労働課税は労働市場をゆがめることになる。したがって社会的保障は，需要の有無に関わらず，税金と社会保険制度によって財政をまかなうことが一層むずかしくなるであろう。

　グローバリゼーションと社会的保障の縮小との間には何ら必然的な関係はない。しかし，競争のリスクによって不利な影響を受ける人々——特に未熟練労働者——を援助することができなければ，保護主義者の反感を強めることになる。改革のための青写真としてより有益なことは，グローバリゼーションが何らかの社会的保障に対する需要を高める，という点を認識することであろう。柔軟性，新たに出現する保障需要に焦点を合わせること，およびそうした保障を最も効率的な方法で提供することが必要になってくる。[6]

8　社会的保障の持つ経済機能の強調

　社会的保障はおよそ，それが提供する移転機能とサービスの総和以上のものである。この本質的な点が政策論争に欠落している時，政策が活力を失くしても驚くにあたらない。もしも公的論争が，改革は公共政策の究極的な目的を満足させるのに役立つかどうかよりも，特定の改革によって誰が得をし誰が損をするかに関してのみの議論に堕してしまうならば，変化に賛成する人々と反対する人々の顔ぶれは事前に決まっていることになる。

　社会政策の多くの施策は単純明瞭な目的を持っている。すなわち，弱い立場の人々を保護し，貧しい人々に十分な資源を保証することである。高齢者に対する基礎年金，貧しい人々に対する継続的な資源援助，基本的な保健施設，重度の障害者に対する支援，および危機的状況におかれた子どもたちに対する社会的サービス，これらが人間の尊厳を守るために公的資源を使用する代表的な例であることはいうまでもない。

　貧困の阻止がきわめて重要な役割であるとしても，社会的保障にはそれよりも広範な役割がある。社会的保障は以下の点で経済と社会を結び付けるのに役立っている。

- **社会政策は雇用率を決定する重要な要因である**。社会的給付はしばしば求職活動に左右される。社会的給付はケアと有給の仕事とのバランスをとりながら家族を支援することができる。働くことができる人間を決定するカギは人々の健康状態である。社会保険は無収入に至るような事故に対して保険を付けることによって仕事一般をより魅力あるものにしている。
- **排除には代償が伴う**。もしも人々が社会から排除されるならば，彼らは労働市場においても家族や社会的支援制度においても十分に貢献することができない。
- **変化は抵抗にあう**。新しい機会を利用することにはリスクが伴う。しかし人々はリスクを嫌う。たとえば何らかの形の所得保障は，保護主義者の反感を抑えるのに役立つ以外にも，生涯学習への長期的な投資に伴うリスクを魅力あるものにするのに役立つ可能性

がある。社会的保障は変化の裏側に潜むリスクを制限し，それによって発展を促進するのに役立つ。
- **不公平にはコストがかかる。**大きな所得格差と高い貧困率は，財産に対する脅威とこれらの脅威を封じこめる施策のために社会にコストを負わせる，という命題をまじめに議論する者はわずかしかいなかった。さらに，人間関係や経済関係における信頼，コミュニティ組織の濃密なネットワーク，市民の幅広い参加は，経済成長に貢献する可能性のある要因としてすでに確認されている。所得格差の拡大はこうしたコンセンサスを脅かすものである。

これらの異なった見方にはある共通したテーマが存在している。すなわち，効果的な社会的保障は，公共政策の公正な目的を推進することができるだけでなく，物質的な生活水準の向上への欲望を増進することができるということである。**不適切**な社会政策は成長を妨げることになるという現実の危険をあまりに強調し過ぎて，社会政策のポジティブな側面を無視することになりやすい。社会的保障制度は何のために存在するか——個人や家族が貧困を回避するのを助けるだけでなく，必要な時に適切なサービスと現金扶助をすることで，彼らがその可能性を全うするよう支援するという社会的に望ましい活動を行うこと——こうした大きなヴィジョンを描いてみせることが社会的保障改革の必要な役目の一つである。

9　改革は行われるか？

　高齢化，労働市場の変化，公的予算の逼迫，ジェンダーの公平性，より効果的なサービスへの市民の要求，科学技術の進歩，すなわち，1990年代の終わりに起こっており，次の10年間も続くと思われる社会的・経済的発展のほとんどは，社会政策に重大な影響を与える。改革のための現在および将来の可能な挑戦と方向を概観したあるレポートによると，差し迫った諸問題があり，政府は十分なことをしておらず，そして状況は一層悪くなりそうだ，という印象をまぬがれない。このような印象が正しいのかどうかという点に焦点を合わせるのはこの報告書の最後の節にふさわしい。

　いくつかの国々では，社会的諸要求に対する政府の対応能力は2～3年前と比べて今ではいくぶん高くなっている。この慎重な楽観主義の理由は三つの広範な開発に基づいている。

労働市場の改善

　いくつかの国では失業率が低下した。これは，アイルランド，オランダ，英国，アメリカ合衆国にあてはまる（改善はより最近にまで至っているので，オーストラリアとデンマークをも暫定的にあげておく）。その利益は失業給付にはっきり現れた結果以上に及んでいる。失業とはそれほど深い関係のない他の給付への依存が低下するか，そのような給付への支出増加率が抑制された，と信じるに足る理由がある。これは，たとえば，これらの国々の中の多くの国の社会扶助（または社会福祉）の支払額についていえる。オランダでは不適切な給付の受給率が低下した。

　しかしながら，これらの国々についての考察が示しているように，労働市場の改善がすべての社会問題に対する答えになるにはほど遠い。ニュージーランドや英国における不適切な給付の受給率は心配の種であり続けている。さらに，第1章で述べたように，失業率が低下したこれらの国々の中でさえも無職の世帯数が増えている国がある。雇用の拡大は，それがど

第7章　結論：達成された諸目標と残された課題

れほど歓迎すべきことであろうとも，公的支援に頼る家族を依然として取り残してしまう。

公的財政の改善

多くの国々では，社会政策の諸項目は1990年からの10年間，公的財政の状況に従って推進されてきた。公共部門の予算の赤字を抑えるために支出プログラムの伸長をカットないし抑制するための，限りない努力をしてきたように見える。

いくつかのケースでは，財政逼迫の結果，社会的ニーズに取り組むことができなかった。たとえば，雇用志向の社会政策は停止された。というのはこうした政策は，労働市場の構造が変わるために長期的な利益を見通すことができるとしても，短期的には支出がかさむからである。

もっとも，より革新的な交付機構への取り組み，効率のさらなる重視，および歳出の分権化と委譲もまた，その発端はしばしばコスト抑制策にあった。予算問題へ焦点が集まったために，「金に見合った価値」論が社会政策論争の中心になってしまい，「結果」を一層重視することになってしまった。

現在，公的財政ははるかに健全な状態にある。これによって，最近まで無視されてきた問題に取り組むために十分な資源を自由に使えるようになるのかどうかはまだわからない。しかし公的支出の逼迫を克服するための多年の試みが実って，政策選択の幅はより広くなっている。

革新への強い意欲

何年か前までは，社会（保健ではないが）政策の開発について述べる際に「政策の機能停止（policy paralysis）」という言葉を使っても不合理ではなかったであろう。諸々の問題がその構造を含めて認識されてはいたが，改革が十分な社会的承認を得られないものと運命論的に受けとめられていたのだ。今では事情が異なり，改革が相次いで着手されている。財政逼迫の圧力のもとで，多くの国で年金制度が改革され，また，失業給付や虚弱高齢者のケアの面でも刷新が図られている。ヘルスケア・システムの改革も続けられている。

しかしこれまでに改革項目のすべてに応えたといえる国は一つもない。雇用率が以前よりはいくらか高くなり，予算の赤字が受け入れ可能なレベルにあるような国々においてさえも，改革を続行しようという論議が依然として強い。それどころか，経済全体が順調に発展している時には，（未熟練労働者や社会的に排除された人々の問題のような）もっとむずかしい社会問題に取り組むようにとの論議がかなり強いのである。

- 労働市場の改善は，より積極的な社会政策をより効果的にするための重要な要因になる。たとえば，（オランダにおけるように）不正な給付を拒否された人間が仕事を見つける機会が多くなれば，不正な給付に対するより厳しい統制がやりやすくなるであろう。アメリカ合衆国における最近の福祉予算の大幅な削減のどれほどが改革によると考えるべきで，またどれほどが労働市場の全体的な改善によると考えるべきか（今のところまだ）明らかでないが，それは当面の問題と無関係なのでここでは問わない——もしも経済が多くの就業機会を創出していなかったならば，職探しや児童援護施設の提供をどんなに強調してみても，それはたいした効果を上げなかったであろう。
- 同様に，もしも政府が公的財政が健全である時に排除の問題に取り組まないならば，唯一の可能な結論は，この問題は現代社会に不可避的な特徴と見なされるかあるいは容認

141

し得る特徴とみなされるかのいずれかであろう。

　非常に多くの他の社会的・経済的変化に調和した，信頼できる社会的保障制度が必要であるという懸念から，社会的保障のあり方を変えることが控えられた。しかしながら，改革の成功例が他の扉を開ける助けとなり得る。社会政策の改革は政治的に危険であるどころか，選挙の勝者になれるということが多くの国々で認められているように思われる。

注

1. オーストラリアでは現在，公的な雇用サービスが私的団体や非営利団体と同じ料金で競争することができるように，そのサービスの性質を変更して雇用サービスの市場競争が試みられている。
2. この節の概念的な基礎は多くをOECD（1995b）から引用している。
3. スウェーデン，スイス，ポーランドおよびイタリアにおける社会的援助の分権的性質は，社会的援助に関する共通の国家基準を採用（採用見込み）することによって，ある程度修正されつつある。
4. Rodrik（1997）はこのような影響に関する経験的な証拠があると主張した。特に彼は，経済の開放度（GDPに対する輸出入総額の％で代替）と貿易条件におけるバリエーションが大きければ大きいほど，社会的支出の増加も大きくなる，という証拠を提出している。1997年の第85回国際労働会議に提出されたILOのDirector-Generalのレポート参照。
5. 利用可能な証拠資料のレビューについてはOECD（1997a）参照。
6. 社会保障の縮小は国際的な義務にも抵触する。国際労働機関（ILO）の会議は，各国がそれによって国内法を評価できると同時に批准国には拘束力のある義務が生じる最低基準を提示している。ヨーロッパ世界では，マーストリヒト条約が，ヨーロッパ共同体は「高い水準の雇用と社会保障，生活水準と生活の質の向上，およびメンバー国家間の経済的・社会的な結合と連帯」を促進すると規定している。これは，1992年7月27日にメンバー国家間の社会保障の目的と政策に関する拡大会議を召集して採択された勧告によって補足されている（CEC, 1994）。

OECD追記
社会政策閣僚の報道発表（1998年6月23～24日）

　OECDの社会労働委員会は1998年6月23～24日に社会および諸保健政策について討議するため，アメリカ合衆国保健福祉省長官ドンナ E. シャララ氏を議長として閣僚級会議を開いた。副議長はフィンランド社会保健省のシニカ・メンケア大臣と日本の厚生大臣小泉純一郎であった。

　この会議に先立って経済産業諮問委員会と労働組合諮問委員会がOECDと会合を持った。

主な会議決定事項

閣僚合意事項：
- 社会・保健ケアシステムの構造改革によって，より公平で効果的な社会的保障システムが達成されるべきである。
- 貧困，不平等，疎外を排除するための雇用優先の社会政策を推進する。
- 労働とケアの責任にバランスをもたらすように家族を支援していくこと，年少児童の発達や家族にやさしい諸政策を促進していくこと，また仕事のない親の雇用機会を改善することによって，子どもたちのために最良の可能性あるスタートを確実にする。
- 健康の改善に貢献するより良い予防やより明白な要因に焦点をあてることによって，また保険受給資格のかたくなな不公平を打破することによって，健康な住民を増加させる。
- 「能動的に生きる高齢化（active aging）」戦略によって，人々が年をとるにつれて社会経済活動において生産的な生活ができるように導かなくてはならない。
- 退職年金制度の必要な改善を遅らせるべきではない。というのも退職年金制度が長期の収入援助を確実に供給するからである。
- 保健社会ケアシステムの割合を対等にし，それを長期に必要としている人々に十分な統一されたケアを供給できるようにする。
- 権利，責任，機会の適当なバランスを，政府各レベルと個人，家族，社会的パートナー，地域との間で推進する。
- プログラムの結果を監視し，評価するための効果的な法律文書の作成を支援すること，また国際的な比較ができる社会指標を作成する。

社会政策は多くのことがらの達成を求める

　効果的な社会政策やヘルスケアは潜在的経済の成長を高め，経済調節を容易にする経済発展の重要な部分である。高齢者間の貧困の発生率と程度は，年金制度が成熟するにつれて下降していった。失業，疾病そして障害は，今や収入の安定をはかる，また社会参加の機会を増加させる施策の結果として，自動的に重大な社会的，経済的辛苦を導くものではなくなった。失業者や失業の危機にある人々は，活発な労働市場のプログラムを通じて新たな職に就

くことができる。収入とサービスの援助は，子育て中の家庭が直面する臨時の費用や責任を助力する。延び続ける平均寿命や障害を被らない平均余命は，医療技術の進歩とヘルスケアのサービス領域拡大によってもたらされた。

しかし多くの問題が立ちはだかる
　いくつかの明らかな成功にもかかわらず，多くの国々では福祉国家が危機にあるという認識が広がってきている。これには誇張があるが，社会政策や健康管理制度は現在多くの問題に直面しており，さらなる改革が必要である。

- 高くて持続的な失業率が多くのOECD諸国に中心的な問題としてある。あまりに多くの就業年齢にある人々が長期間，福祉援助に頼っており，それが次世代に受け継がれる危険がある。
- 多くのOECD諸国においては社会的排除の高まりが——そしていくつかの国では極度の貧困と高収入との不平等の持続が——重大な関心事となっている。収入の援助だけでは十分な対応とはいえない：教育，訓練，就労経験，住宅と健康管理，最大限の市民権使用，その他の社会サービスの利用改善も必要である。
- 家族については高い家族崩壊率，単親家庭の増加，子どもへのより長期の依存がますます顕著であり，弱く病床にある親ばかりでなく，その子どもたちが適切なケアを受けることが考えられている。
- 医療技術の改善や健康管理の普及にもかかわらず，OECD諸国の人々に保健事情における差異が残存したままである。
- OECD諸国の高齢人口は将来的に，総合的な生活水準の向上を低下させるだろう。というのも増大する社会支出や高齢者のための支給適切性についての懸念があるからである。
- 財政強化は社会・保健政策に重大な影響力を持ち続ける。この目標到達のため，また長期の社会的支給を維持するため，ほとんどの国々が公的支出の大部分を占める社会支出における制約にさらされている。

将来的に要求される投資
　これらの問題を適切に処理するために，社会・保健ケアシステムの構造改革は社会的保障システムのより公平な，より効果的な達成を目的とされるべきである。したがって，経済的発展の強化が求められる。社会支出は個人や家族が社会に対して潜在能力を最大限に発揮し，十分に貢献するために適切な支援を準備することばかりではなく，経済的発展を増強する時，将来への投資となり得る。各種機関や政府レベルの協力が，これらの効率的な目標到達に必要な条件である。

雇用優先の社会政策は答えの一部である……
　各国担当閣僚は社会政策が有給労働を最大化することが，これらの諸課題に対する最善の対応であることに同意した。このような雇用優先の戦略の下で，最優先事項は有給労働における大人不在の家庭の数を減らすことである。効率的で活発な労働市場だけでなく，有利な経済的雇用条件はこの目標到達を助けるだろう。税金と社会保障制度の相互作用に起因する労働への悪影響，特に低所得者へのインパクトなどを最小限にすることが求められる。いく

つかの国では，労働手当の実験（特に家族のための）を行ってきており，パートタイムに従事する社会保障受給者のために，選択された社会給付（social benefit）資格が与えられることとなった。雇用優先の社会政策はまた，社会施策の財政が雇用創出のさまたげとなるような状況を制限しようとする。このため，近年，多くの国で社会保障への貢献や，また特に低賃金の労働者に対する他の非賃金労働費用の減少が見られた。各国担当閣僚は，より多くの情報が雇用優先の社会政策を実行するための，これら二者択一の取り組み方の有効性と影響を要求されるということを認識した。

雇用優先の社会政策はまた，いくつかのOECD諸国で失業手当の代わりとして使用されるようになり，それは疾病，障害，単親家庭，早期退職手当についての厳格な管理を示唆している。働くことのできない人々は，援助を受け続けなければならないが，国家政策は雇用に適する人材の育成をめざすべきだ。社会的保障は，現金給付，社会サービス，労働市場の統合のための援助の間で適当なバランスが必要とされる。各国閣僚は，カナダ当局によって開始された，障害者を労働市場に統合するための最良の方法を選定するということに対しイニシアチブをとった。そして，OECD諸国にこの分野での取り組みを遂行することを促した。

もっと家族に優しい社会政策を

深刻な社会変動が家族に強い衝撃を与えている。女性たちの労働への参加が増えることで，彼女たちは経済的自立と安定を獲得した。各国で，女性の社会進出は，児童保護の機会に対する改善されたアクセスによって支えられ，出産および親権手当，そして，男性や女性が労働や家庭の責任を果たすため，うまくバランスがとれるよう労働条件を柔軟にすべく強化が図られた。社会施策は，より一層家族構造に応え，援助するよう改革される必要がある。

各国閣僚は，家族単位の養育やケア，また社会の構成員を援助することが重要だという認識を共有した。社会施策は，家族構造が崩壊したり，破壊的に働く時，適切な仲裁をするばかりでなく多くの目的を実行する上で，家族を支援するため重要な役割を果たす。幼年期の発達はさらに学習するための十分な基礎を確立する上で重要である。したがって，それは不利な家庭に生まれた子どもたちに特に実質的な給付を与える。女性は，家庭環境でケアを受給者としてだけでなくフォーマルないしはインフォーマルな養育者として特別な役割を果たす。そして社会政策は女性の特殊な状況に応じる必要がある。

各国担当閣僚は以下のことに同意した。国家政策は，扶養義務者が働いていないので子どもに依存する多くの家族からのニーズに応じなければならない。そこには長期の福祉依存から帰結する大きな懸念材料がある。上記のように，就業手当は失業者家庭が直面する貧弱な労働意欲に対してとり得る一つの対応策である。しかし，各国はまた，仕事を求めるすべての成人に対する刺激を改善するために，社会扶助の資産調査を調整する必要がある。手ごろで質の高い児童保護への改善されたアクセス，育児休暇の利用，より柔軟な労働条件と訓練の機会を含む家族に優しい政策は，幼い子どもを持つ家庭，特に単親家庭によりよい雇用の機会をもたらすカギを提供することになる。さらに，頼りになる保護者不在のための児童援助支払システム（systems of child-support payment）は，単親家族の貧困を減らす助けになるだろう。

健康に関する成果の改善を

各国担当閣僚は，保健政策の改善の焦点は費用の効率性改善への努力における保健上の成

果改善にあてることに同意した。保健支出の最良の使い方が選択されるべきで，そのような選択の対象としては，健康改善達成のためのさまざまな医療介入，技術，予防プログラムを含んでいる。それは健康の改善をなすに際しての住民健康改善アプローチの相対的な費用効果について良き理解を求めるものである。患者のエンパワメント（内発的能力発揮へ向かう対応）に力を入れる（たとえば教育改革や選択式の治療効果についての情報へのアクセスを通して）ことは，保健対応の成果改善に貢献する。そして，それは支払能力のある患者による費用割当によって調整される。各閣僚は，供給者，患者，政府による最良の決定が得られるようにプログラムのアセスメントや査定改善が必要であると認識した。また，OECDにこの分野での研究を進めるよう促した。

保健医療状況の不公平是正

人々の保健医療状況の確実な改善に関わらず，国によっては社会的・経済的に恵まれていない人々は，その他の人々に比べて保健医療状況の不均衡をかなり広範に背負っている。恵まれない人々のための効果的ヘルスケア・アクセスは重要課題であり，欠乏に対する改善がなされるべきである。しかし，医療的ケアの供給だけでは，保健事情の不公平を改善できない。なぜなら，社会的，環境的，行動学的，文化的要因が健康上の成果に影響を与えるからである。保健の不公平に対する戦いには，いろいろな分野のプログラムを同等に調整する必要がある。

高齢化社会の繁栄の維持が重要な目標

多くのOECD諸国では，寿命が延びたことや出生率低下の結果として，特に2010年ごろから，急速に高齢人口が増加すると予測されている。高齢人口は，改善された生活水準や家族構成のより良い選択の機会や管理によってもたらされた肯定的な結果であるが，継続的生産性の成長がないために，ヘルスケア・プログラムにとって負担となっている。最近，1998年4月28～29日の閣僚級のOECD協議会において，各国の担当閣僚は社会的，経済的，財政的政策等多くの分野で相互に関係する改革の原則を提案する「高齢化社会における継続的繁栄」の報告を歓迎の意をもって承認した。

報告に略述された政策原則は，OECD諸国にとって高齢人口を支援し，より長く働くために物質的な支えや機会を改善し，退職年金制度を改革し，費用の効率的保護や長期保護供給の確立などを通じて高齢人口のやりがいや機会に対処するために，有益な方途だった。各国閣僚は，改革計画作成や進行を監視する時，これらの原則を考慮に入れることに同意した。

「能動的に生きる高齢化戦略」の追求が助力されるだろう

各国担当閣僚は，社会が有給労働やボランタリズムのような無償活動を通して社会や経済における生産的生活を導くため，年をとっても人々の能力を発展させ促進する「能動的に生きる高齢化」を助力するような情勢を形成していくことに合意した。人々は人生の進路における時間の使い方について選択肢を増やすべきである。学習，仕事，娯楽そしてケアの提供において，個人や社会に有益となるように，改革を進めるにあたっては人々の自主性維持を助ける生涯学習や医療介入のような政策を通して，人生の選択肢における束縛を取り除く必要があり，年をとるにつれて人々の行動の幅を広げていく必要がある。担当閣僚らはOECDが能動的に生きる高齢化戦略に共鳴するよう要請した。

OECD追記　社会政策閣僚の報道発表（1998年6月23～24日）

もっと長くもっと活動的に働けるように……

　主なOECDの勧告の一つは，「高齢者によって提出された財政やその他の問題を処理するために，高齢者がもっと長く働けるように奨励する必要がある」というものである。これは，ほとんどのOECD諸国で，現在実際に退職年齢を越えて働いていくために，人々に十分な財政的刺激を行うという首尾一貫した政策が要求される。現在の早期退職の財政的奨励はかなり縮小されなければならない。そして年金制度によって恩恵を受ける労働年数を長くすべきである。（また）障害年金や疾病手当のような選択的社会給付へのアクセスは，本当に適格とされる人々に限られるべきである。さらに老年に対する雇用者の肯定的態度や，より一層柔軟な労働調整に支えられた労働市場に目を向けるばかりでなく，政策は，生涯学習や，職業上の保健や労働が可能であり続けるようにする他の活動によって，年をとるにつれて労働者の雇用可能性を改善する社会的保障制度に変化を補足的にもたらすことが必要とされる。各国閣僚は，能動的に生きる高齢化という目標を達成するために関係省庁や社会的パートナーと協力することを明言している。

　多くの国で，平均して，社会に貢献する多くの機会を持つ高齢者の間で，保健状況の改善や障害発生率の減少の兆候がある。各国閣僚は1999年の国際高齢者年を，一般的に高齢者を非活動的と見るまちがった紋切り型の認識を取り除く機会とした。

年金制度の必要な改革は遅らせるべきではない

　いくつかの国ではすでに，高齢化社会の結果としてのプレッシャーを見越して，公的年金制度の改革を導入したことが，各国担当閣僚によって記されている。これらのプレッシャーで職業年金や個人年金そして他の退職貯蓄媒体を含む個人の資産獲得と，他の年金支給が発展的に展開していくことを通じて，公的年金を補足する他の退職収入の支給の形式に頼ることになる。公的年金のために重要性を維持し続ける層をなす年金システムは，財政危機を減らし，人々が希求する退職収入のレベルを越えてより大きな個人的選択肢を持てるようにしてくれる。適切な計画で，限られた収入や財産しかない人にとって，基礎的な公的年金システムの必要な改善を通して十分な支援の保障を可能にすることができる。

　各国担当閣僚は，改革によって，未来の政府は新たに起こる社会問題により柔軟に対応できるようになるであろうとしている。もし改革がなされたら，退職年金が，高い社会的優先権をもつその他の支出を締め出すという現実的危険がある。改革はまた，世代間の平等を確実にする必要がある。それは各世代の間に負担割当のバランスがあるからである。退職収入制度を安定させるために必要な改革は遅らせるべきではない。というのも，避けられない過渡的局面が，ほとんどのOECD諸国の高齢人口がピークを迎える2010～2035年より前に，ほとんど完了するからだ。閣僚らはOECD加盟国において退職収入支給の制度を監視するために，また改革の効果を査定するために適した基準や優先順位をおくよう促した。

長期ケアや保健ケアの間の共通の問題が改善されなければならない

　長期ケアは，高齢者人口の増加に備える国々において優先度が高い。一つの啓発される傾向は，在宅ケアやコミュニティ・ケアが増加しており，改善された地域の援助サービスにより高齢者の望ましい自立が支援されていることである。生活において，個人による選択や抑制を促進する方法で，長期ケアの必要性に見合う，可能でコスト効率の良いアプローチを発展させていく重要性について担当閣僚らは合意した。

各国担当閣僚は，保健サービスと長期ケアの間にある共通の問題は，人々が十分かつ必要な効率の良いケアを確実に支給することにより，一層の関心を集めることが必要だということに合意した。問題は個人が在宅ケアと実質的な保健ケアの両方を要求することにより起きる傾向があり，責任の所在は政府内または政府間でさまざまである。価値を認め得る改革は，一定の管理下における高齢者サービスの統合や，部門間のより緊密な協力関係の構築，個人が不適切なケアに依拠してしまうような財政上の誘因を除去し，二部門間の適切なコントロールをすることなどがある。

　閣僚らはもし高齢者が改善された保健状況を経験するならば，保健支出に劇的な上昇は生じないとしている。にもかかわらず，保健ケアによる援助は，以前は不運といえるものだったが，現在は長期的なものに変化している。高齢者特有の健康問題（痴呆のような）にとってのより良い治療の発展に高い優先権を与えるならば，改善された健康教育や予防方法がコスト効率を良くするだろう。人々への包括的な保健アプローチは，新しい世代の健康についての成果のための実体のある対応を創り出す。

ケアリング・ワールドのための政策達成

　関係閣僚は，日本の総理大臣である橋本氏（1999年6月現在）による「ケアリング・ワールドのすすめ」の中における提案，国民の体験共有の重要性や社会・保健政策分野における知識の重要性を強調している。この会議のために準備された（参考）文書によると社会政策や保健医療改革が近年かなり実施されてきたことを示している。それにもかかわらず，1日半におよぶ討議は，政策改革の進展が完成にはほど遠いということを示すのみである。

　OECD諸国は21世紀に向かう中で，社会的ニーズに社会および保健医療政策を再度方向づけるという多くの挑戦をしていくことになる。これらの問題のうち，高齢化のようによく知られ，予想できるものもあるが，一方では国際的移民のように予測が非常に困難なものもある。しかし，経済的・社会的構造は絶えず変化していくため，すべての問題を予知することはできない。真の「ケアリング・ワールド」とは，社会・保健諸政策が持続し続け人をエンパワーさせ，潜在性を充分開発し，また社会に貢献するとともに，個人や家族の機会や要求に敏感に適合し対応する社会である。

　社会政策は尊厳ある独立独行と社会的結束の間で均衡のとれた解決を見出すことをもざしている。そして役割と責任の再調整が多数のOECD諸国で行われている。ほとんどの近年の改革の根底にある有力なテーマの一つは，個人が次第に自分の生活にできるだけ責任を持とうとしているということである。OECDの社会支援の報告は複数国から給付を受けている人々，特に若い人や単親の労働市場の統合を育成していく明らかな動きを示している。いくつかのOECD諸国で雇用者は社会的ケア（たとえば疾病給付の支給）でより大きな役割を引き受けることを求められている。家族や地域は減少した政府の支給に対する財政的支給によって責任が増大しており，非公式なサービスを拡大している。どんな主な変化をもってしても，地域や社会的パートナーの支援は，社会内の世代間やグループの間の平等ばかりでなく，効果的改善のために計画された必要な改革の達成に対し援助をなすことが可能である。

大いなるOECDの努力が社会および保健医療政策を監視し，評価するために要求される

　多くの最近の社会保障と保健プログラムの改革は，財源難ばかりではなく，社会的，人口統計学的問題に対応して導入されてきた。不幸にもこれら変革の成果についてはほとんど知

られていない。閣僚たちは政策改革の結果を評価することに努力すべきとの認識を新たにし，この事業に優先権を与えるようOECDに要求した。閣僚らは，完備した社会および保健医療指針の利用が，国々の至るところで社会的プログラムの結果を比較して援助遂行をなすための価値ある用具を供給することになるということに意見の一致を見た。比較的国内において横断的に入手できる住民についてのより整備された基礎的情報はこの努力を支える力となる。閣僚たちは特に継続的なOECDの健康上の成果に関する指針の向上に重点をおいて，一連の比較できる指針に高い優先権を与え，この分野におけるOECDの研究を支援した。

参考文献

ADEMA, W. (1993),
"The Beveridge Curve and Institutional Arrangements", Doctoral Thesis, University of Oxford, Oxford.

ADEMA, W. (1997),
"What do Countries Really Spend on Social Policies? A comparative note", *Economic Studies*, No. 28, 1997/1, OECD, Paris.

ADEMA, W. and M. EINERHAND (1998),
"The Growing Role of Private Social Expenditure", Labour Market and Social Policy Occasional Paper No. 32, OECD, Paris.

ADEMA, W., M. EINERHAND, B. EKLIND, J. LOTZ and M. PEARSON (1996),
"Net Public Social Expenditure", Labour Market and Social Policy Occasional Paper No. 19, OECD, Paris.

ANDERSON, M. (1985),
"The Emergence of the Modern Life Cycle in Britain", *Social History*, Vol. 10:1, pp. 69-87.

ARROW, K.J. (1963),
"Uncertainty and the Welfare Economics of Medical Care", *American Economic Review*, Vol. 53, pp. 941-973, December.

BLÖNDAL, S. and M. PEARSON (1995),
"Unemployment and other Non-Employment Benefits", *Oxford Review of Economic Policy*, Oxford University Press, Oxford, Vol. 1, No. 1., pp. 136-169.

BÖRSCH-SUPAN, A. (1987),
"Household Dissolution and the Choice of Alternative Living Arrangements among Elderly Americans", NBER Working Paper No. 2338, National Bureau of Economic Research, Cambridge, MA.

BÖRSCH-SUPAN, A., D.L. MCFADDEN and A. SCHNABEL (1996),
"Living Arrangements: Health and Wealth Effects", in D. Wise (ed.), *The Economics of Ageing*, The University of Chicago Press, Chicago, pp. 193-219.

BRADSHAW, J. (1996),
The Employment of Lone Parents: a comparison of policy in 20 countries, Family Policy Studies Centre, London.

BRADSHAW, J., J. DITCH, H. HOLMES and P. WHITEFORD (1993),
Support for Children: A Comparison of Arrangements in Fifteen Countries, HMSO, London.

BROOKS-GUNN, J. (1994),
Strategies for Altering the Outcomes of Poor Children and their Families, Columbia University.

BROWNE, G., J. ROBERTS, A. GAFNI, R. WEIR, S. WATT and C. BYRNE (1995),
"More Effective and Less Expensive: Lessons from Five Studies Examining Community Approaches to Care", *Health Policy*, No. 34, pp. 95-112.

BURNIAUX, J.M., THAI-THANH, D., FORE, D., FORSTER, M., MIRA d'ERCOLE, M. and OXLEY, H. (1998),
"Income Distribution and Poverty in Selected OECD Countries", Economics Department Working Paper No. 189, OECD, Paris.

CABOTTE, L. (1997),
"Quatre modèles d'économie de l'aide à domicile", mimeo, Centre d'Études pour l'Emploi, Paris.

CARRIÈRE, Y. and L. PELLETIER (1995),
"Factors Underlying the Institutionalization of Elderly Persons in Canada", *Journal of Gerontology*, No. 3, pp. S164-172.

CARSON, E., P. FITZGERALD and A. JORDAN (1989),
"Discouraged Workers: a Study of Long-term Unemployment and Sickness Beneficiaries Aged 45 to 54", *Social Security Review*, Department of Social Security, Background/Discussion Paper No. 30, Woden, ACT, Australia.

CENTRAL BUREAU OF STATISTICS and ERASMUS UNIVERSITY (1992),
International Variation in Socio-Economic Inequalities in Self-Reported Health, CBS publications.

COMMISSION OF THE EUROPEAN COMMUNITIES (1989),
Employment in Europe, Luxembourg.

COMMISSION OF THE EUROPEAN COMMUNITIES (1990),
Employment in Europe, Luxembourg.

COMMISSION OF THE EUROPEAN COMMUNITIES (1994),
Employment in Europe, Luxembourg.

COMMISSION OF THE EUROPEAN COMMUNITIES (1997),
Labour Market Studies: Ireland, DG V, Brussels.

COSTA, D.L. (1997), "A House of Her Own: Old Age Assistance and the Living Arrangements of Older no-married Women", NBER Working Paper No. 6217, National Bureau of Economic Research, Cambridge, MA.

CREVITTS, P. and P.H. DE DONDER (1995),
"Analyse des déterminants de la demande de soins et services des personnes âgées", Groupe de Recherches en Economie du Bien-Être, Facultés Universitaires, Namur, Belgium.

CRIMMINS, E.M., Y. SAITO and S.L. REYNOLDS (1997),
"Further Evidence on Recent Trends in the Prevalence and Incidence of Disability Among Older Americans From Two Sources: the LSOA and the NHIS", *Journal of Gerontology: Social Sciences*, Vol. 52B, pp. S59-71.

CUTLER, D. (1996),
"Public Policy for Health Care", NBER Working Paper No. 5591, p. 40, National Bureau of Economic Research, Cambridge, MA, May.

DICK, A., A. GARBER and T. MCCURDY (1992),
"Forecasting Nursing Home Utilization of Elderly Americans", NBER Working Paper No. 4107, National Bureau of Economic Research, Cambridge, MA, June.

DONABEDIAN, A. (1973),
Aspects of Medical Care Administration, Harvard University Press, Cambridge, MA.

EARDLEY, T., J. BRADSHAW, J. DITCH, I. GOUGH and P. WHITEFORD (1996),
"Social Assistance in OECD Countries: Synthesis Report", Department of Social Security Research Report No. 46, HMSO, London.

EBRI (1995),
EBRI Databook on Employee Benefits, third edition, Employee Benefit Research Institute, Washington, DC.

ESPING-ANDERSON, G. (1997),
"Welfare States at the End of the Century: The impact of labour market, family and demographic change", in OECD (ed.), *Family, Market and Community: Equity and Efficiency in Social Policy*, Social Policy Studies No. 21, OECD, Paris.

EVANS, R.G. (1987),
"Hang Together, or Hang Separately: The Viability of a Universal Health Care System in an Aging Society", *Canadian Public Policy*, Vol. 13, No. 2, pp. 165-180.

EVANS, R., M.L. BARER and T.R. MARMOR (1994),
Why Are Some People Healthy and Others Not?, Walter de Gruyter, Inc., Aldine de Gruyter, New York.

FORSTER, M.F. (1994),
"Measurement of Low Incomes and Poverty in a Perspective of International Comparisons", Labour Market and Social Policy Occasional Paper No. 14, OECD, Paris.

GERMAN FEDERAL MINISTRY OF LABOUR and SOCIAL AFFAIRS (1994),
Social Security in Germany, Expenditure and Revenue 1960-1993, Bonn.

GORNICK, J.C., M.K. MEYERS and K.E. ROSS (1996),
"Enabling the Employment of Mothers. Policy Variations across Fifteen Welfare States", Luxembourg Income Study Working Paper, June.

GUIBENTIF, P. and P. BOUGET (1997),
Minimum Income Policies in the European Union, União das Mutualidades Portuguesas, Lisbon.

HIMES, C.L., G.G. WAGNER, D.A. WOLF, H. AYKAN and D. DOUGHERTY (1997),
"A Comparative Analysis of Nursing Home Entry in Germany and the United States", Syracuse University, Ruhr University Bochum.

IKEGAMI, N., B. FRIES, Y. TAKAGI and T. IBE (1994),
"Applying RUG-III in Japanese Long-Term Care Facilities", *The Gerontologist*, Vol. 34.

JACOBZONE, S. (1999 forthcoming),
"Ageing and Caring for Frail Elderly Persons: a review of international perspectives", Labour Market and Social Policy Occasional Paper, OECD, Paris.

JACOBZONE, S., CAMBOIS, E., CHAPLAIN, E. and ROBINE, J.M. (1998),
"Long-term Care Services to Older People: a perspective on future needs", OECD Ageing Working Paper No. 4.2, OECD, Paris.

JOEL, M.E. (1997),
La protection sociale des personnes âgées en France, mimeo, LEGOS, Université Paris-X Nanterre, Paris.

KAMERMAN, S.B. and A.J. KAHN (1991),
"Government Expenditure for Children and their Families in Advanced Industrialised Countries, 1960-85", UNICEF, Innocenti Occasional Papers No. 20, Florence, Italy.

KAMERMAN, S.B. and A.J., KAHN (1994a),
A Welcome for Every Child: Care, Education and Family Support for Infants and Toddlers in Europe, Arlington, VA.

KAMERMAN, S.B. and A.J. KAHN (1994b),
"Social Policy and the Under 3s, Six country Case Studies: A resource for policy makers, advocates and scholars", Gross National Studies Research Program, Columbia University, NY.

KANNISTO, V. (1994),
"Development of Oldest-Old mortality, 1950-1990, Evidence from 28 Developped Countries", *Monographs on Population Aging*, Odense University Press.

KERNS, W.L. (1997),
"Private Social Welfare Expenditures, 1972-1994", *Social Security Bulletin*, Vol. 60, No. 1, pp. 54-60, Washington, DC.

KROUPOVA, A. (1988),
"Perspectives of Czechoslovakia's Family Formation", Seminar Report on Childhood Implications for Child Care Policies, European Center for Social Welfare Training and Research, Gananoque, Ontario, Canada.

LAGERGREN, M. (1997),
"Simulation as a Tool for Analysing the Balance of Care", *Health and System Science*, Vol. 1, No. 2, pp. 169-191.

LASKER, R.D. and the COMMITTEE ON MEDICINE and PUBLIC HEALTH(1998),
Medicine and Public Health: The Power of Collaboration, The New York Academy of Medicine, New York, NY.

LAZAR, I., R.B. DARLINGTON, H. MURRAY, J. ROYCE and A. SNIPPER (1982),
Lasting Effects of Early Education: A report for the consortium for longitudinal studies, Monographs of the Society for Research in Child Development, Vol. 47, No. 2-3, Serial 195.

LE GRAND, J. (1982),
The Strategy of Inequality: Redistribution and the Social Services, George Allen and Unwin Ltd., London, England.

LISV (1997),
"Thema 3: 55+ers in de WW", *Het Beroep op de Werkloosheidswet*, 2th quarter 1997, pp. 8-13, Landelijk Instituut Sociale Verzekeringen, Amsterdam, December.

MacFARLAN, M. and H. OXLEY (1996),
"Social Transfers, Spending patterns, Institutional Arrangements and Policy Responses", OECD *Economic Studies*, No. 27, 1996/II, pp. 147-194.

MANTON, K.G. (1993),
"Health Forecasting and Models of Aging", in K.G Manton, B.H. Singer and R.M. Suzman (eds.), *Forecasting the Health of Elderly Populations*, Springer Verlag, pp. 79-106.

MANTON K.G. and R.M. SUZMAN (1992),
"Conceptual Issues in the Design and Analysis of Longitudinal Surveys of the Health and Functioning of the Oldest Old", in R.M. Suzman, D.P. Willis, K.G. Manton (eds.), *The Oldest Old*, Oxford University Press, pp. 89-122.

MANTON, K.G., L. CORDER and E. STALLARD (1993),
"Estimates of Change in Chronic Disability and Institutional Incidence and Prevalence Rates in the US Elderly Population from the 1980, 1984 and 1989 National Long Term Care Survey", *Journal of Gerontology: Social Sciences*, Vol. 48, pp. S153-166.

MANTON, K.G., L. CORDER and E. STALLARD (1997),
"Chronic Disability Trends in Elderly United States Populations, 1982-1994", Proceedings of the National Academy of Science, Vol. 94, pp. 2593-2598, United States.

MARX, I. and G. VERBIST (1997),
"Low-wage Employment and Poverty: Curse or Cure?", paper presented at the European Low-Wage Employment Research Network Conference on the Problems of Low-Wage Employment, 31 January-1 February, Bordeaux, France.

MATHERS, C. (1997),
"Developments in the Use of Health Expectancy Indicators for Monitoring and Comparing the Health of Populations", Background paper for the OECD Employment, Labour and Social Affairs Committee at Ministerial Level, Paris, June.

MILLAR, J. and A. WARMAN (1996),
Defining Family Obligations in Europe: The Family, the State and Social Policy, Report to the Joseph Rowtree Foundation, York, United Kingdom.

MULLIN, C. and T. PHILIPSON (1997),
"The Future of Old-Age Longevity: Competitive Pricing of Mortality Contingent Claims," NBER Working Paper No. 6042, National Bureau of Economic Research, Cambridge, MA, May.

OECD (1990),
The Employment Outlook, Paris.

OECD (1992),
The Reform of Health Care: A Comparative Analysis of Seven OECD Countries, Health Policy Studies No. 2, Paris.

OECD (1993),
The Employment Outlook, Paris.

OECD (1994a),
Internal Markets in the Making: Health Systems in Canada, Iceland, and the United Kingdom, Health Policy Studies No. 6, Paris.

OECD (1994b),
Caring for Frail Elderly People, New Directions in Care, Social Policy Studies No. 14, Paris.

OECD (1994c),
   The OECD Jobs Study: Facts and Explanations, Paris.

OECD (1994d),
   New Orientations for Social Policy, Social Policy Studies No. 12, Paris.

OECD (1994e),
   The Reform of Health Care Systems: A Review of Seventeen OECD Countries, Health Policy Studies No. 5, Paris.

OECD (1995a),
   Taxation, Employment and Unemployment, Paris.

OECD (1995b),
   Governance in Transition: Public Management Reforms in OECD Countries, Paris.

OECD (1995c),
   The Transition from Work to Retirement, Social Policy Studies No. 16, Paris.

OECD (1995d),
   The Employment Outlook, Paris.

OECD (1995e),
   New Directions in Health Care Policy, Health Policy Studies No. 7, Paris.

OECD (1996a),
   The Employment Outlook, Paris.

OECD (1996b),
   Caring for Frail Elderly People, Policies in Evolution, Social Policy Studies No. 19, Paris.

OECD (1996c),
   "Social Expenditure Statistics of OECD Member Countries", Labour Market and Social Policy Occasional Papers No. 17, Paris.

OECD (1996d),
   The OECD Jobs Strategy: Enhancing the Effectiveness of Active Labour Market Policies, Paris.

OECD (1996e),
   Education at a Glance – Analysis, Paris.

OECD (1996f),
   Lifelong Learning for All, Paris.

OECD (1996g),
   Ageing in OECD Countries, a Critical Policy Challenge, Social Policy Studies No. 20, Paris.

OECD (1996h),
   OECD Economic Surveys: Italy, Paris.

OECD (1996i),
   Trade, Employment and Labour Standards: A study of core workers' rights and international trade, Paris.

OECD (1996j),
   Tax Expenditures: Recent Experiences, Paris.

OECD (1997a),
   Implementing the Jobs Strategy: Member Countries' Experience, Paris.

OECD (1997b),
   The Employment Outlook, Paris.

OECD (1997c),
   Family, Market and Community – Equity and Efficiency in Social Policy, Social Policy Studies No. 21, Paris.

OECD (1997d),
   Making Work Pay: Tax, Benefits, Employment and Unemployment, Paris.

OECD (1997e),
   Economic Surveys: France, Paris.

OECD (1997f),
"Labour Market Policies: New Challenges. Policies for low-paid workers and unskilled job seekers", GD(97)160, Paris.

OECD (1997g),
Managing Across Levels of Government, Paris.

OECD (1997h),
The Economic Outlook, No. 62, Paris.

OECD (1998a),
The Employment Outlook, Paris.

OECD (1998b),
The Economic Outlook, No. 63, Paris.

OECD (1998c),
The Battle against Exclusion: Social Assistance in Australia, Finland, Sweden and the United Kingdom, Paris.

OECD (1998d),
The Battle against Exclusion: Social Assistance in Belgium, the Czech Republic, the Netherlands and Norway, Paris.

OECD (1998e),
Benefit Systems and Work Incentives, Paris.

OECD (1998f),
Maintaining Prosperity in an Ageing Society, Paris.

OECD (1998g),
"Social and Health Policies in OECD Countries: A Survey of Current Programmes and Recent Developments", Labour Market and Social Policy Occasional Paper No. 33, Paris.

OECD (1998h),
"Resources during Retirement", Ageing Working Paper No. 4.3, Paris.

OECD (1998i),
The Tax/Benefit Position of Employees, Paris.

OECD (1998j),
Labour Force Statistics, Paris.

PACOLET, J. (1997),
"The State of the Debate on Social Protection for Dependency in Old Age in the 15 EU Member States and Norway, Comparative Study", co-ordinating team: K. Versieck, R. Bouten and H. Lanoye, Research Project for the European Commission DGV/E and the Belgian Ministry of Social Affairs, Katoliek Universiteit Leuven, Belgium.

PEARSON, M. (1999 forthcoming),
"The Battle Against Exclusion: Summary of Country experience", Labour Market and Social Policy Occasional Paper, Paris.

PHAROAH, C. (ed.) (1997),
Dimensions of the Voluntary Sector: key facts, figures, analysis and trends, Charities Aid Foundation, Kent, United Kingdom.

PILLINGER, J. (1993),
Feminising the Market, MacMillan, London.

RESCHOVSKY, J.D. (1996),
"Demand for and Access to Institutional Long-Term Care: the Role of Medicaid in Nursing Home Markets", *Inquiry*, Vol. 33, pp. 15-29.

RITCHIE, J. (1998),
"International Comparisons of Dementia Free Life Expectancy: a critical review of the results obtained", *The Burden of Disease Dementia*, World Health Organisation, World Bank.

RITCHIE, J., K. WARD and W. DULDIG (1993),
"GPs and IVB", Department of Social Security Research Report No. 18, HMSO, London.

ROBINE, J.M. (1997),
"Health Expectancies in OECD Countries", REVES Paper No. 317, Paris.

ROBINE, J.M. et al. (1997),
"Health Expectancies and Current Research", *Reviews of Clinical Gerontology*, Vol. 7, pp. 73-81.

RODRIK, D. (1997),
Has Globalisation Gone too Far?, Institute for International Economics, Washington, DC.

ROUSSEL, L. (1989),
La famille incertaine, Editions Odile Jacob, Paris.

SALAMON, L. and H. ANHEIER (1996),
The Emerging Non-profit Sector – An Overview, Manchester University Press, Manchester.

SALAMON, L. M., H.K. ANHEIER and W. SOKOLOWSKI (1996),
The Emerging Sector: A Statistical Supplement, The Johns Hopkins Institute for Policy Studies, Baltimore.

SARACENO, C. (1997),
"Family Change, Family Policies and the Restructuring of Welfare", *Family, Market and Community: Equity and Efficiency in Social Policy*, Social Policy Studies No. 21, OECD, Paris.

SCHIEBER, G.J., J.P. POULLIER and L.M. GREENWALD (1994),
"Datawatch: Health System Performance in OECD Countries, 1980-1992", *Health Affairs*, pp. 100-112, Fall.

SEN, A. (1998),
"Mortality as an Indicator of Economic Success and Failure", *The Economic Journal*, Vol. 108, pp. 1-25, Blackwell Publishers, Oxford, UK, January.

SHEA, M. (1995),
"Dynamics of Economic Well-Being: Poverty, 1990 to 1992", US Bureau of the Census, Current Population Reports, pp. 70-42.

SLOAN F.A., T.J. HOERGER and G. PICONE (1996),
"Determinants of Institutionalization in Old Age", in R. Eisen and F.A. Sloan (eds.), *Long Term Care: Economic Issues and Policy Solutions*, Kluwer, pp. 103-115.

SNA (1993),
System of National Accounts 1993, CEC-EUROSTAT, IMF, OECD, UN and the World Bank, Brussels-Luxembourg, New York, Paris, Washington, DC.

SWEDISH INSTITUTE OF HEALTH ECONOMICS (1997),
IHE Information, Vol. 4.

SZW (1997),
"Income benefits for Early Exit from the Labour Market in Eight European Countries", Ministerie van Sociale Zaken en Werkgelegenheid, Werkdocumenten, No. 61, The Hague.

TOWNSEND, P., J.N. MORRIS, C. SMITH and N. DAVIDSON (1980),
Inequalities in Health: The Black Report, Penguin Books Ltd., Harmonsworth, Middlesex, England.

UNITED STATES OFFICE of MANAGEMENT and BUDGET (1994),
Analytical Perspectives, Budget of the United States Government, Fiscal Year 1995, Government Printing Office, Washington, DC.

UNITED STATES CENSUS BUREAU OF LABOUR STATISTICS (1996),
"Children's Well-being: an International Comparison", International Population Reports Series P-95, No. 80, US Department of Commerce, Bureau of Census, Washington, DC.

VAN DOORSLAER, E. and A. WAGSTAFF (eds.) (1993),
Equity in the Finance and Delivery of Health Care: An International Perspective, Commission of the European Communities, Health Services Research Series No. 8, Brussels-Luxembourg.

WEISBROD, B. (1991),
"The Health Care Quadrilemma: an Essay on Technological Change, Insurance, Quality of Care, and Cost Containment", *Journal of Economic Literature*, Vol. 29, No. 2.

WIENER, J., L.H. ILLSTON and R.J. HANLEY (1994),
Sharing the Burden: Strategies for Public and Private Long-Term Care Insurance, The Brookings Institution, Washington, DC.

WIENER, J., R. HANLEY, R. CLARK and J.F. VAN NOSTRAND (1990),
"Measuring the Activities of Daily Living: Comparisons Across National Surveys", *Journal of Gerontology: Social Sciences*, Vol. 45, No. 6, pp. S229-237.

WILKINS, R. and O.B. ADAMS (1983),
"Health Expectancy in Canada, Late 1970s: demographic, regional, and social dimensions", *American Journal of Public Health*, Vol. 73, No. 9, pp. 1073-1080.

WILLIAMS, S. (1997),
"The Cost of UK Tax Reliefs in Favour of Charities", in C. Pharoah (ed.), *Dimensions of the Voluntary Sector: key facts, figures, analysis and trends*, Charities Aid Foundation, Kent, United Kingdom.

WOLF, D.A. (1995),
"Changes in the Living Arrangements of Older Women: An International Study", *The Gerontologist*, Vol. 35(6), pp. 724-731.

WORLD HEALTH ORGANIZATION (1993),
Highlights on Health in Switzerland, WHO Regional Office for Europe, Copenhagen, Denmark.

追論

「福祉世界」をめざして

「福祉世界」研究所 主幹　岡田藤太郎

　本書を「福祉世界」へのプロセスと捉えた監訳者の方々（社会福祉学研究の同僚）からの求めに応えて，私なりの「福祉世界（Welfare World）」の考え方を述べることをお許しいただきたい。「福祉世界」という言葉はまだ十分定着していない感があるが，グンナー・ミュルダールが早くから用いている（参照文献1）。

　私は社会福祉学のパラダイムを追究することを自らに課してきたつもりであるが，そのまとめとして，最近，『社会福祉学一般的理論の系譜―英国のモデルに学ぶ―』（相川書房，1995）と，『社会福祉学汎論―ソーシャル・ポリシーとソーシャルワーク―』（相川書房，1998）の2冊を著すことができた。理念的にはともかく歴史的現実的には社会福祉というものはソーシャル・ポリシーとソーシャルワークとの複合というのが一応の結論であった。

　そして「福祉世界」の構想やそれと社会福祉学との関連は，前者（1995）の終章，および後者（1998）の第6章（国際社会福祉会議で発表したもの）と終章で論じた。ここではポイントのみに触れざるを得ないので，詳しくはそれらを参照いただければ幸いである。また本稿も特に示さないが両著からの大幅な引用を含むことをお断りしておきたい。

1　「福祉国家」とは

　本書の表題の「ケアリング・ワールド」とは訳し難い言葉であるが，無理すれば「配慮ある世界」「助けあう世界」とでも訳せようか。いずれにせよそれは「福祉国家」に関連する概念であると私はまず捉えたい。

　社会福祉とは理念的には皆が安心して楽しく暮せる「良い社会（good society）」をめざすものといえるが，具体的歴史的には「福祉国家」が出てくる。「福祉国家」（Welfare State）も文脈によっていろいろ定義されるが，私はまず「レッセフェール（自由放任主義）」に対立する概念であると捉える。19世紀の英国の例をとるとその経済体制ひいては社会体制は「レッセフェール」であった。すなわち，国民の自由主義的資本主義的経済活動に国家は不介入が原則であり，介入すべきではなかった。その方が社会全体の発展には良いという古典経済学の原理に沿っていた。しかし19世紀の末になって市場原理の硬直化という資本主義の変質により貧困と失業という資本主義の2大問題が顕著になり，それへの対応として資本主義の廃絶をめざすマルクス主義に根差す「共産主義」体制と，修正資本主義ないし漸進的にその廃絶をめざす「福祉国家主義」体制の二つが台頭して競った。「福祉国家」とは「レッセフェール」と対照的に国家は国民の少なくとも最低生活を保障しなければならないという理念に基づいている。そのための介入をむしろ積極的に認めるのである。サービス主体はその後官民・公私と多元的に発展しているが究極的には国家が責任を持つのである。

　第二次大戦後「福祉国家」体制の建設は本格化し，いくつかの民主主義的産業先進国において一応の成功を見た。他方20世紀の一大実験ともいえる1917年に台頭した共産主義は，1989年のベルリンの壁の崩壊で象徴的に破綻したが，その結果現在生き残っているのは前者といえる。

20世紀も終わりに近づき、左の共産主義的社会主義が大きな功罪を伴い破綻した今日、視座全体が右に移動して、「福祉国家主義」（「自由主義的集合主義（collectivism）」、最近では「倫理的社会主義（ethical socialism）」（参照文献7）という言葉も出てきている）は左寄りのものとなって、右寄りのレッセフェール的「新経済自由主義・新資本主義」と対峙することとなった。しかし「新資本主義」といえども、議会制民主主義の立場をとる以上、ナショナル・ミニマムなど「福祉国家」理論のある部分を否定することはできず、両者は実質的には手段的な差であり、目標から大局的に見ればその距離は近く、端的に、経済（自由主義的市場経済）と福祉（福祉国家主義）の対峙とバランスの問題となってきた、と私は捉える。

　また、「福祉国家主義」は社会思想的には、自由主義的集合主義ないし修正資本主義として表され、自然主義的「社会的ダーウィン主義（社会的進化論、Social Darwinism）」に対立する概念である。「社会的ダーウィン主義」とは、人間社会の本質を、進化論的に生物世界と同じく、生存競争、適者生存、弱肉強食、自然淘汰、の法則に支配されているとし、社会の発展もそれに沿っていると見るのである。資本主義と社会的進化論とは全くではないが一部共通の基盤に立っているといえよう。

　「福祉国家」の理念はそれと真っ向から対立する。「福祉国家主義」には、その他、ヒューマニズム、人権思想、民主主義、共生の思想、コミュニタリアニズムなどそれに親近の思想をいろいろ挙げることができるであろう。ベヴァリッジは社会的良心という概念でその原動力を説明している（参照文献3、p.9）。また「福祉国家主義」を人間性の理想と結びつけて「倫理的社会主義」と位置づけることもできる。

　この体制は基本的には中道・折衷主義の立場であるといってよい。その思想は今日生き残り、国により歴史と文化によって偏りがあるとしても、経済と福祉のバランスを課題とする点では共通である。OECDのメンバー諸国も例外ではない。

　「福祉国家」の構造を、T. H. マーシャルは、従来は福祉資本主義と表されていたものを、「民主－福祉－資本主義」というモデルで表し、ハイフォン連結のトロイカ体制とした（参照文献6、第6章）。体制の構成は、政治セクターは「議会制民主主義」、経済セクターは公的企業と市場経済を認める「混合経済」、社会セクターは「福祉社会」という性格を持ち、それぞれのセクターは、平等、自由、共生などの機軸的諸価値の主体性を保ちながら、お互いのバランスをとり運営されていく。この場合「福祉社会」というのは本書でいう「ケアリング・ワールド」とほとんど合致するのではないかと思う。「福祉社会」も文脈によっていろいろ定義づけられるが、私はT. H. マーシャルにならって、「福祉国家」は主として境界、「福祉社会」は性格を表す言葉と捉えている。T. H. マーシャルは「貧窮を救済し貧困をなくすだけでなく、福祉の達成を求める上でその集合的な責任を認める社会」とも定義している。それを現実化する施策がソーシャル・ポリシーである。

　それはすべての人に「市民資格（citizenship）」が認められる社会といってもよく、「市民資格」をマーシャルは公民的権利（civil right）、政治的権利（political right）、社会的権利（social right）の三つに分け、英国の場合それぞれ18世紀、19世紀、20世紀に国民一般のものとなり、社会的権利の付与によって「福祉国家」が実質的に成立したとした（参照文献4、ch. 4）。

2 ソーシャル・ポリシー

本書は副題にあるとおり，ソーシャル・ポリシーの新しいあり方の模索である。

ソーシャル・ポリシーとは何よりもまず「福祉国家」をもたらすための方策としてよいであろう。T. H. マーシャル（Thomas Humphrey Marshall, 1893-1981）は，「福祉国家」の体制と性格を歴史学的社会学的に理論づけた人であるが（参照文献4，5，6），ソーシャル・ポリシーの目標は，合意の得やすい順に，1. 貧困をなくすこと，2. 福祉の極大化，3. 平等の追求，であるとしている。マーシャルにとって貧困とは相対的貧困ではなくてゆるしがたい（intolerable）絶対的貧困であった。福祉の極大化の福祉とは大きくは福祉サービス，また極大化とは「できるだけ」と捉えてよいであろう（参照文献5訳，p. 301）。

そのための具体的戦略をまとめると，1. 社会保険と公的扶助による社会保障制度，2. 積極的優遇（positive discrimination）の要素をも含む，住宅・医療・教育・福祉など諸社会サービス，3. 資産課税，所得累進課税，などの再分配政策，であり，その他に，経済政策と共通の部分として完全雇用政策と労働者保護政策すなわち，最低賃金とか労働協約などの諸政策があろう。それは20世紀後半に特に歴史的経験を積み重ねてきた。英国の理論モデルを用いると，それを「マーシャル・ティトマス型福祉国家」，あるいは「社会権市民資格型福祉国家」となる。

ソーシャル・ポリシーの対象は，普遍的にいえば「良い社会」の追求であるが，それを現実的にいえば，人々の人生途上に横たわる災害，天災・人災・戦災，に対する予防と対応であり，歴史的特定的にいえば主として資本主義的経済政策の生み出す問題への対応である。具体的には，社会保障と所得再分配の諸制度による，すべての国民に対するナショナル・ミニマムの確保である。福祉ニードはある意味では限界がないが，資源の現実，自由主義的思想などの制約により，人々の「人間的基本的諸必要（basic human needs）」が鍵概念となる。社会福祉学はその人の「人間的基本的諸必要」に対する想像力と思想に左右されるというのが私の理解である。

（ベヴァリッジの5巨人悪）

ソーシャル・ポリシーは広義の社会福祉である。ソーシャル・ポリシーの範囲は便宜的であるが，英国のモデルに沿って，『ベヴァリッジ報告』に出てくる「5巨人（Five Giants）悪」を取り上げるのが便利である（参照文献2，par. 8）。巨人悪とは英国では時には聖書に次ぐ宗教書と目されるジョン・バニヤンの『天路歴程』に出てくる天国をめざす巡礼者の前途を阻む巨人になぞらえたものであろうが，第二次大戦後の英国社会の再建を阻む「5巨人悪」とは，ベヴァリッジの順に従えば「欠乏」（Want），「疾病」（Disease），「無知」（Ignorance），「陋隘」（Squalor），「無為」（Idleness），すなわち，社会保障，医療，教育，住居と環境，雇用，の諸問題を指す（その後の発展としての第六のものとしてのケア問題については後述）。その背後にある鍵概念は「人間的基本的諸必要」という概念といえる。ソーシャル・ポリシーの政策はこの鍵概念を巡って諸社会サービスの体系として展開する。社会福祉は本来問題解決中心という，ネガティブなものを修復する，また予防するという契機を持っている。それはまたナショナル・ミニマムという政策的観念（少なくともそれだけは保障する，しかしそれ以上は自律に待つという「自由主義的」要素の概念）を含む。

まず「欠乏」であるが，ベヴァリッジは他の巨人に対応するサービスが前提としながらもむしろ一番解決しやすいとしている。これは具体的には社会保障の体系である。ヒューマン・ニードの純粋な経済的側面である。「疾病」と「陋隘」（汚くて狭い）は医療と住宅問題を意味するが住宅問題を環境問題まで広げればエコロジカルな側面と捉えることができる。「無知」は教育問題を意味し生活文化の側面である。第五の「無為」は失業問題を意味するがこれは経済的側面と生活文化的側面の双方を含むといえよう。

（第六の巨人悪）

問題は今日狭義の社会福祉として医療と並んで福祉と呼ばれている部分である。1942年に出されたベヴァリッジ報告ではまだ大きな問題になっていなかったといえる部分である。第六の巨人悪ともいえる。ベヴァリッジにならって名付ければ「放置」（neglect）とでもいえようか。もちろんこの問題は早くから芽生えていたであろうが，高齢化社会，障害者福祉の発達などにより次第に浮上し組織的な対応に迫られるようになったのは比較的最近といえよう。英国では1968年のシーボーム報告が契機となって「対人福祉サービス」（personal social service）とか「コミュニティ・ケア」という概念が定着してきたのであり，わが国でもそれに前後して，サービスの体系ができ上がっていった。その背後には家族と地域コミュニティの変貌が大きく作用しているといってよいであろう。すなわち，ケアサービスといってもよい対人福祉サービスは，家族と地域コミュニティの機能の縮小から公的対応の必要が生まれてきたため浮上したとしてよいであろう。以上からもわかるように狭義の社会福祉である「対人福祉サービス」は広義の社会福祉であるソーシャル・ポリシーに含まれその一環である。

問題は本書のケアリングであるが，この第六の巨人悪だけではなくむしろソーシャル・ポリシー全体に及ぶ新しい用法である。いずれにしても訳しにくい言葉である。

3　「福祉国家」から「福祉世界」へ

a　本書の位置づけ

本書の趣旨はあくまで，OECDのメンバー諸国における人々の生活状況が急速に変貌しつつあるのに対し，広域とはいえなお「福祉国家」の観点から見た新しい諸問題に対する対応である。

牛津氏の「監訳者まえがき」にもあるとおり，それは最近の新しい傾向：高齢化社会，女性が働きに出ることによる家族の構成と機能の変化，公的扶助と勤労との結合，その他ソーシャル・ポリシーのあり方に影響する諸傾向を取り上げている。ワークフェアという新しい言葉が表すようにワーク（仕事）の意味とその配分は特に重要になってきたと私は捉える。また自助と共助と他助の兼合いを尊重する「第三の道（The third way）」的な傾向も現れていると思う。

本書は先進国の経験とこれからの見通しを示した点でそれなりの重要性と価値を持っている。しかし本書の姉妹版ともいえる，*Maintaining Prosperity in an Ageing Society*, 1998［阿部敦訳『OECD諸国・活力ある高齢化への挑戦—持続的な経済成長をめざして』ミネルヴァ書房，2000］が示すようになお繁栄を指向している。もちろん繁栄が即悪いというのではなく，グローバリゼーションにおけるそのコンテキストが問われるのである。

本書の対象は「福祉国家」を追求してきた曲がりなりにも経済的には「恵まれた国々」といえる。主として産業先進国の社会政策の現状を報告し新しい状況への対応を論じたもので

ある。しかし世界にはそれを上回る開発途上国がある。

　OECDは産業先進国および一部の追随国のグループである。現在メンバー国の数は全世界が189ヵ国（国連加盟国）であるのに対し29ヵ国であり，その含む人口は地球の全人口60億（2000年）に対して11億（1998年）である。

　今や目標と視野を「福祉国家」から「福祉世界」に転じると性格を異にする新しい問題が生起する。

b 「福祉世界」をめざす

　本書が取り上げたモデルは産業社会の「福祉国家」のモデルである。すなわち，その成立の条件としてしかるべき程度の経済的基盤を必要とするのである。しかし，グローバルに見ると，すべてが産業の先進国であるのではなく，大きな部分の開発途上国がある。しかもそれらの国々は歴史的伝統的文化的に見て非常に多様性があり，この先進国モデルの普遍性は大きく問われているのである。いまや世界の情勢ではすべての国が開発を進めて先進国並になるという方向そのものが問われてきたと私は思う。

　世界中を見渡すと一応のレベルでも「福祉国家」を達成したと思える国はまだ少ないのである。「福祉国家」がすべての国民に対して一応の最低生活の権利を保障するものであるのに対して，「福祉世界」とはこの地球に生を享けたすべての人が，世界市民として最低生活（ミニマム）の権利を保障されるような世界である。「世界市民資格」（world citizenship）とはそのようなものを表すものであろう（参照文献9）。そのような世界を今度は世界の人々と協力してつくることが求められているのである。

c 「福祉世界」への戦略

　私は，世界的規模で考えて切迫した問題は相互に関連する三つの問題に要約できると思う。その三つの問題とは，1. 饑餓的絶対的貧困と人口爆発，2. 地球規模の環境破壊，3. 局地戦争と狂気の殺戮，圧政と難民の流出，である。

　従来「福祉国家」を対象とする社会福祉の世界では，社会問題の領域を3Dとして分ける発想があった。3Dとは「Destitution（貧窮）」，「Disease（病気）」，「Delinquency（非行，犯罪）」である。すなわち人生の三局面，経済的，身体・環境的，社会関係的，の諸問題であり，それに対する対策がすなわち社会福祉でありソーシャル・ポリシーであった。この発想を「福祉世界」に延長拡大すると，3Wとなる。すなわち，「Want（貧困）」，「Waste（環境破壊）」，「War（戦争）」である。これらは相互に密接に関連（interrelated）しているから，同時にアタックする必要がある（参照文献8）。この三つの問題の各々については既に多く取り上げられているが，「Want（貧困）」の削減という社会福祉側からのアプローチであることがこの発想の〈みそ〉である。この3Wを解消するために真剣に世界の知力を結集するというのが私のヴィジョンである。

　それらはもはや詳しく説明する必要はないであろうが，第1についていえば，相対的貧困はともかく，少なくとも饑餓的絶対的貧困をなくすのは「福祉国家」の第一の目標であったのであるが，これを「福祉世界」というグローバルな視野に適用するのは当然といえるのではないであろうか。このことは人口爆発の危機とも密接に関連している。この問題では特に第三世界の女性の教育と地位の向上が鍵ともいわれている。第2の地球規模の環境破壊とその保全も緊急な課題になっている。われわれは他の生物とも共生して「安心して住める地球」

追論　「福祉世界」をめざして

を確保しなければならない。第3についていえば，20世紀は狂気の戦争の世紀であったといってよく，少なくとも21世紀の前半に，戦争と圧政をなくして世界平和の達成をめざすことは理想主義的に過ぎるであろうか。

　この三つの解決は端的にいうと，人類の存続，持続可能な発展（sustainable development）について現在考えられる最低条件である。これらの問題が解決されなければ，経済がいくら成長しても，科学がいくら発達してもわれわれに本当の安心ひいては福祉も幸福もないと思う。

　これらの三者が因果において相互に密接に関連していることはいうまでもない。それに対し，たとえば第1に対して1994年9月にエジプトで開かれた国連の人口問題会議のような，また1995年のコペンハーゲンにおける貧困問題，失業と社会的統合をテーマにしたワールド・サミットとNGOのフォーラムのような，個別的なアプローチはなされているが，いまや必要なことは，それらの相互関連を見据えて総合的にストレートに攻撃する戦略ではないかと思う。

　その一つの鍵は世界経済政策（ポイントは国際資本主義のコントロール）と世界社会政策（世界ソーシャル・ポリシー）の樹立といえよう。いわゆる先進国は物質的生活水準を一部切り下げる必要があろうし，国際所得税などの発想も必要かもしれない。遅れたところが追いつくというニュアンスのある社会開発という言葉も修正の必要があるかもしれない。第3の世界平和の問題はある意味で最も困難な問題であるが，各民族に自分の文化に安住する権利を認めるという文化と開発の関係の再検討と，お互いに多様性を認め，共存共栄するという人類の思想の変革が一つの要素であろう。その点情報化社会の進展は相互理解を加速化するのでわれわれに希望を与える。

　ある意味では「環境破壊」と「戦争」はグローバルに関連しており一蓮托生であるから国際的協力を得るのはむしろ易しいであろうが，問題は「絶対的貧困」である。本当は国際的に密接に関連しているのであるが，国家的利己心がその認識を妨げる。

　世界の現実を見れば，そして思想文化の多様性，膨大な人口を見れば，「福祉世界」は今の段階では夢のようなことかもしれないが，20世紀の人々が「福祉国家」に対してなしたようにあえて挑戦するのである。これらはもはや夢ではなく21世紀に向けてのヴィジョンとしなければならないと思うのである

d　世界ソーシャル・ポリシー

　ベヴァリッジ，ケインズの「福祉国家」とソーシャル・ポリシーの構想は英国という国家中心の内政中心の視野に基づいていた。彼らは愛国心を強調した。しかし「福祉世界」として視野をグローバル化する時には，基盤の拡大と条件がはるかに複雑化することにより従来のソーシャル・ポリシーをそのまま適用することはむずかしい。理屈からいえば，全部の国が「福祉国家」になれば自然に「福祉世界」は成立するのであるが。勿論そう簡単ではない。新しい世界ソーシャル・ポリシーが要請されるのである。

　世界ソーシャル・ポリシーの戦略の確立が何よりも求められている。何よりもまず地球益に立つ知的エリートの高級のシンクタンクが必要であると思う。国家を越えた組織であるはずのUNやNGOなどですらまだ国益や企業益に引きずられている。今日国の内外を問わず自然科学や企業サイドのサバイバル競争に基づくエネルギーの注入はすさまじいものがある。その結果自然科学とテクノロジー，エンジニアリングの発達はますます加速し，生物科学の発達など，どのような社会が現れるか予断を許さず不気味なほどである。またコンピュータ

一革命,情報技術革命を軸とする社会の変貌は目覚ましく,社会の様相も根本から変わろうとしている。このような時代の自然科学や技術工学の研究ひいては企業の運営などにおける,しのぎを削っての競争において払われるエネルギーは莫大なものである。

それに比べると社会科学一般ひいては社会福祉学も,その発達は大きく遅れているといわざるを得ない。社会科学特に政策科学の進歩は足踏み状態である。たとえば環境問題一つを取り上げても,専門家からは,「直ちに行動を」（ACT NOW）とか,「取り返しのつかぬ時点」（the point of no return）などの警告が発せられているのに（参照文献8）,わが国でもまだ政界も経済界も危機感が薄く,対応は緩く大量浪費なおたけなわである。社会科学にも自然科学や科学技術に匹敵するような明確なヴィジョンの下でのエネルギーの注入が求められている。このままでは21世紀の先行きは暗い。

私は「福祉国家」から「福祉世界」へと発想を発展させたが,「福祉世界」における世界ソーシャル・ポリシーともなれば,さらに知的エリート集団の結集が必要になるのではないであろうか。その時の課題は多いが,「社会的進化論」的世界経済勢力との対決が一つの主要な課題になってきている感じである。いずれにしても総合的集約的「知」の力に対する期待と賭けがある。人類にとって政治的・経済的・社会的・倫理的な歴史的知的教訓はもう十分なはずである。問題はその共有の手段である。

世界ソーシャル・ポリシーはさらに新しい思想にも直面せざるを得ない。ひたすら経済成長と繁栄のみを求める近代主義との対決,悠久の宇宙に照らしての,反（通俗的）終末論的思想,生物性尊重主義,持続尊重主義,文明否定主義のようなもの（今の私には十分定義できないが）との対面が求められているような気がする。

(2000. 9. 23)

参照文献

1　Gunnar Myldal, *Beyond the Welfare State*, Yale University Press, 1960.
（邦訳）北川一雄監訳『福祉国家を越えて』ダイヤモンド社,1970年。

2　William Beveridge, *Social Insurance and allied Services (Beveridge Report)*, HMSO, 1942.
（邦訳）山田雄三監訳『（ベヴァリッジ報告）社会保険および関連サービス』至誠堂,1969年。

3　William Beveridge, *Voluntary Action: A Report on Methods of Social Advance*, George Allen and Unwin, 1948.

4　Thomas Humphrey Marshall, *Sociology at the Crossroads and Other Essays*, Heineman, 1963.
（邦訳）岡田藤太郎・森定玲子訳『社会学・社会福祉学論集―「市民資格と社会的階級」他―』相川書房,1998年。

5　Thomas Humphrey Marshall, *Social Policy-in the Twentieth Century*, Hutchinson University Library, 1965 (Forth Edition, 1975).
（邦訳）岡田藤太郎訳『社会（福祉）政策―二十世紀における』相川書房, 1981, 1990年。

6　Thomas Humphrey Marshall, *The Right to Welfare and Other Essays*, Heineman Educational Books, 1981.
（邦訳）岡田藤太郎訳『福祉国家・福祉社会の基礎理論―「福祉に対する権利」他論集

―』相川書房，1989年。

7　Norman Dennis and A.H.Halsey, *English Ethical Socialism:Thomas More to R. H. Tawney*, Clarendon Press Oxford, 1988.

8　Brian Burrows, Alan Mayne, Dr. Paul Newbury, *Into the 21st Century: A Handbook for a Sustainable Future*, Adamantine Press, 1991.

9　Edited by Joseph Rotblat, *World Citizenship: Allegiance to Humanity*, St. Martin's Press, 1997.

監訳者あとがき

　本書は，Organisation for Economic Co-operation and Development (OECD, 経済開発協力機構）編の*Caring World: The New Social Policy Agenda* (1999) の全訳である。
　OECD加盟国を中心に，それぞれ現代の少子高齢化が突きつける厳しい現実がある。これに関して，各国の社会保障制度とりわけ医療・保健・福祉等の諸施策をテーマとして，家族・女性・児童等の諸施策をもカバーして，21世紀の経済・社会環境を展望するという意欲的な分析が本書の真骨頂といえよう。
　それだけに，発刊されて以来，多くの識者の関心を集めている本書を翻訳することは，加盟国の取り組みを比較検証していくことのみならず，日本の現状とその位置づけをより正しく理解していくために，大きな助力となることを疑う余地はないだろう。
　本書の内容の理解を深め，学習の便宜を図るために，そのあらましについては，牛津信忠が「監訳者まえがき」にて解説している。牛津はいち早く本書を通読し，その解説を認めているが，本書が詳細なデータに溢れ，その分析が文字どおり多岐にわたっていることに鑑みて，読者の参考に供するために，あらためて各章のポイントを整理することにした。
　また，現代の福祉状況における本書の位置づけ，さらには21世紀を展望したケアリング・ワールドの理念と課題について，岡田藤太郎教授が追論をご執筆くださったことで，本書の意義は一層高まった感がある。本書の翻訳の契機となったのは，岡田藤太郎教授と監訳者の一人である星野政明との懇親の席であった。21世紀の諸国家がケアリング・ワールドを一つの共通理念として，医療・保健・福祉等の諸施策を整備拡充していく近未来を夢見て，その折の話題は大きく膨らんだが，その研究への契機が本書の刊行に結びついた。岡田教授には，翻訳段階でも大所高所から貴重なご意見を数多くいただいた。ここに衷心より謝意を申し上げる。
　なお，訳出については，広範な領域にまたがる内容だけに，時に訳者の専門領域を超えた説明も多く，苦心を重ねることも多かったが，最終的には監訳者の責任において訳語の統一性や文脈の整合性を心がけた。その結果として，必要と判断した場合には専門用語の後に原語表記を付すこと，および難解な専門用語については脚注を用意するように努めた。原文を正確に翻訳することは当然のことであるが，用語等の説明が日本語に馴染まない場合は，脈絡を考慮しながら部分的に意訳している箇所もある。これらを含めて，読者諸氏のご教示，ご叱正を賜れば幸甚である。
　本書の訳出にあたっては，多くの方々にお力添えをいただいたが，特にOECD東京事務所の方々には機会ある毎にいろいろなご教示を受けた。ここに感謝を申し上げたい。
　本来ならば本書が1999年に刊行された報告書であることに鑑みて，2000年に発刊する予定であったが，広範にして多岐にわたる内容について慎重な確認作業を行った結果，今年にずれ込んでしまったことをお詫びしたい。

監訳者あとがき

　最後になったが，本書の刊行に際しては，当初から積極的にご支援をくださった黎明書房社長武馬久仁裕氏，および監訳者の力の及ばない細部にまで辛抱強く訳出上の編集作業を続け，誤訳も含めて実に丹念な校閲をしてくださった編集部吉川雅子氏に対して，その労を覚えて心からのお礼を申し上げたい。

　2001年1月

星野政明・増田樹郎

索　引

あ

アルツハイマー症（Alzheimer's disease）　28
育児休暇（parental leave）　14, 16, 91
育児休暇給付（paternal leave provision）　48
医原性（iatrogenic）　28
エーデル改革（Ädel Reform）　119

か

介護休暇　20
外来診療（ambulatory care）　48
家族手当（family support benefit）　55, 62
家族崩壊率（rate of family break-up）　37
環境税（environmental tax）　41
患者頭割り支払制度（capitated payment system）　108, 112
患者憲章（Patient Charter）　6, 116
感染症（infectious disease）　35
機能障害（disability）　119
給付保障（passported benefit）　101
強制社会保障基金（compulsory social security fund）　63
強制民間給付（mandatory privatisation）　63
均衡弾力度（equivalence scale elasticity）　72
グローバリゼーション（globalisation）　20, 41, 138
ケースマネジメント技法（case-management technique）　124
限界有効税率（Marginal Effective Tax Rates, METRs）　96
現金給付（cash assistance）　102
健康寿命（Disability Free Life Expectancy, DFLE）　32
合成健康尺度（composite health measure）　114
公的医療基金計画（publicly funded programme）　107
公的雇用サービス（public employment service, PES）　104
公的疾病給付（public sickness benefit）　57
公的退職年金（public retirement pension）　126
公的特別早期退職給付（special public early-retirement provision）　57
国内総生産（GDP）　5, 38
国民総生産（GNP）　42
骨粗鬆症（osteoporosis）　28

さ

最低所得保障（minimum income payment）　127
最低賃金（wage floor）　101
サービス支払方式（fee-for-service）　109
自己責任および労働機会均等法（the Personal Responsibility and Work Opportunities Act）　136
資産調査（means-test）　64, 130
指示的薬（提供）目標計画（the Indicative Drug Target Scheme）　113
施設援助（institutional aid）　123
失業給付（unemployment benefit）　60
疾病および傷病手当給付（sickness and invalidity benefit）　63
疾病給付（sickness benefit）　61, 63
疾病・障害給付（sickness and disability benefit）　55

索引

疾病手当（Sickness Allowance）　61, 129
疾病保険基金（sickness fund）　111
児童援助支払システム（systems of child-support payment）　145
児童養育給付（child-care benefit）　136
ジニ係数（Gini coefficient, Gini index）　67, 71, 80
社会政策（social policy）　5
社会的援助（social help）　102
社会的給付（social benefit）　53
社会的支援（social support）　54
社会的支出（social expenditure）　38
社会的排除（social exclusion）　85
社会的不利（handicapped）　119
社会的保障（social protection）　5
社会扶助（social assistance benefit）　55, 102
従属関係比率（dependency ratio）　14, 15, 39
出産休暇給付（maternity leave provision）　48
出産給付（maternity benefit）　48, 91
出産手当（maternity pay）　62
出生時死亡率（perinatal mortality）　26
障害給付（disability benefit）　61
障害者現金給付（disability cash benefit）　57
障害扶助年金（Disability Support Pension, DSP）　61
消費者の権利に関する法案（consumer bills of rights）　130
傷病手当（Invalidity Benefit, IVB）　61
奨励金支払制度（incentive and payment scheme）　115
症例支払方式（payments-per-case）　109
所得維持給付（income maintenance benefit）　55
身体障害者手当（invalidity beneficiary）　22
生活給付（transition cost）　98
説明責任（accountability）　114
セン指標（the Sen index）　66
早期退職給付（early-retirement benefit）　55
早産死亡率（premature mortality）　26
喪失潜在寿命年数（potential life years lost）　29, 30

た

地方分権（decentralisation）　130
賃金補助給付金（wage subsidy）　98
定額交付金（block grant）　109
出来高払方式（performance measure）　112
特殊合計出生率（fertility rate）　14
特別失業年金（special unemployment pension）　55

な

内在能力の発揮・向上（empowerment）　115
ニッチ・マーケット（niche market）　54
乳児死亡率（infant mortality）　26
能動的に生きる高齢化（active aging）　143, 146

は

非営利組織（NPO）　54
非嫡出子（children born outside marriage）　17
福祉施策（welfare provision）　80
プライマリー・ケア（primary care）　112, 113
ブルン改革（Blüm reform）　108
平均余命（life expectancy）　14
ヘッドスタート・プログラム（Head Start programme）　87
ベッド・デイ支払方式（bed-day payment）　109
ヘルスケア（health care）　106, 116
返還保険料率　93

ま

マーストリヒト条約（the Maastricht criteria）　39, 142

169

慢性疾患（chronic disease）　35
メディカルケア（medical care）　113
メディケア（Medicare）　107
メディケイド（Medicaid）　86，118，136

や

予算管理家庭医（fundholder）　111
予想診断支払制度（Prospective Payment System）　111

ら

老人性痴呆症（senile dementia）　28
労働市場活性化事業（Active Labour Market Programmes, ALMPs）　42，48
労働福祉事業（workfare）　6
労働復帰手当（the Back to Work Allowance）　97
老齢現金給付（old-age cash benefit）　63
老齢退役軍人年金（old-age veteran's pension）　61

欧文索引

AFDC（Aid to Families with Dependent Children）　86，103
ALMPs（Active Labour Market Programmes, 労働市場活性化事業）　42，48
DRG（Diagnostic Related Groups, 診断上関連グループ方式）　109，111
EMU（Economic and Monetary Union, 経済通貨統合）　39
FINSAM（地名）　128
GDP（Gross Domestic Product, 国内総生産）　5，38
GNP（Gross National Product, 国民総生産）　42
NGO（nongovernmental organization, 非政府間組織）　54
PES（public employment service, 公的雇用サービス）　104
RUG（the Resource Utilisation Groups, 資源効用集合尺度）　124
TANF（Temporary Assistance to Needy Families）　103

監訳者紹介

牛津信忠
1945年生まれ，聖学院大学人文学部教授（社会福祉学）（第1章）
〈主著〉新課程・国家資格シリーズ①『地域福祉論』（共編著，黎明書房），『21世紀の社会福祉』（共編著，踏歌書房），『社会福祉の理論と実際』（共著，中央法規出版）他
〈論文〉"The Possibilities of Education as an Instrument for the Sustained Growth of Modernization"，「社会福祉本質論における互酬構造の位置と役割」他

星野政明
1941年生まれ，三重県立看護大学看護学部教授（社会福祉学）（序，謝辞，追記）
〈主著〉社会福祉士・介護福祉士国家資格シリーズ①『社会福祉学原論』，②『社会福祉援助技術総論』，新課程・国家シリーズ①『地域福祉論』（以上，共編著，黎明書房），『社会福祉学概論』（中央法規出版）他
〈訳書〉『社会福祉三つのモデル』（共訳，黎明書房），『イギリス社会福祉発達史』（風媒社），『新しいアドミニストレーション』（共訳，日本YMCA同盟出版部）他

増田樹郎
1951年生まれ，静岡県立大学短期大学部教授（社会福祉学）（追記）
〈主著〉社会福祉士・介護福祉士国家資格シリーズ①『社会福祉学原論』，新課程・国家資格シリーズ①『地域福祉論』（以上共編著，黎明書房）他
〈論文〉「ソーシャル・ニーズ論（Ⅰ）—とくに役割概念をめぐって」，「ソーシャル・ニーズ論（Ⅱ）—喩としての障害」，「ソーシャル・ニーズ論（Ⅲ）—老いの諸相」他

訳者一覧

藤本　幸三	三重県立看護大学	（第2章　1〜3）
柳澤　理子	三重県立看護大学	（第2章　4）
石村由利子	三重県立看護大学	（第3章）
平石　清美	三重県立看護大学	（第4章）
岩田　香織	静岡県立大学短期大学部	（第5章）
川島貴美江	静岡県立大学短期大学部	（第6章　1〜4）
松下　正子	三重県立看護大学	（第6章　5〜6）
岡元　行雄	兵庫県立看護大学	（第7章　1〜5）
三上　勝也	神戸女学院大学	（第7章　6〜9）
佐藤　克繁	流通経済大学	（ボックス）
河原　宣子	三重県立看護大学	（追記）
＊		
岡田藤太郎	「福祉世界研究所」主幹	（追論）

ケアリング・ワールド

2001年4月10日　初版発行

監訳者　牛津信忠
　　　　星野政明
　　　　増田樹郎
発行者　武馬久仁裕
印　刷　藤原印刷株式会社
製　本　協栄製本工業株式会社

発　行　所　株式会社　黎明書房

460-0002　名古屋市中区丸の内3-6-27　EBSビル　☎052-962-3045
　　　　振替・00880-1-59001　FAX 052-951-9065
101-0051　東京連絡所・千代田区神田神保町1-32-2　南部ビル302号
　　　　☎03-3268-3470

落丁本・乱丁本はお取替します。
ISBN4-654-07594-1
2001. Printed in Japan

新課程・国家資格シリーズ①
地域福祉論
新たなパートナーシップの形成のために
牛津信忠・星野政明・増田樹郎編著

今，福祉の舞台は行政から地域へと移行している。地域福祉のあり方，住民参加型の福祉等につき，現状をふまえ語る。

A5判・280頁　2800円

現代社会の人間関係
三輪弘道・平林　進編著

「物の豊かさ」よりも「心の豊かさ」が求められる今日，ますます重要性を増す人間関係について，家庭，学校，職場等様々な場に即し，理論・実際から解説。

四六判・249頁　2330円

家族
核家族と子どもの社会化
T.パーソンズ他著　橋爪貞雄他訳

子どものパーソナリティ形成に関して，核家族の構造がいかなる影響を与えるか等を追究した，理論社会学の世界的名著である"Family"の全訳。

A5判・636頁　8900円

「子どもらしさ」と「学校」の終焉
生きるための教育をもとめて
深谷昌志著

子どもたちが，日々学校・家庭生活の中で感じ考えていることや，その特徴・傾向を豊富なデータから明らかにし，現代における教育のあり方を考え直す。

四六判・240頁　2100円

親孝行の終焉
深谷昌志著

子どもと親の意識調査，「孝行」観が形成された背景，外国の親子との比較等，様々な角度から考察された日本の「孝行」の現状と行方。

四六判・208頁　2427円

子どもの生活史
明治から平成
深谷昌志著

学校教育の定着，遊び文化の多様化，戦争と民主化——変化する社会の中で，子どもたちはどのように生きてきたのか，緻密な資料・データに基づき詳述。

四六判・296頁　3300円

21世紀地球市民の育成
グローバル教育の探究と展開
魚住忠久・深草正博編著

グローバル教育研究の第一人者である魚住氏を中心に，長年の研究・実戦の成果をまとめた論文集。

A5判・228頁　2500円

グローバル教育
地球人・地球市民を育てる
魚住忠久著

人類共通の危機，問題についてグローバルな意識，認識に立ち，考え，行動する主体を育てるグローバル教育の理論と実際を詳細に論述。

A5判・200頁　2600円

地球社会時代に「生きる力」を育てる
発信能力を育成する社会系教科・総合的学習の授業構想
西村公孝著

国際化・グローバル化に伴う国際理解教育や，情報化に対応する情報教育，および情報発信能力の育成を担う社会系教科教育のあり方を追究。

A5判・236頁　2800円

表示価格はすべて本体価格です。別途消費税がかかります。